Tre vant carambole:
Hele bordet
sirkel mønstre

Fra profesjonelle mesterskapsturneringer

Test deg selv mot profesjonelle spillere

Allan P. Sand
PBIA Certified Instructor

ISBN 978-1-62505-320-6
PRINT 7x10

ISBN 978-1-62505-484-5
PRINT 8.5x11

First edition

Copyright © 2019 Allan P. Sand

All rights reserved under International and Pan-American Copyright Conventions.

Published by Billiard Gods Productions.
Santa Clara, CA 95051
U.S.A.

For the latest information about books and videos, go to: http://www.billiardgods.com

Acknowledgements
Wei Chao created the software that was used to create these graphics.

Innholdsfortegnelse

Introduksjon 1
Om bordoppsettene 1
Tabelloppsett 2
Formål med layoutene 2
A: Full sirkel (lang vant) 3
A: Gruppe 1 3
A: Gruppe 2 8
A: Gruppe 3 13
A: Gruppe 4 18
A: Gruppe 5 23
B: Full sirkel (kort vant) 28
B: Gruppe 1 28
B: Gruppe 2 33
B: Gruppe 3 38
C: Fire vant (lang vant) 43
C: Gruppe 1 43
C: Gruppe 2 48
C: Gruppe 3 53
C: Gruppe 4 58
C: Gruppe 5 63
D: Fire vant (kort vant) 68
D: Gruppe 1 68
D: Gruppe 2 73
D: Gruppe 3 78
D: Gruppe 4 83
E: Fem vant (lang vant) 88
E: Gruppe 1 88
E: Gruppe 2 93
E: Gruppe 3 98
E: Gruppe 4 103
E: Gruppe 5 108
F: Fem vant (kort vant) 113
F: Gruppe 1 113
F: Gruppe 2 118
G: 6+ vant (lang vant) 123
G: Gruppe 1 123
G: Gruppe 2 128
G: Gruppe 3 133
G: Gruppe 4 138
H: 6+ vant (kort vant) 143
H: Gruppe 1 143
H: Gruppe 2 148

Other books by the author …

- 3 Cushion Billiards Championship Shots (a series)
- Carom Billiards: Some Riddles & Puzzles
- Carom Billiards: MORE Riddles & Puzzles
- Why Pool Hustlers Win
- Table Map Library
- Safety Toolbox
- Cue Ball Control Cheat Sheets
- Advanced Cue Ball Control Self-Testing Program
- Drills & Exercises for Pool & Pocket Billiards
- The Art of War versus The Art of Pool
- The Psychology of Losing – Tricks, Traps & Sharks
- The Art of Team Coaching
- The Art of Personal Competition
- The Art of Politics & Campaigning
- The Art of Marketing & Promotion
- Kitchen God's Guide for Single Guys

Introduksjon

Dette er en av en rekke Carom Biljardbøker som viser hvordan profesjonelle spillere tar avgjørelser, basert på tabelloppsettet. Alle disse layoutene er fra internasjonale konkurranser.

Disse oppsettene legger deg inne i spillerenes hode, som begynner med ballposisjonene (vist i første tabell). Den andre tabelloppsettet viser hva spilleren bestemte seg for å gjøre.

Om bordoppsettene

Dette er de tre ballene på bordet:

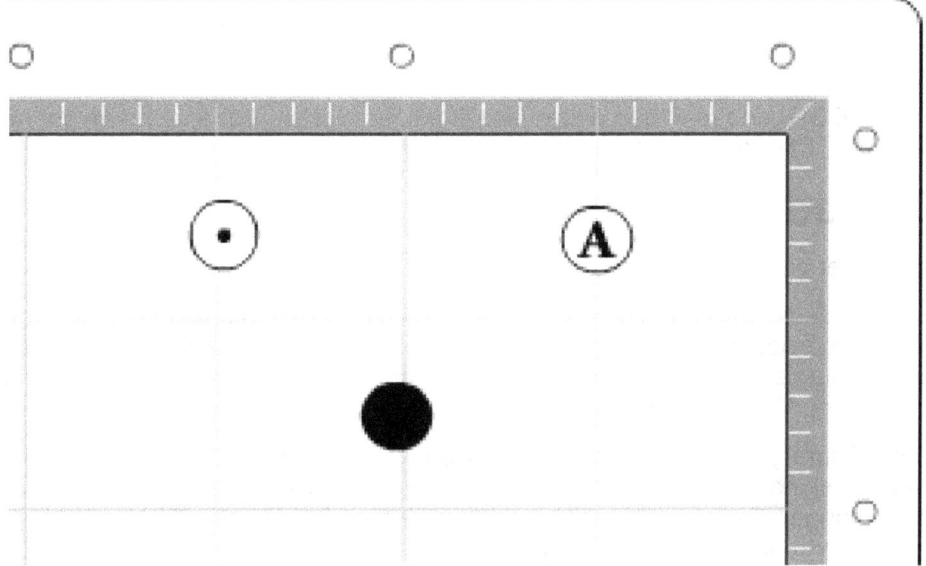

Ⓐ (CB) (biljardkulen din)

⊙ (OB) (motstander biljardball)

● (OB) (rød biljardball)

Hver konfigurasjon har to tabelloppsett. Den første tabellen er ballposisjonene. Det andre bordet er hvordan ballene beveger seg på bordet.

Tabelloppsett

Bruk papirbindingsringer for å merke ballposisjonene (kjøp hos enhver kontorforretning).

Plasser en mynt ved hver pute som den (CB) vil berøre.

Sammenlign din (CB) -bane med den andre tabellkonfigurasjonen. For å lære kan det hende du trenger flere forsøk. Etter hver feil, foreta justering og prøv igjen.

Formål med layoutene

Disse oppsettene er gitt for to formål.

- Din analyse - Hjemme kan du vurdere hvordan du spiller konfigurasjonen på den første tabellen. Sammenlign dine ideer til selve mønsteret på den andre tabellen. Tenk på løsningen, og vurder alternativer. Fra det andre bordet kan du også analysere hvordan du følger mønsteret. Mentalt spiller skudd og bestemmer hvordan du kan lykkes.

- Øv tabellkonfigurasjonen - Legg ballene på plass, i henhold til den første tabellkonfigurasjonen. Prøv å skyte på samme måte som det andre bordmønsteret. Du må kanskje ha mange forsøk før du finner den riktige måten å spille på. Slik lærer du og spiller disse skuddene under konkurranser og turneringer.

Kombinasjonen av mental analyse og praktisk praksis vil gjøre deg til en smartere spiller.

A: Full sirkel (lang vant)

(CB) går av den første (OB) i en lang vant og deretter inn i den korte vant. Sirkelen fortsetter i motsatt lang vant.

Ⓐ (CB) (biljardkule) - ⊙ (OB) (motstander billiardball) - ● (OB) (rød biljardball)

A: Gruppe 1

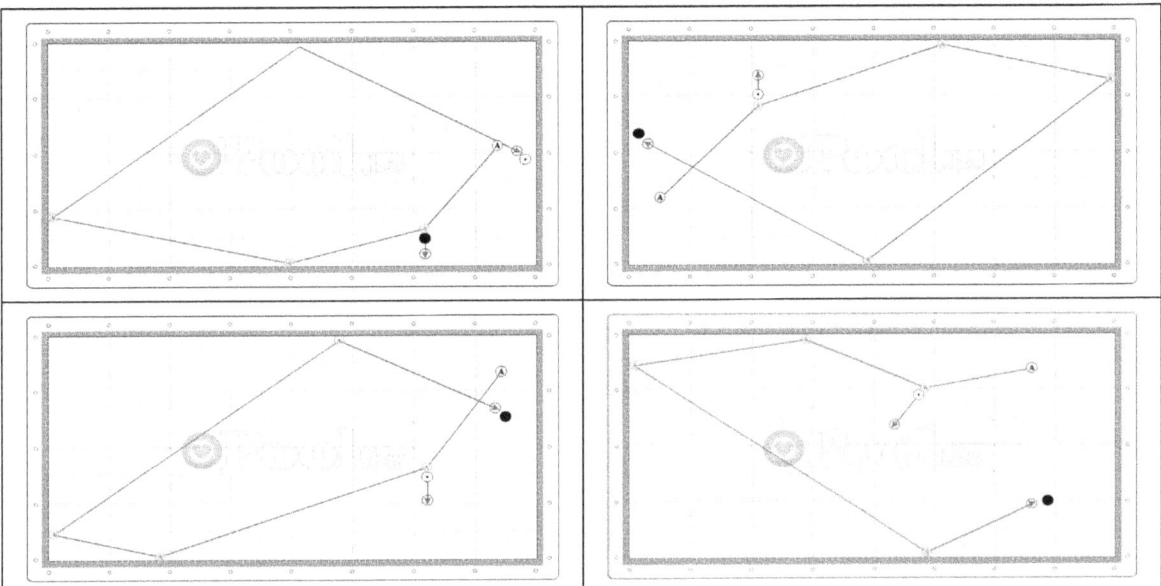

Analyse:

A:1a. _____

A:1b. _____

A:1c. _____

A:1d. _____

A:1a – Setup

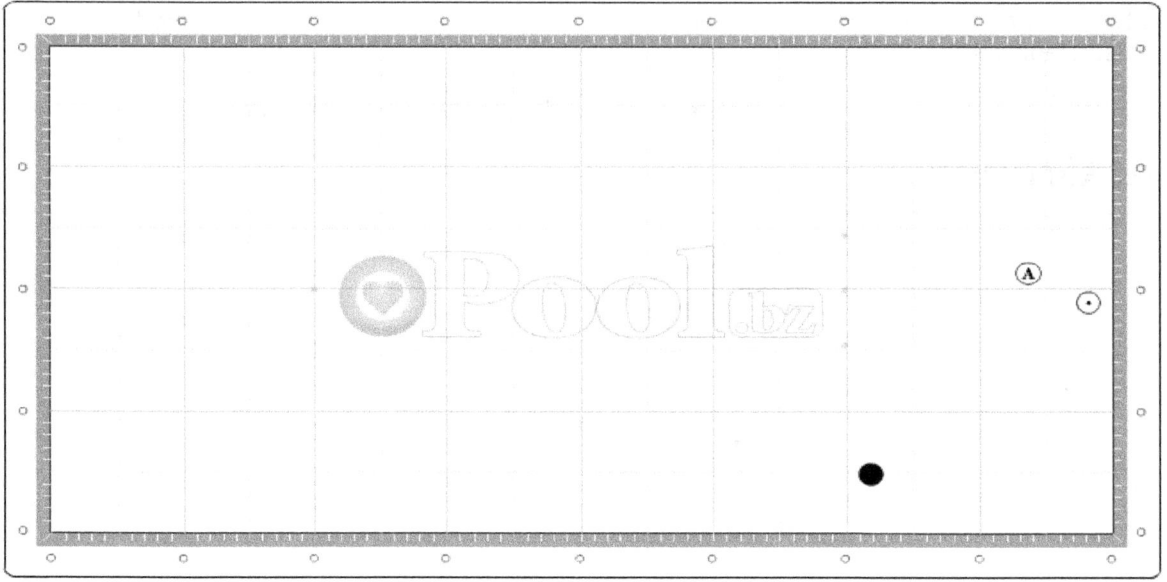

Notater og ideer:

Skudd mønster

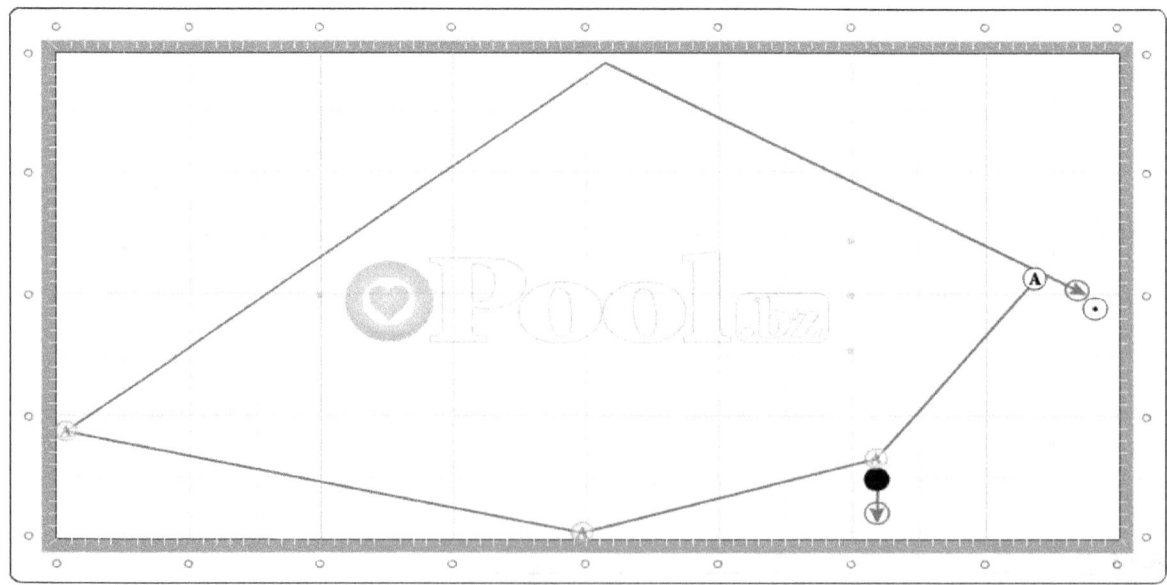

A:1b – Setup

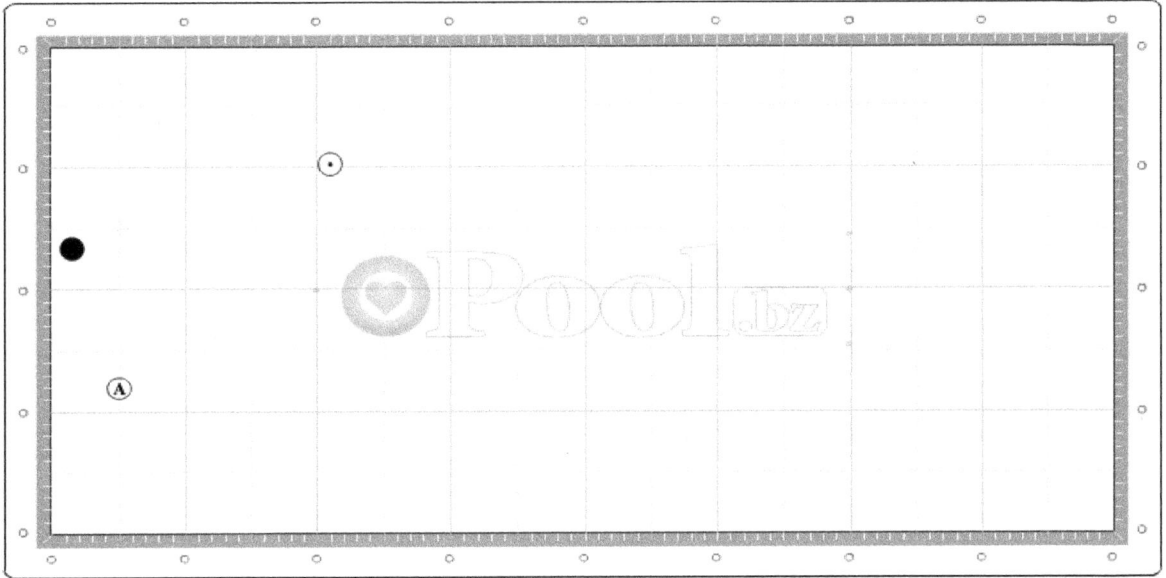

Notater og ideer:

Skudd mønster

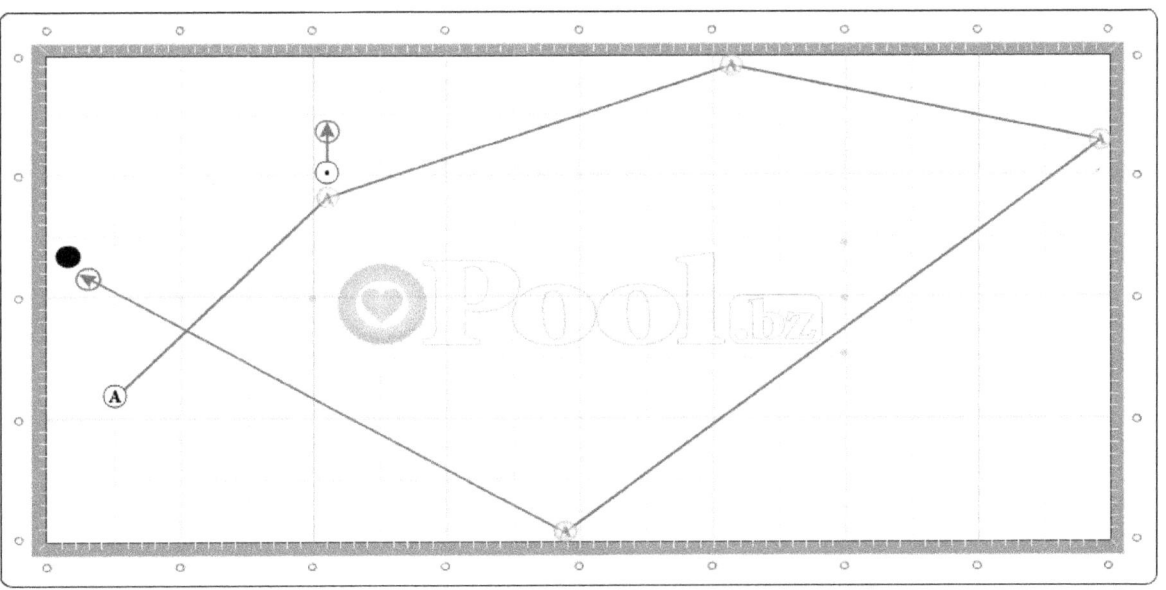

A:1c – Setup

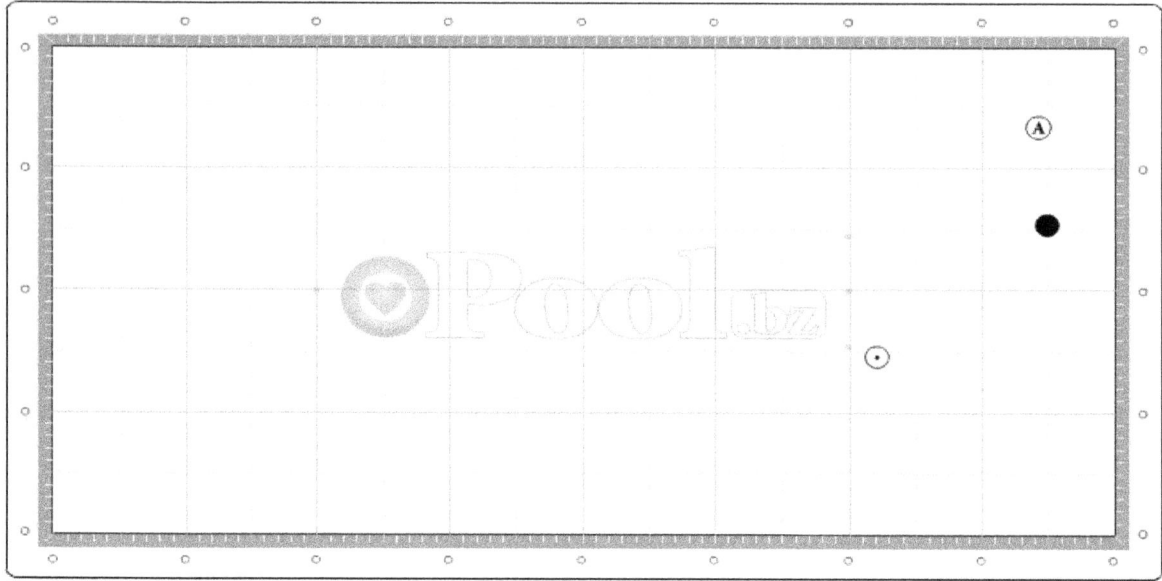

Notater og ideer:

Skudd mønster

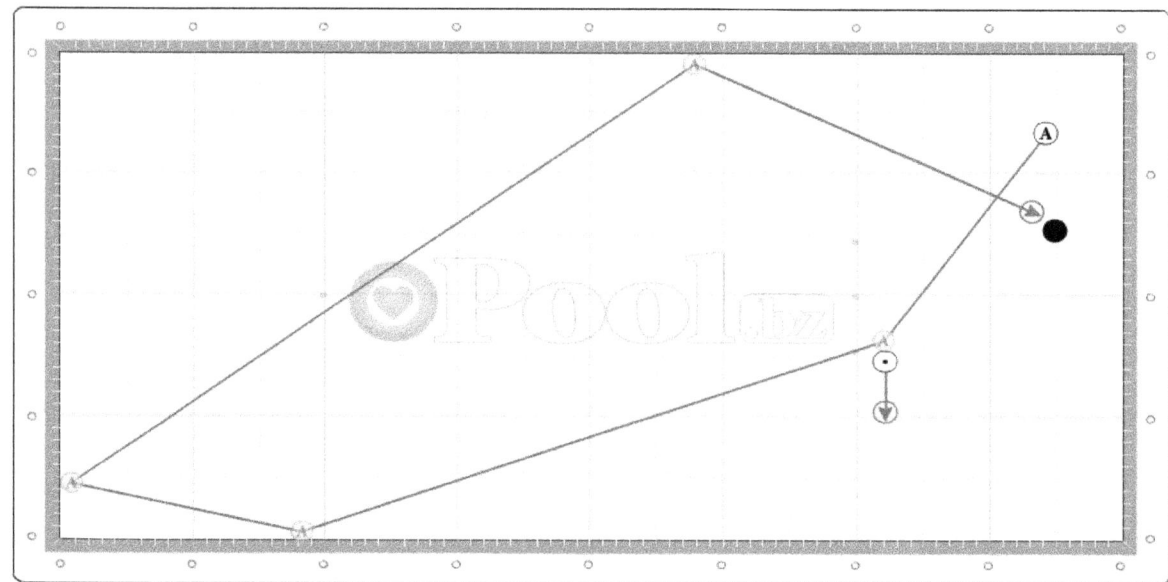

A:1d – Setup

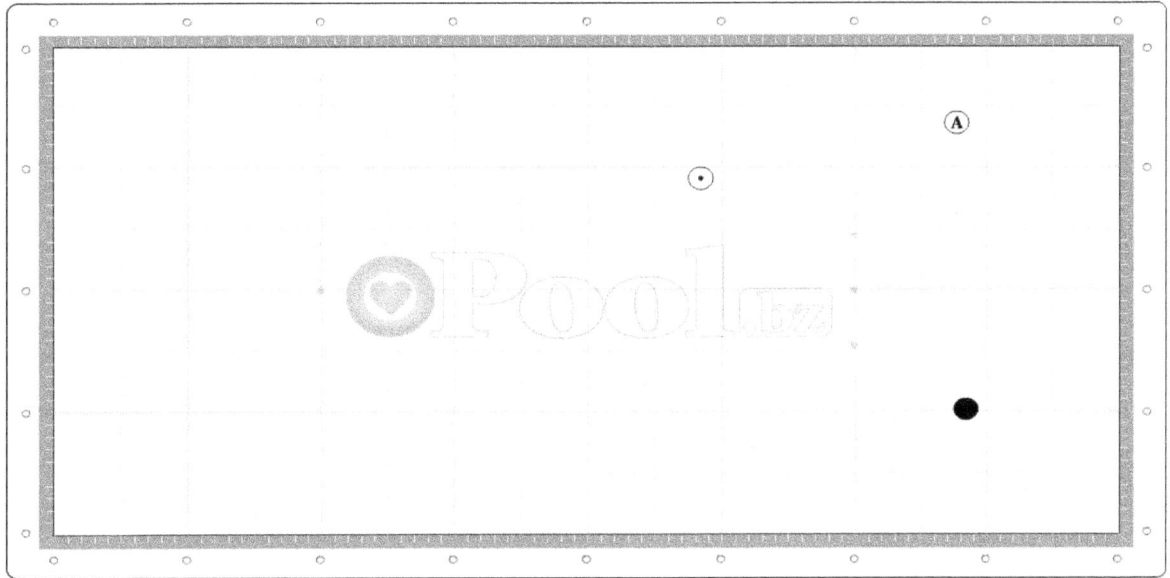

Skudd mønster

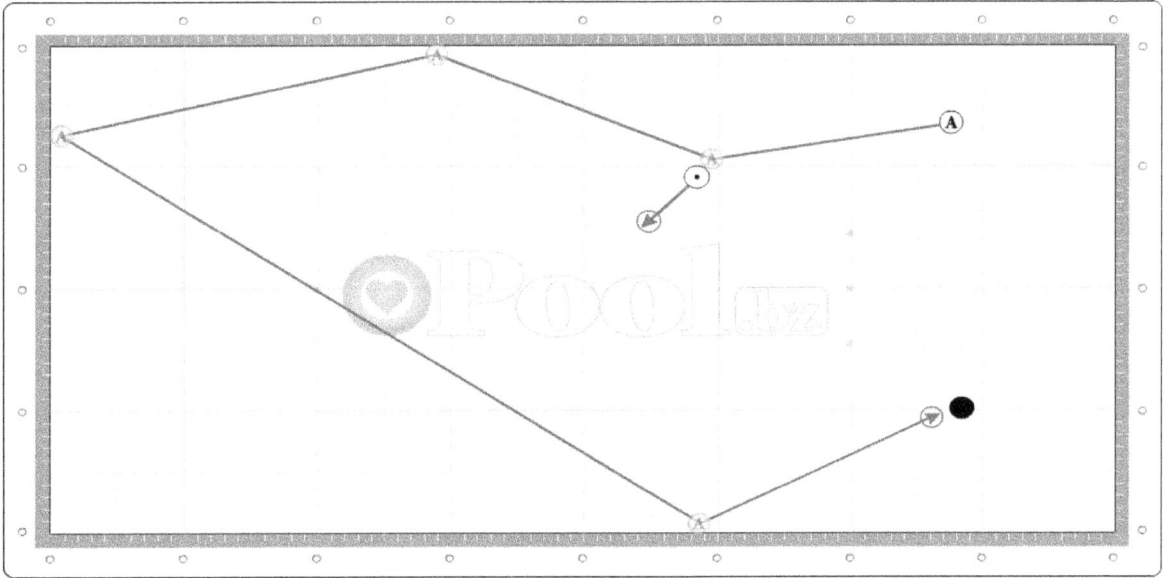

A: Gruppe 2

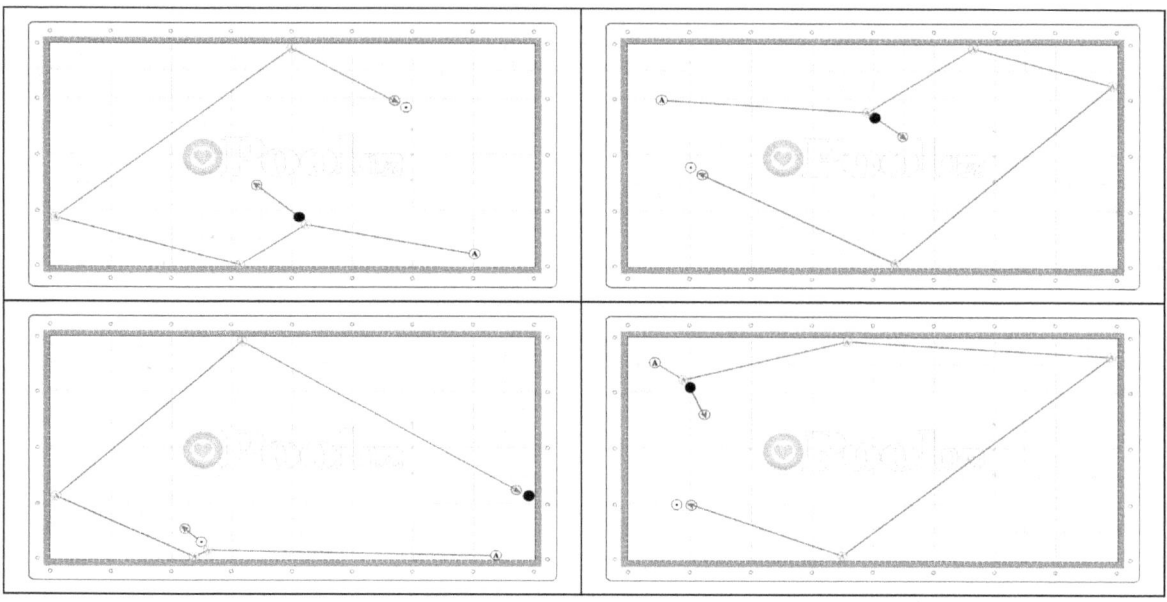

Analyse:

A:2a. _____

A:2b. _____

A:2c. _____

A:2d. _____

A:2a – Setup

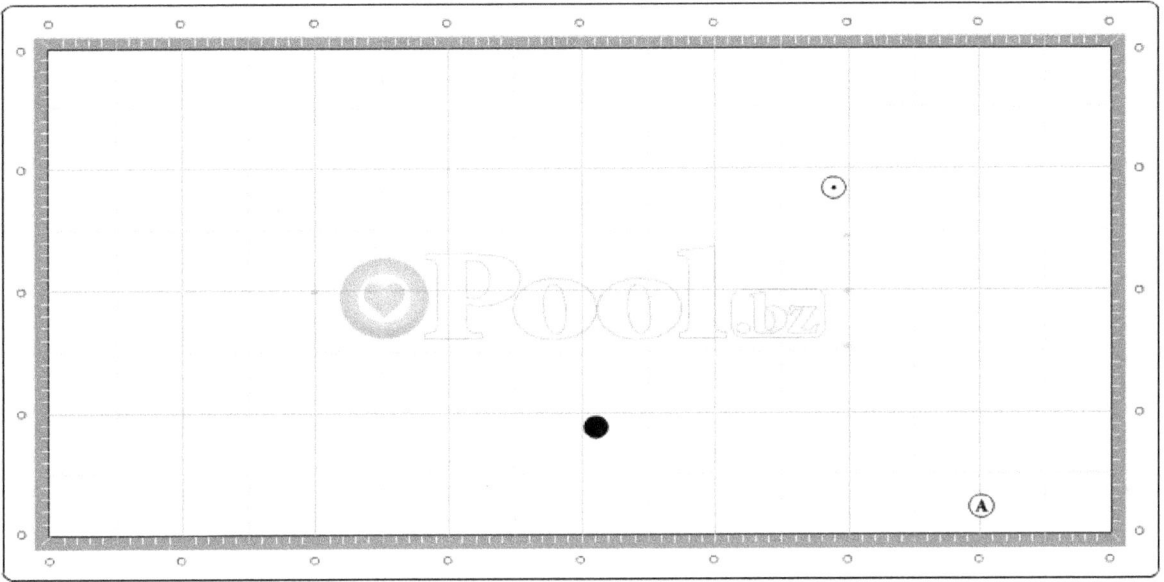

Notater og ideer:

Skudd mønster

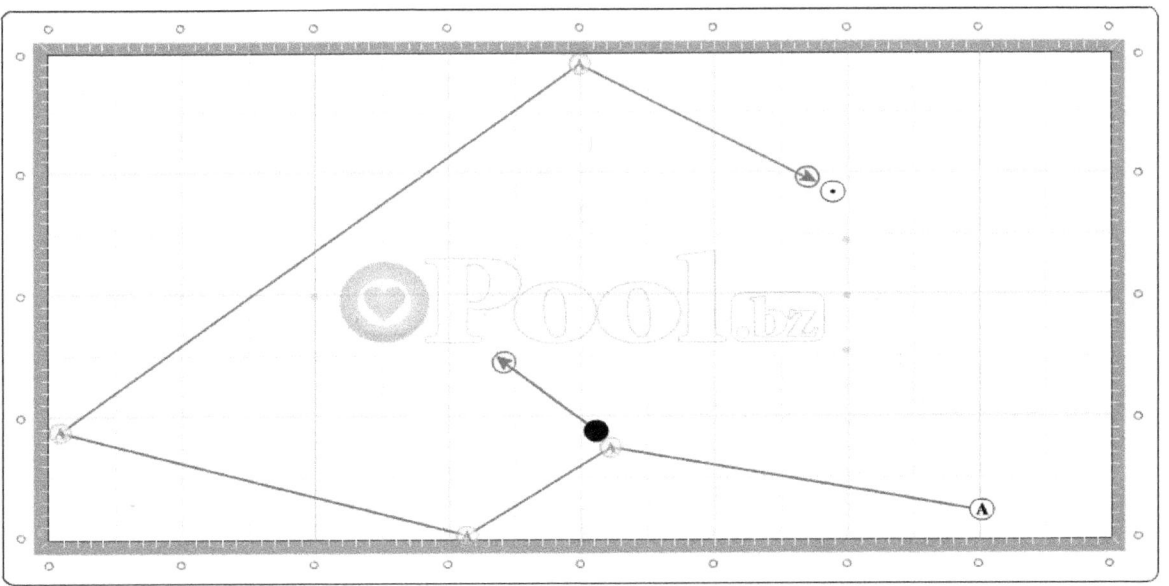

A:2b – Setup

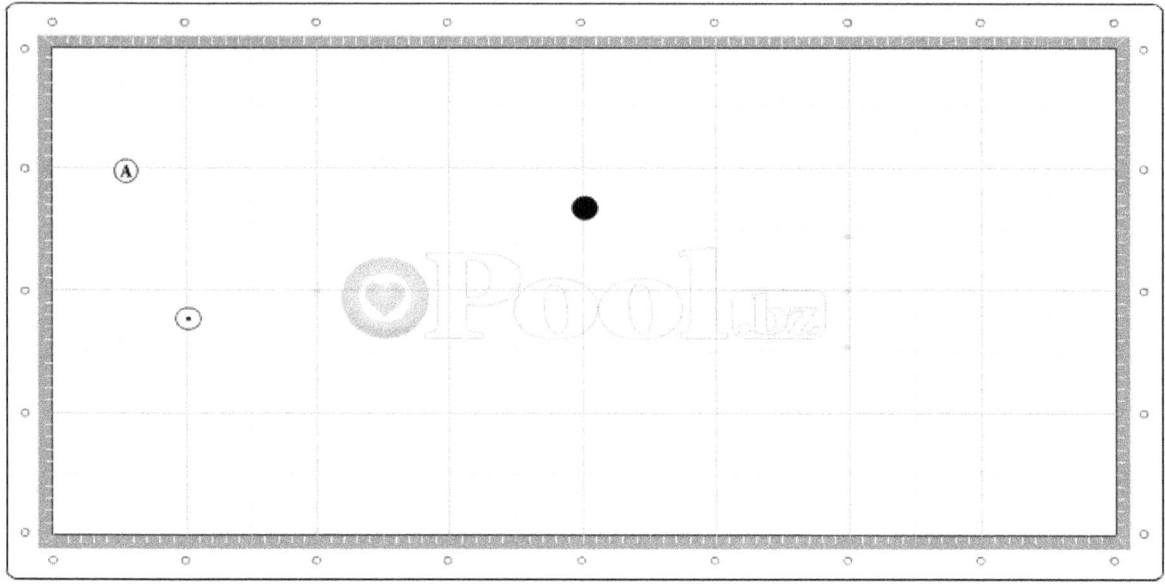

Notater og ideer:

Skudd mønster

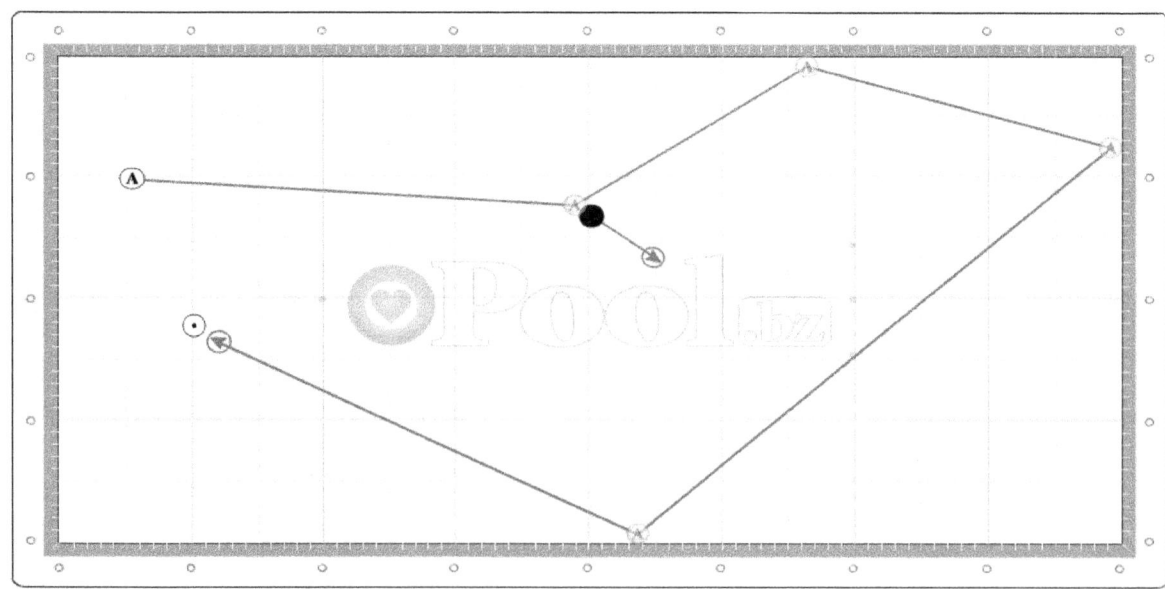

A:2c – Setup

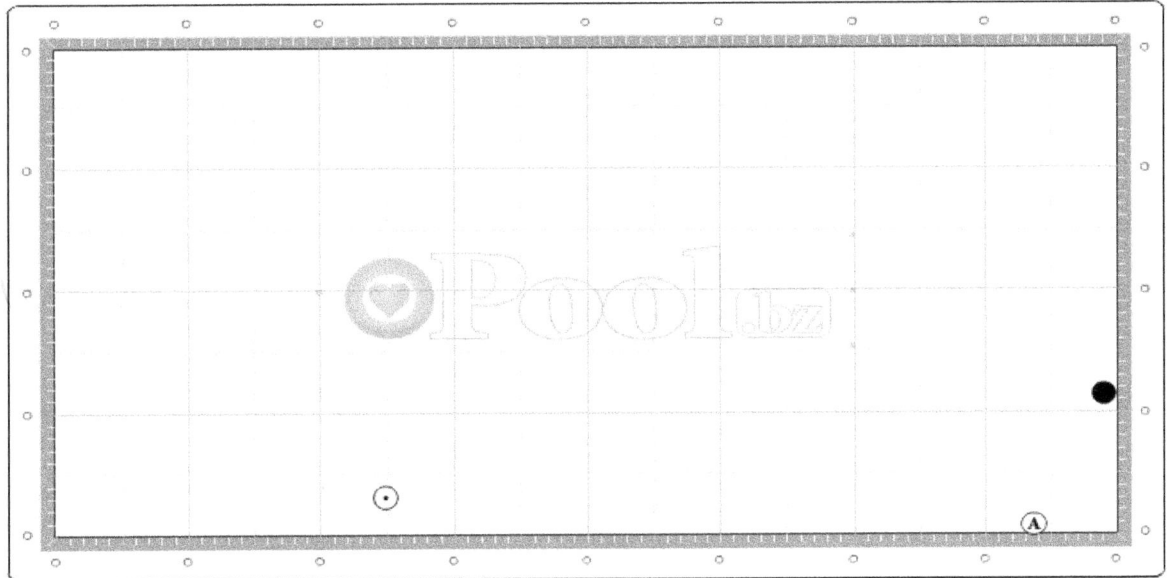

Notater og ideer:

Skudd mønster

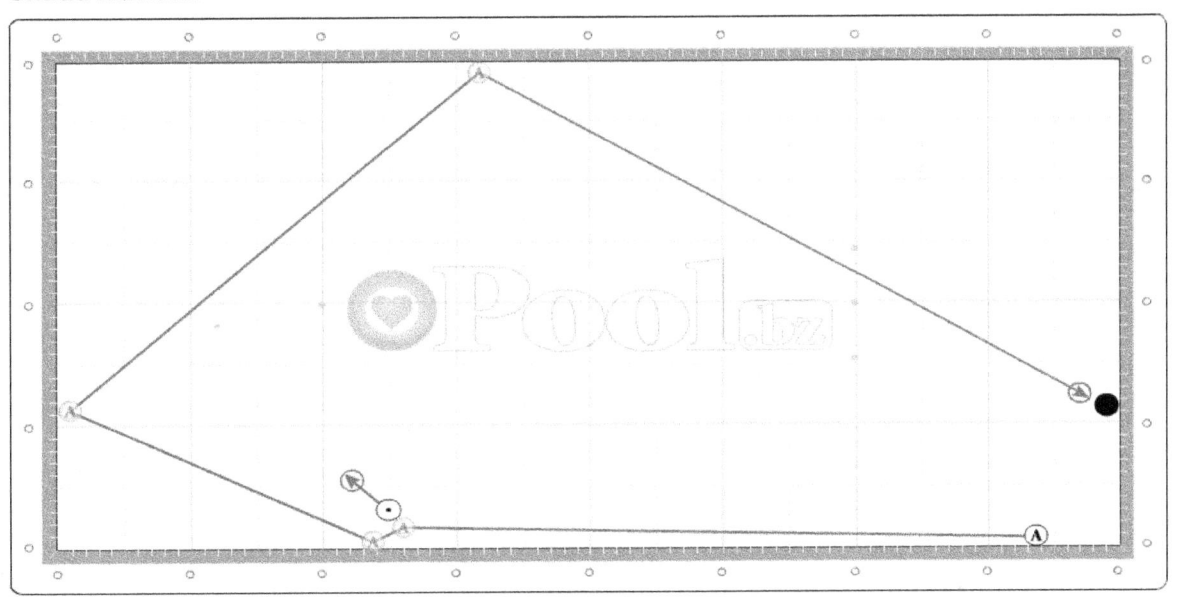

A:2d – Setup

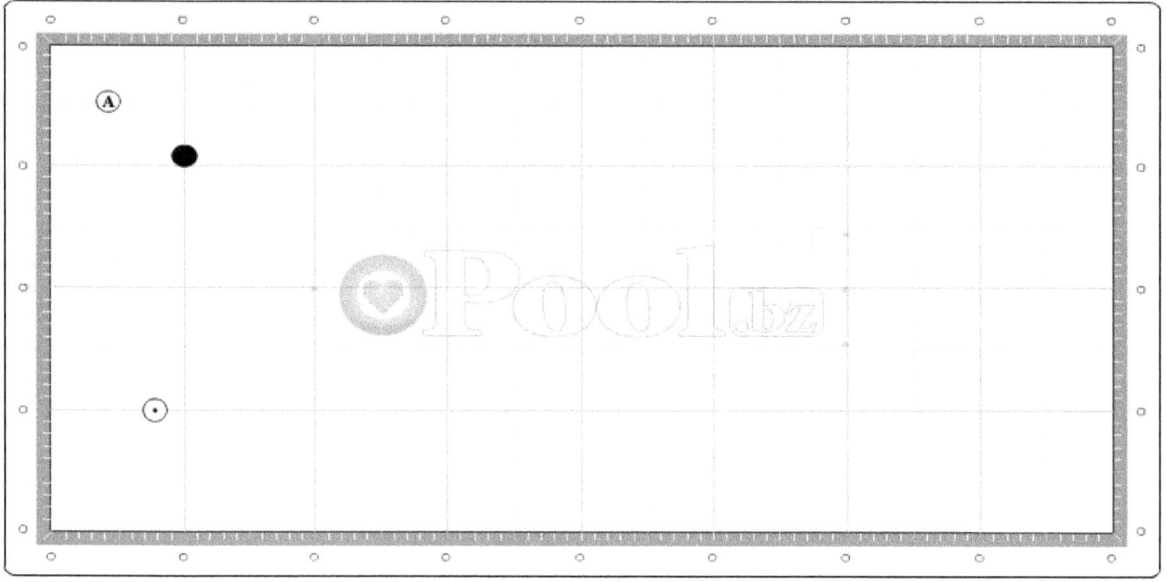

Notater og ideer:

Skudd mønster

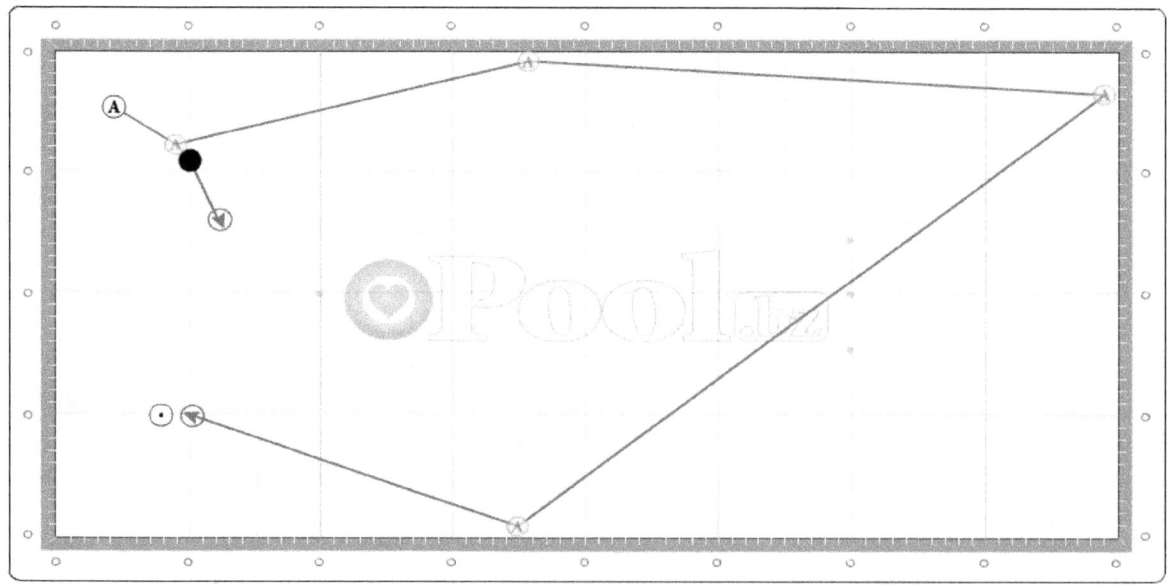

A: Gruppe 3

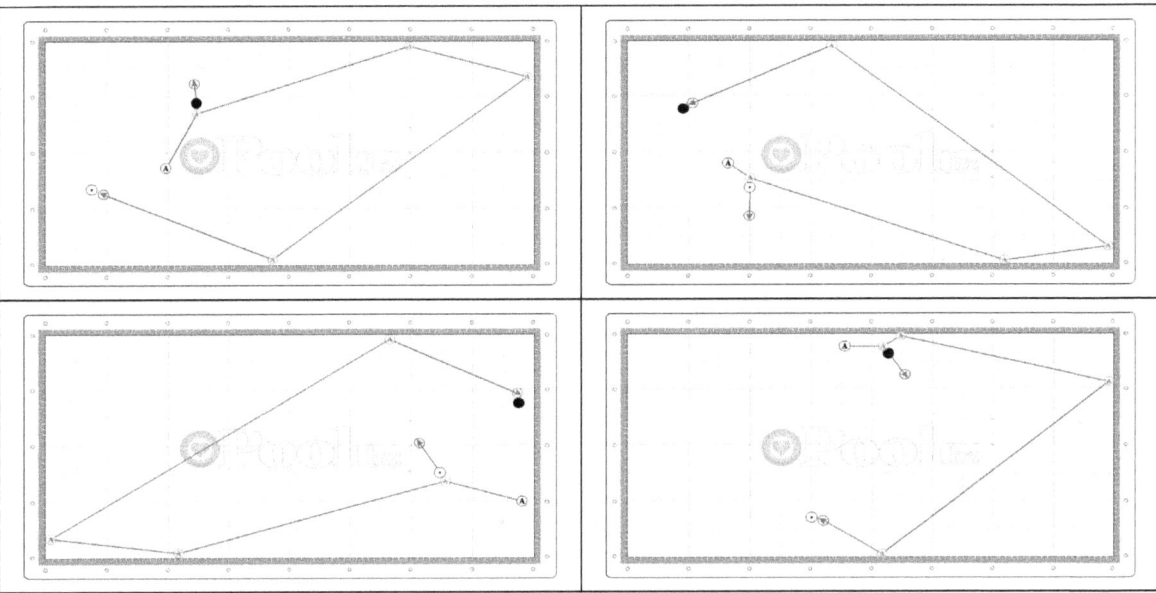

Analyse:

A:3a. _____

A:3b. _____

A:3c. _____

A:3d. _____

A:3a – Setup

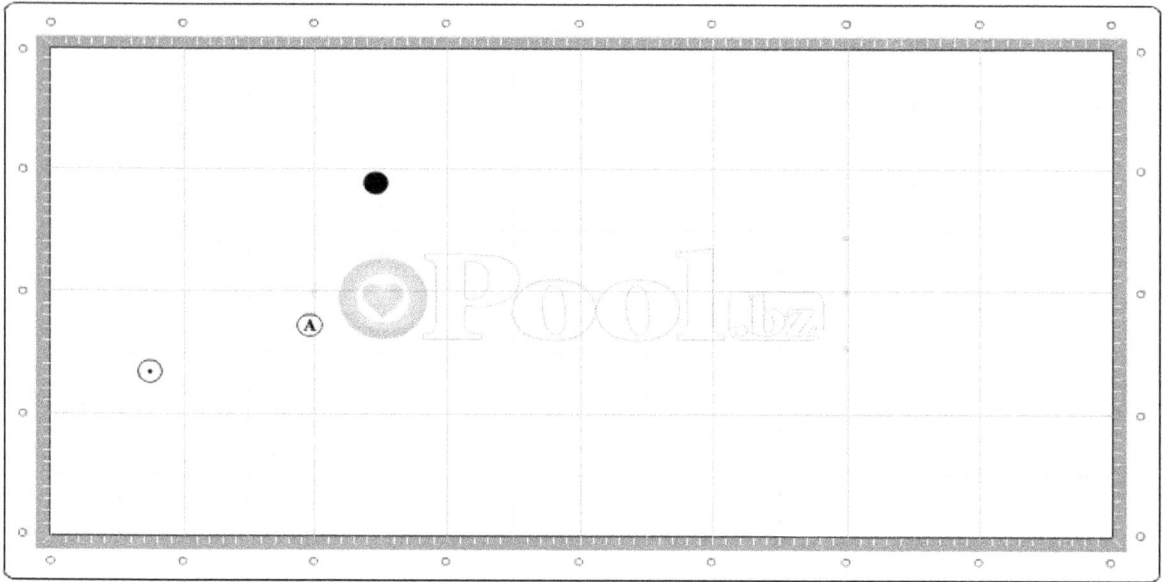

Notater og ideer:

Skudd mønster

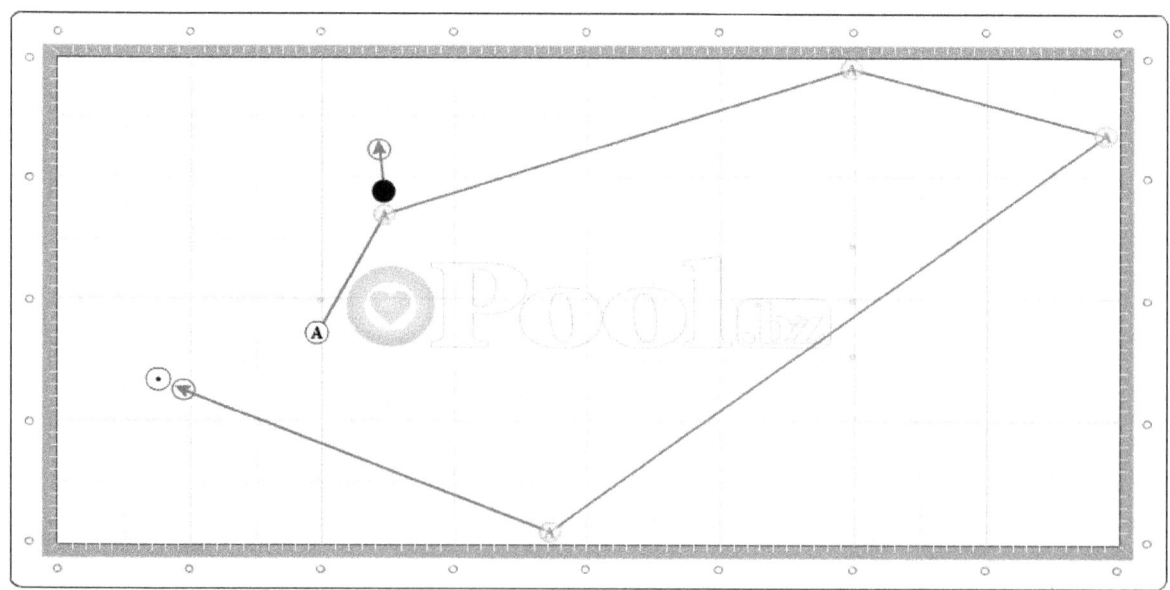

A:3b – Setup

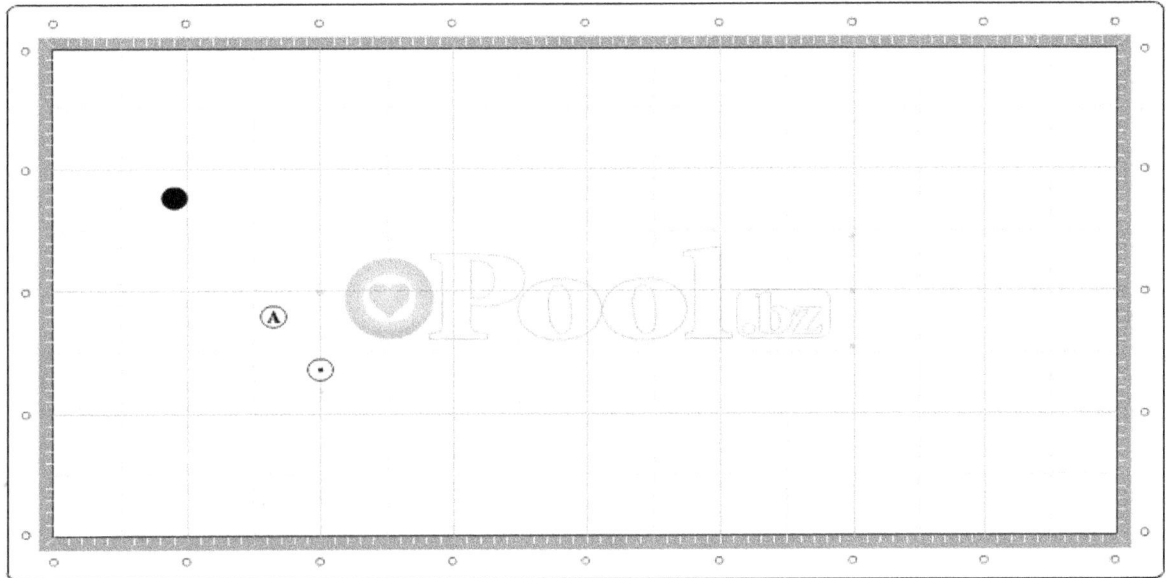

Notater og ideer:

Skudd mønster

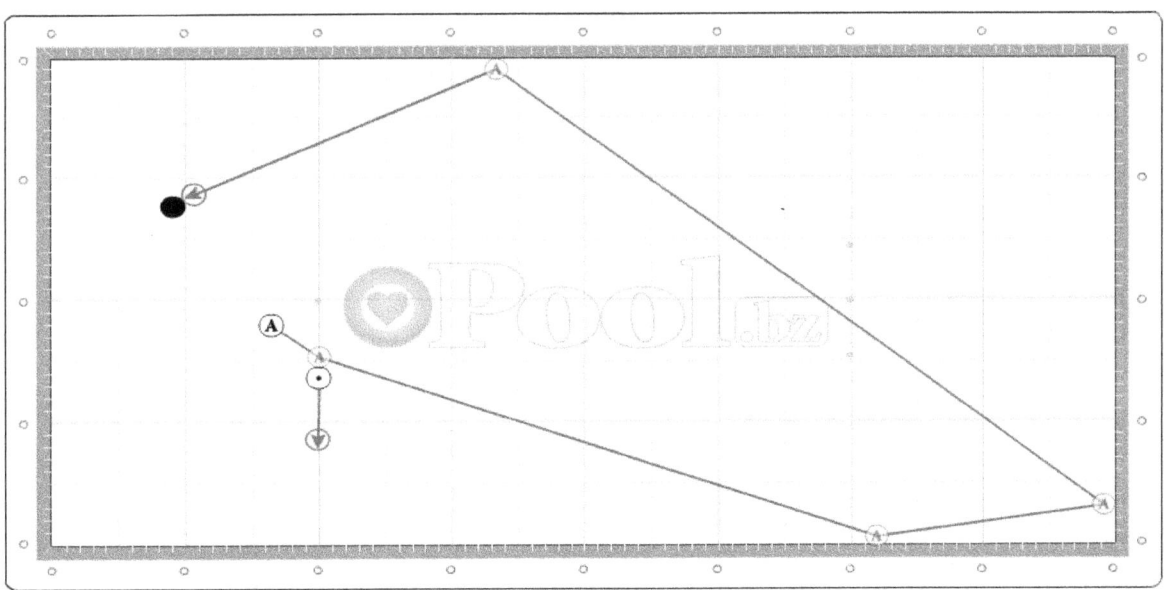

A:3c – Setup

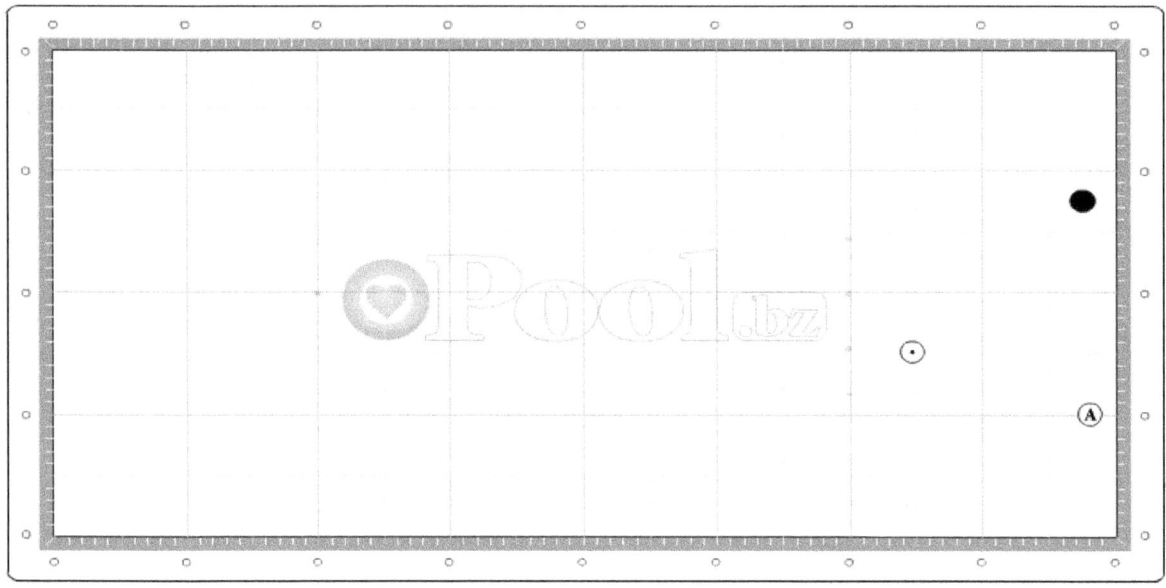

Notater og ideer:

Skudd mønster

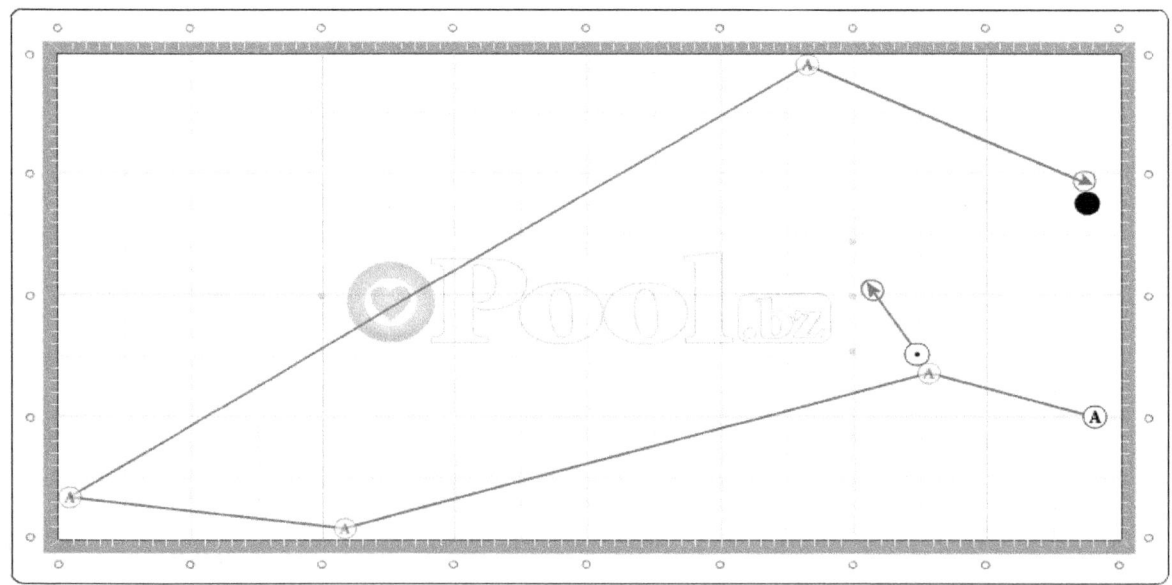

A:3d – Setup

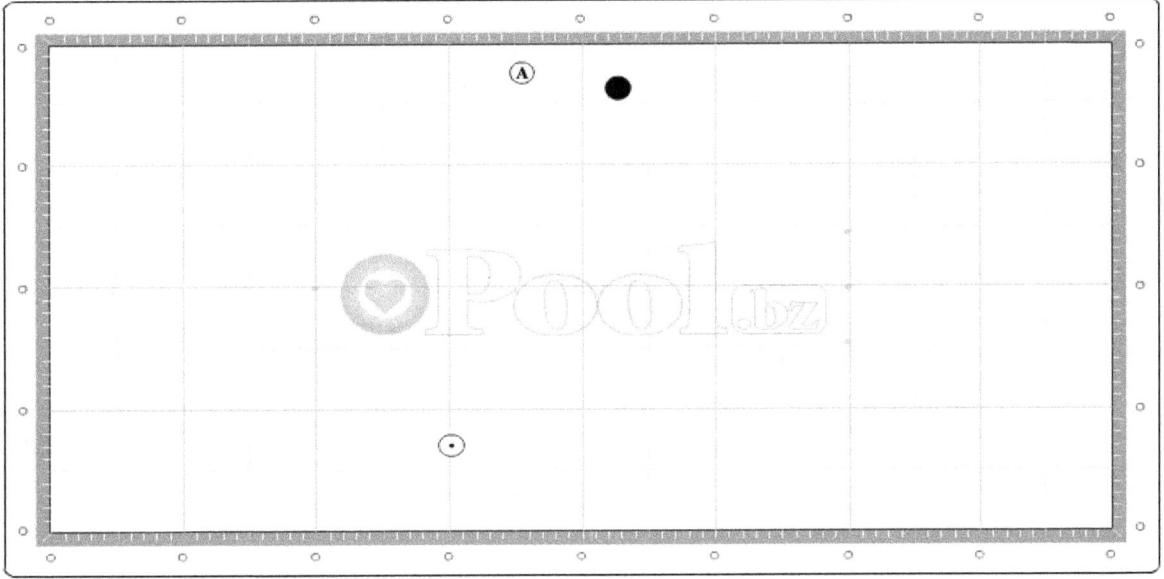

Notater og ideer:

Skudd mønster

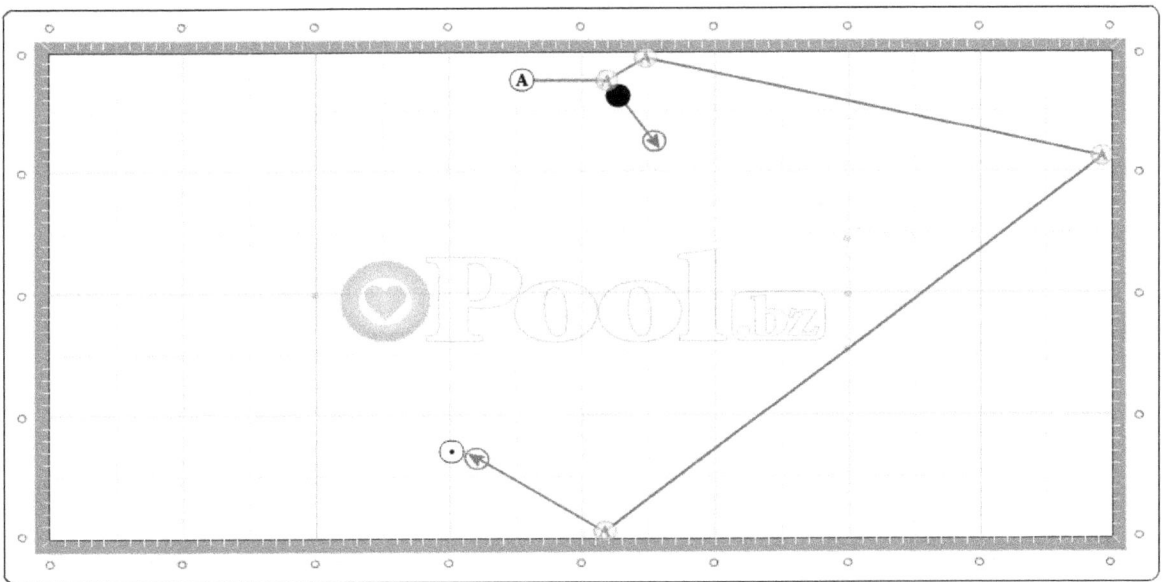

A: Gruppe 4

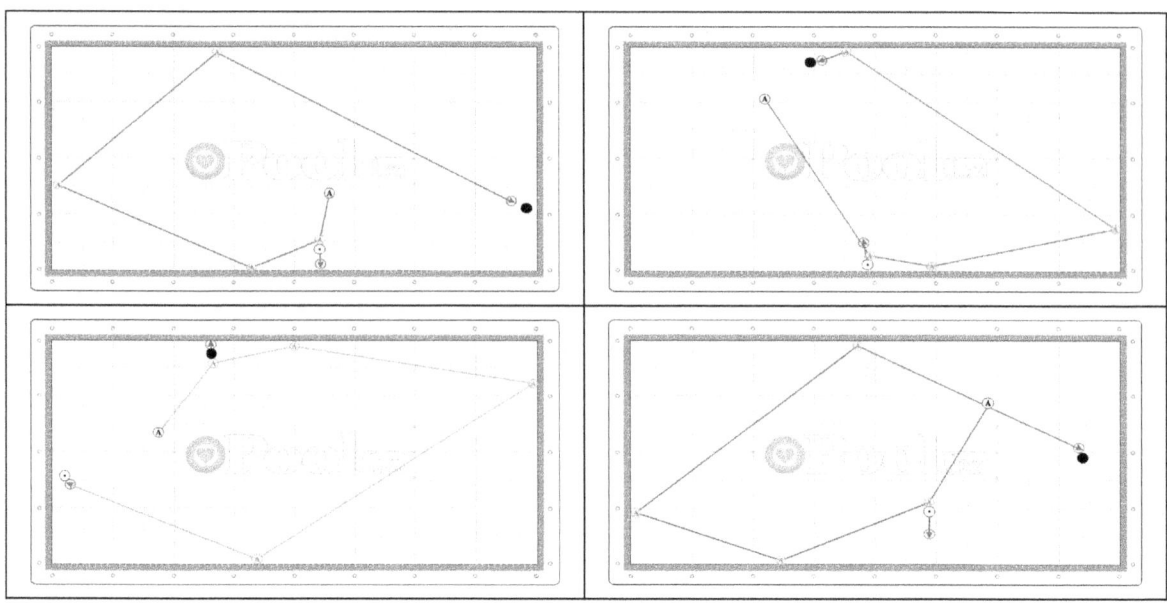

Analyse:

A:4a. _____

A:4b. _____

A:4c. _____

A:4d. _____

A:4a – Setup

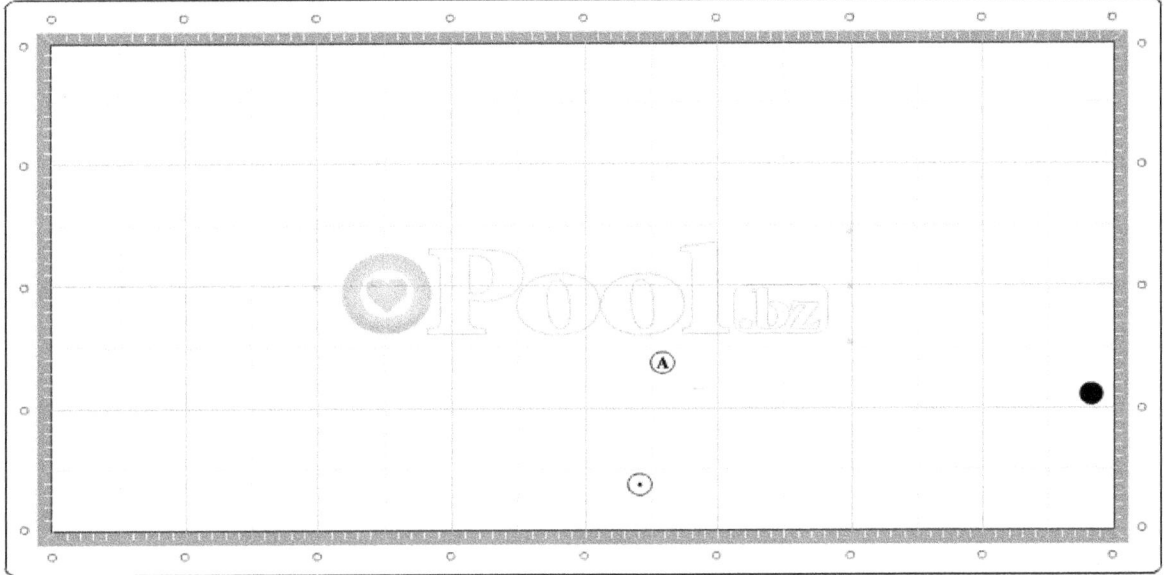

Notater og ideer:

Skudd mønster

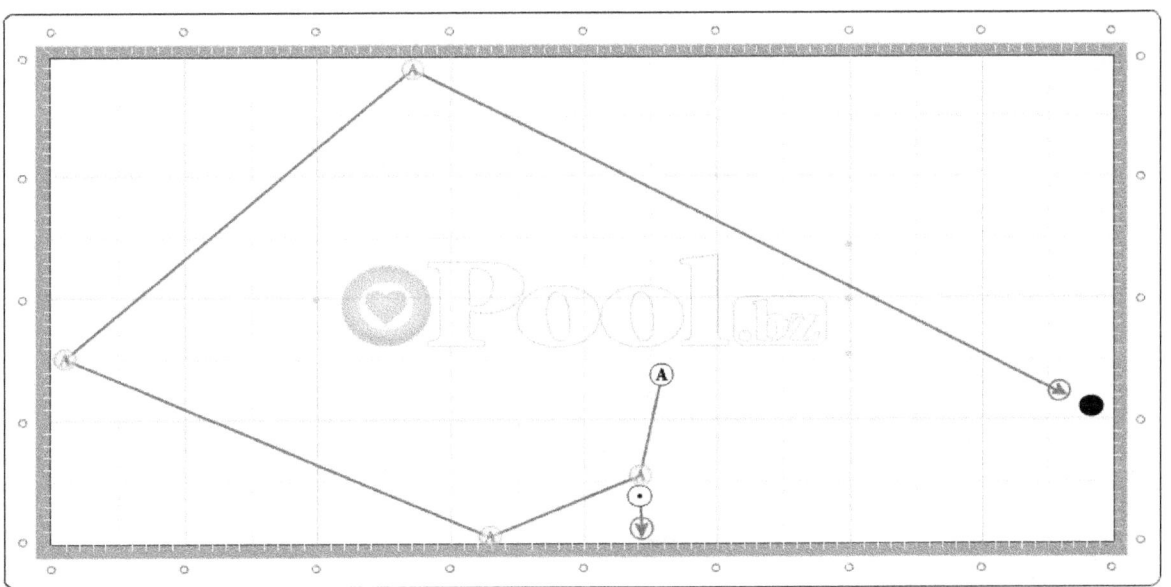

A:4b – Setup

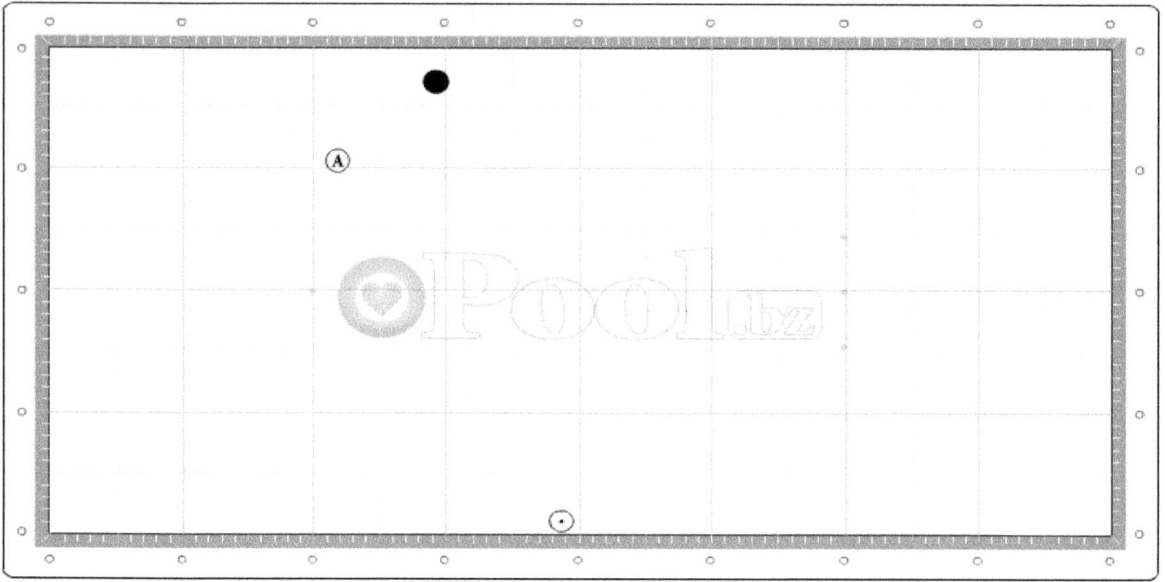

Notater og ideer:

Skudd mønster

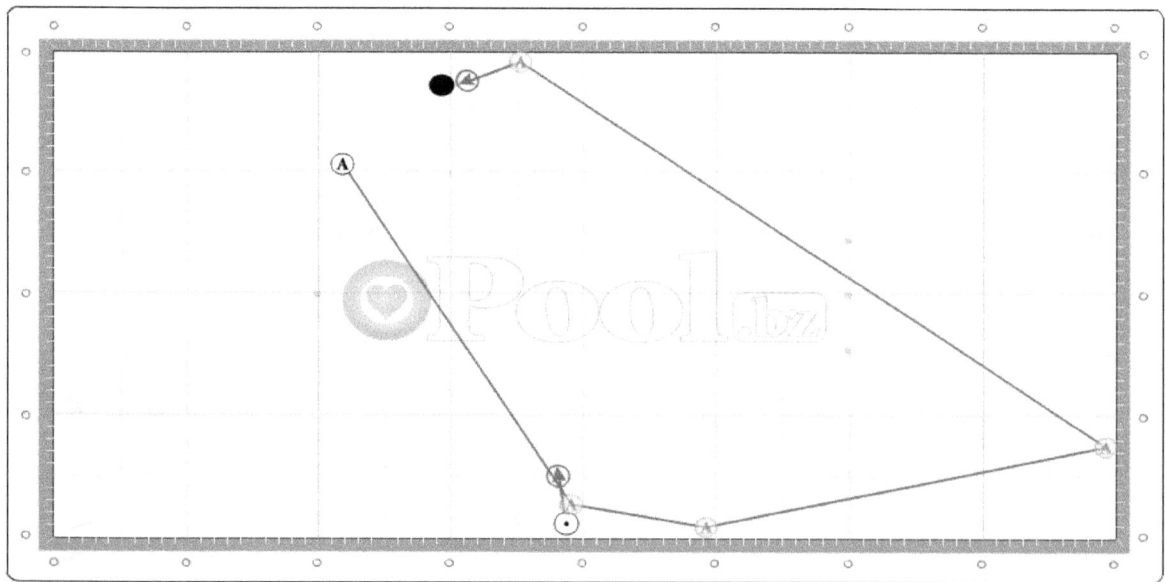

A:4c – Setup

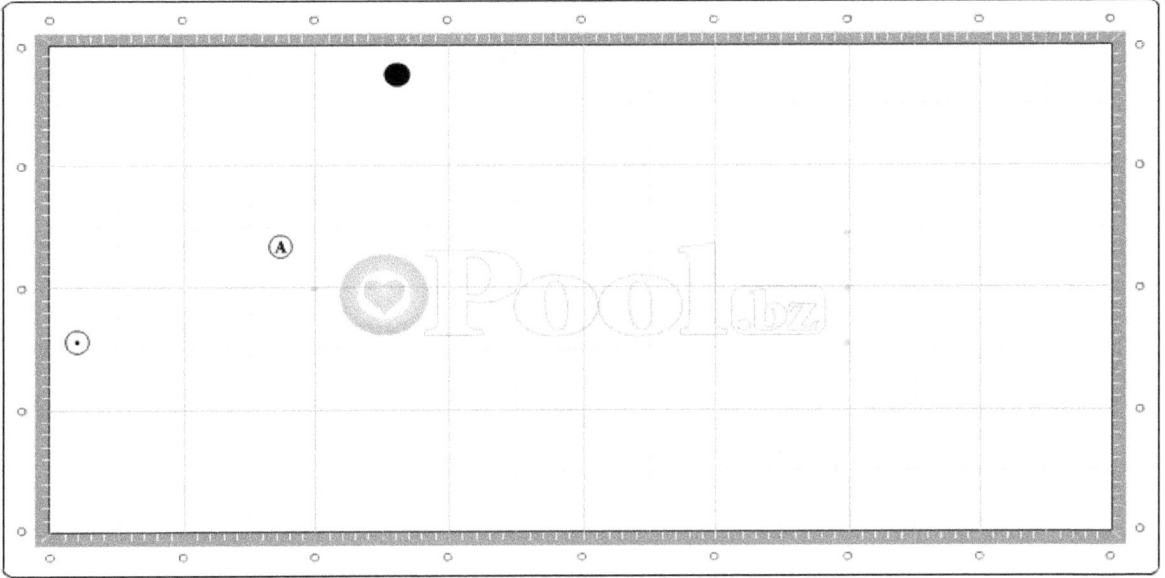

Notater og ideer:

Skudd mønster

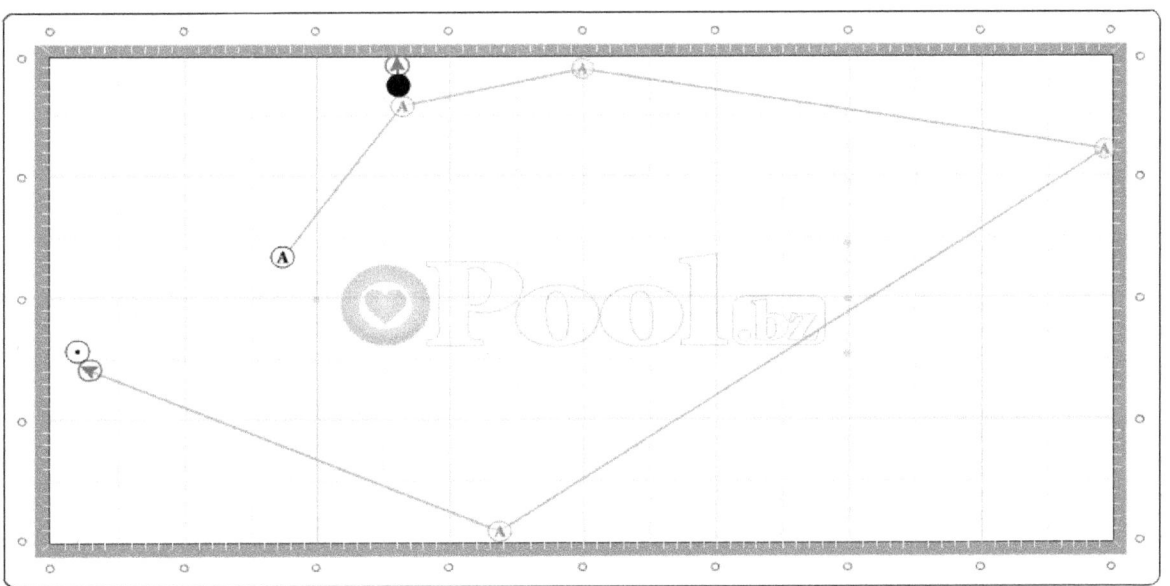

A:4d – Setup

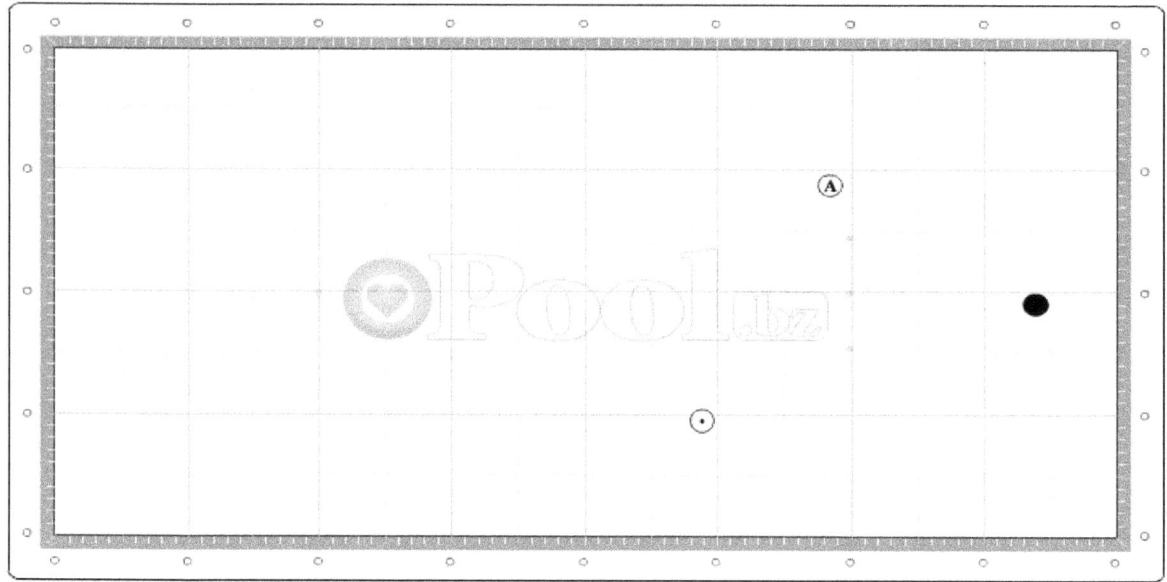

Notater og ideer:

Skudd mønster

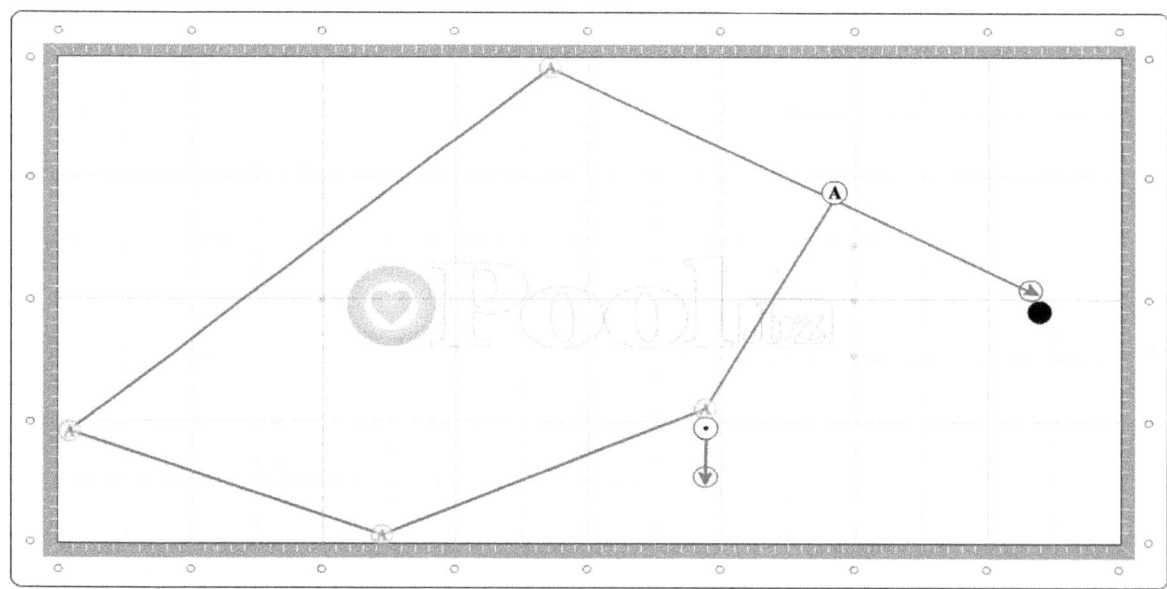

A: Gruppe 5

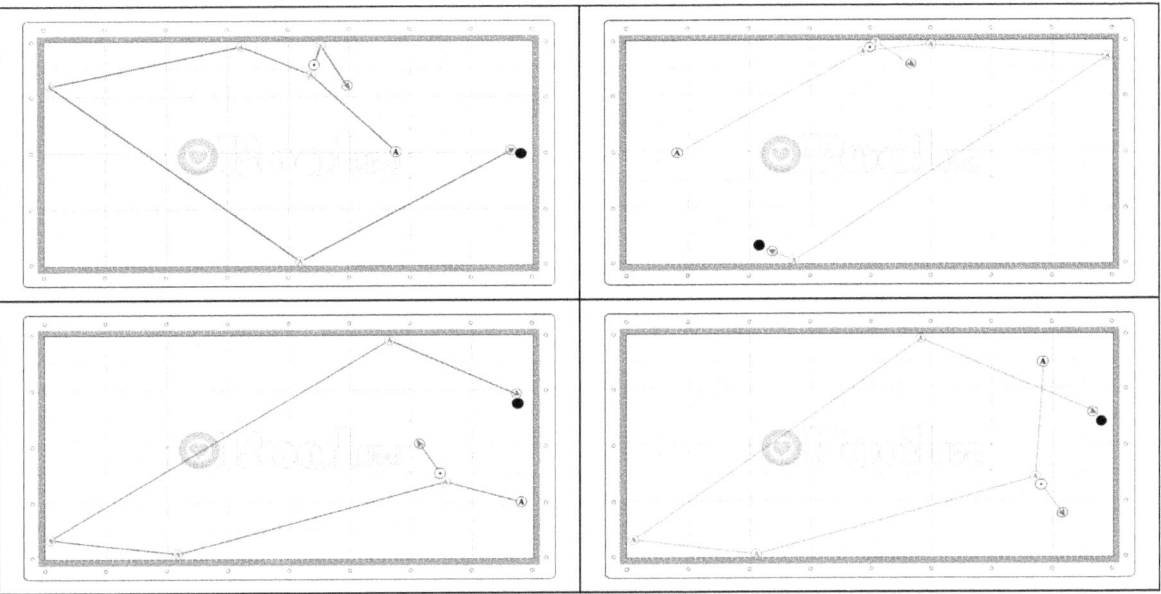

Analyse:

A:5a. _____

A:5b. _____

A:5c. _____

A:5d. _____

A:5a – Setup

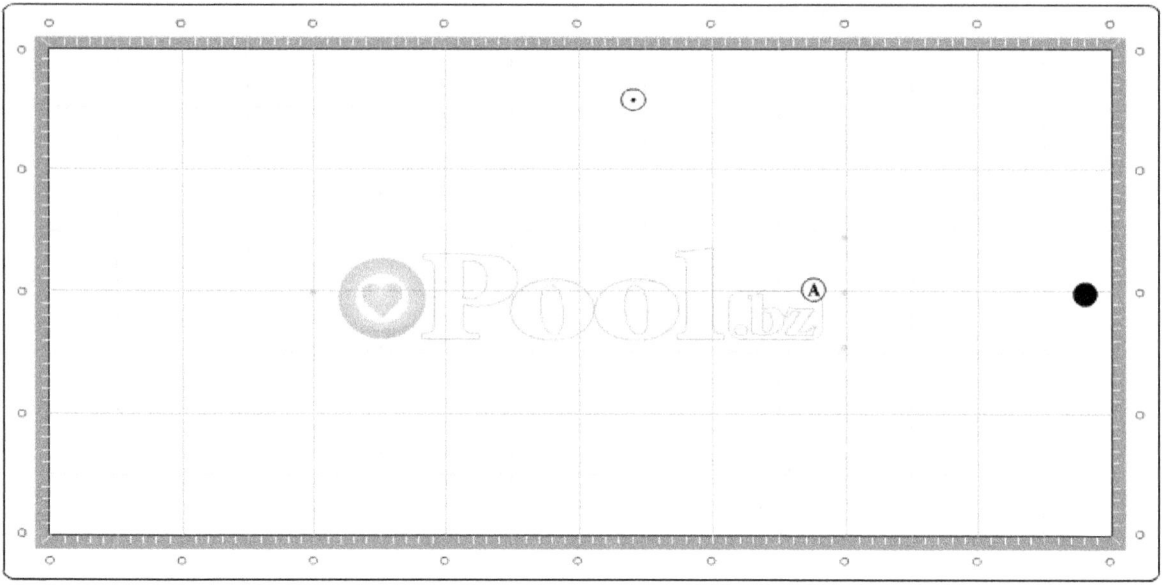

Notater og ideer:

Skudd mønster

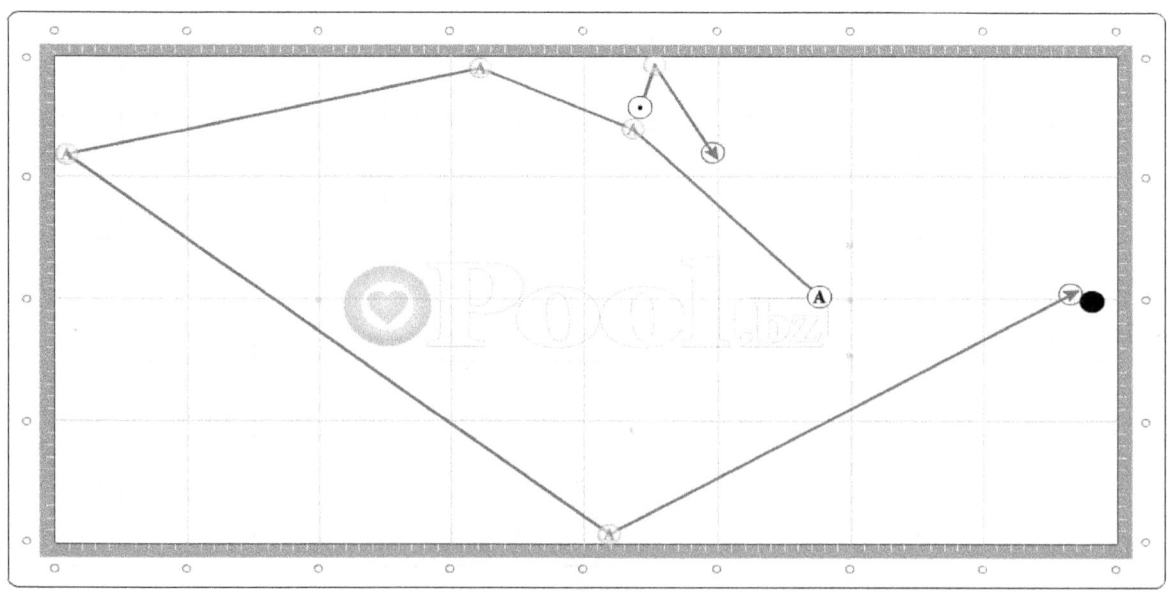

A:5b – Setup

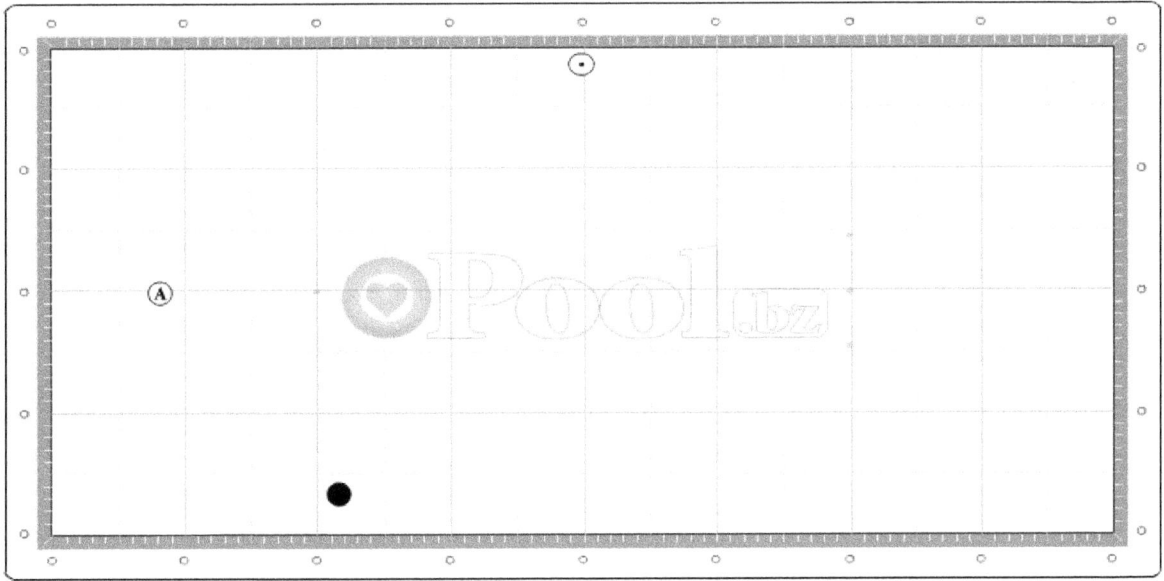

Notater og ideer:

Skudd mønster

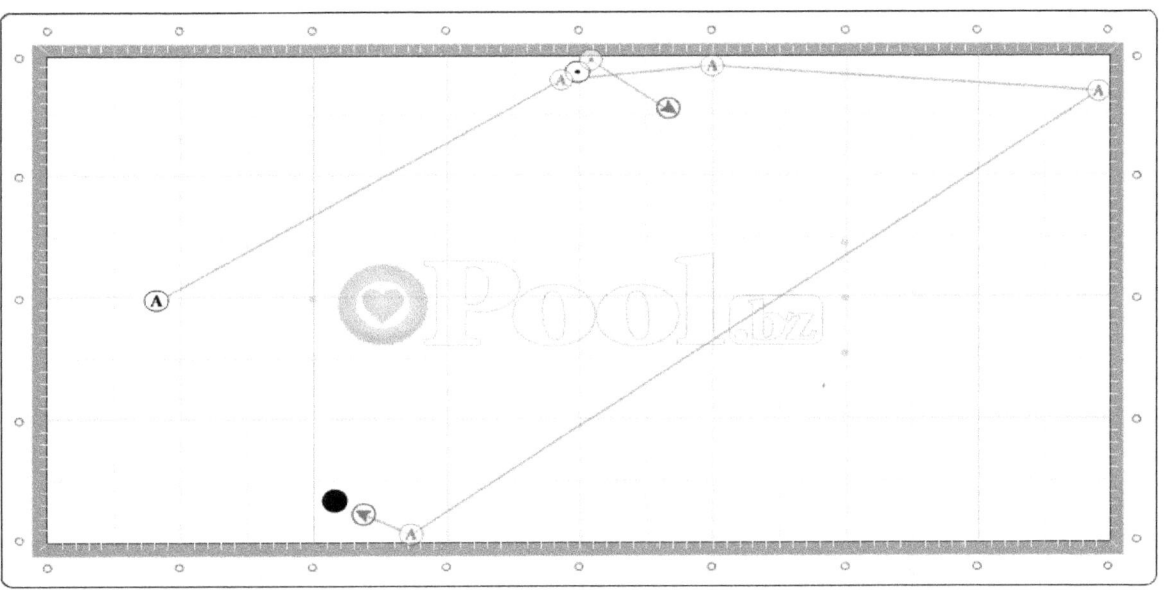

A:5c – Setup

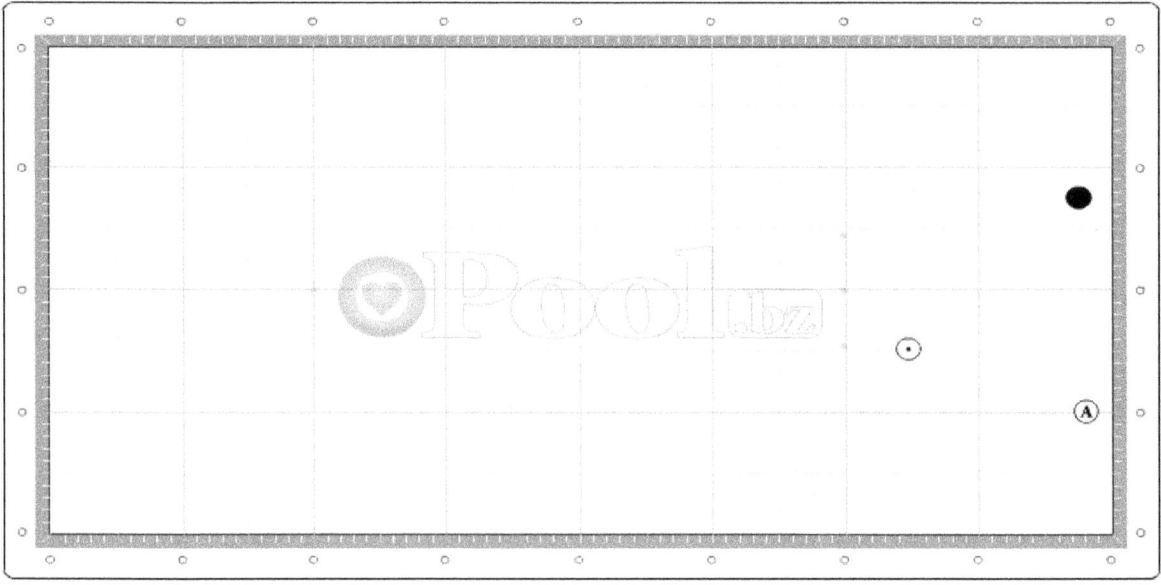

Notater og ideer:

Skudd mønster

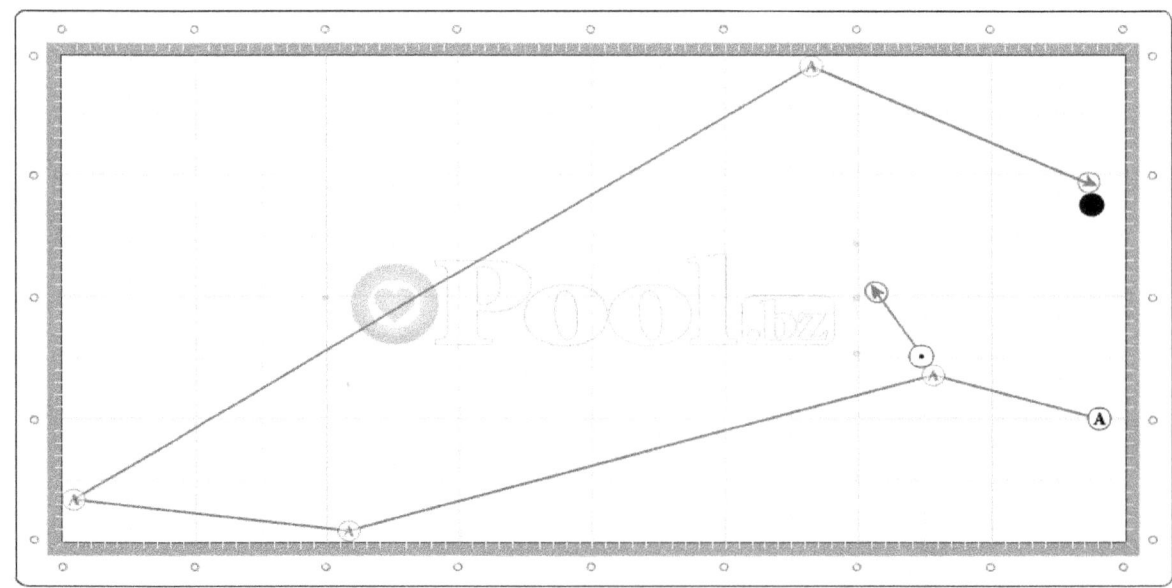

A:5d – Setup

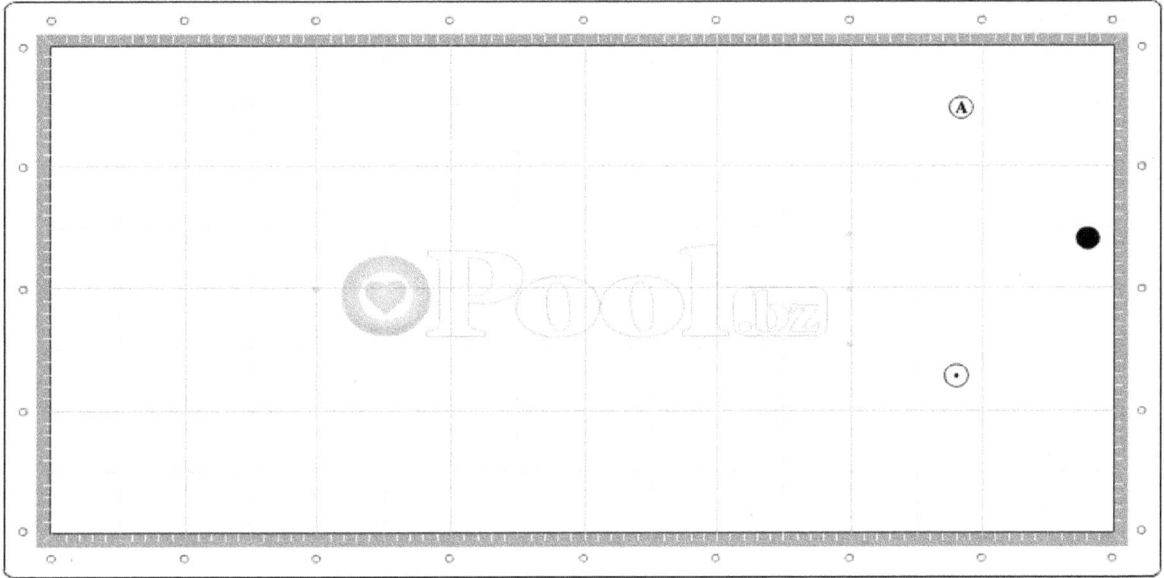

Notater og ideer:

Skudd mønster

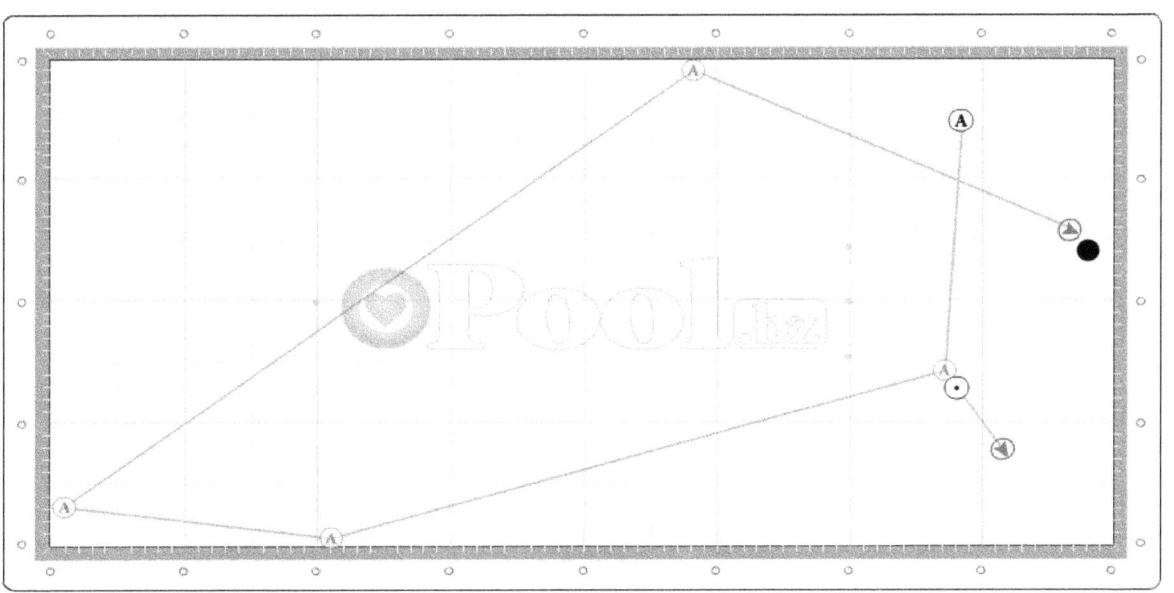

B: Full sirkel (kort vant)

Den (CB) kommer av den første (OB) og inn i en kort vant. Den (CB) går deretter inn i den lange vant og inn i motsatt kort vant.

Ⓐ (CB) (biljardkule) - ☉ (OB) (motstander billiardball) - ● (OB) (rød biljardball)

B: Gruppe 1

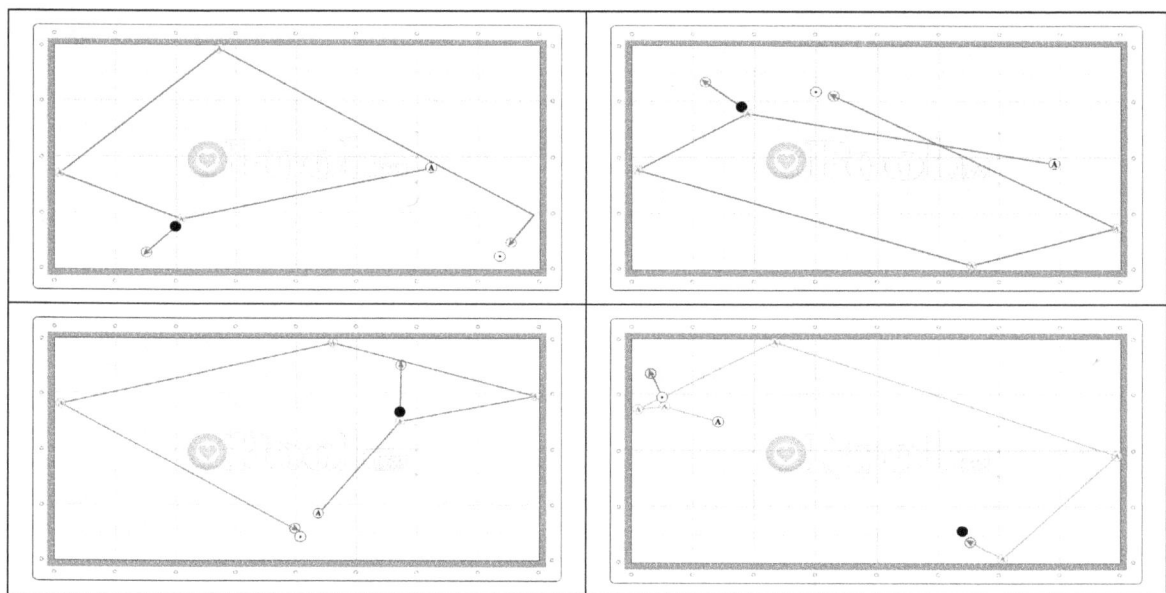

Analyse:

B:1a. _____

B:1b. _____

B:1c. _____

B:1d. _____

B:1a – Setup

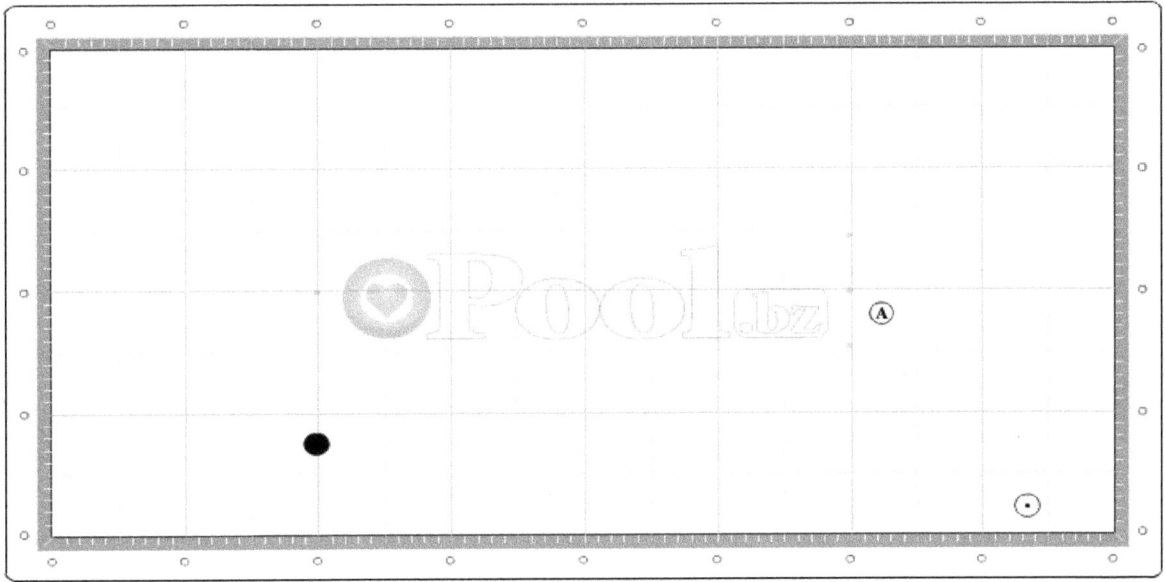

Notater og ideer:

Skudd mønster

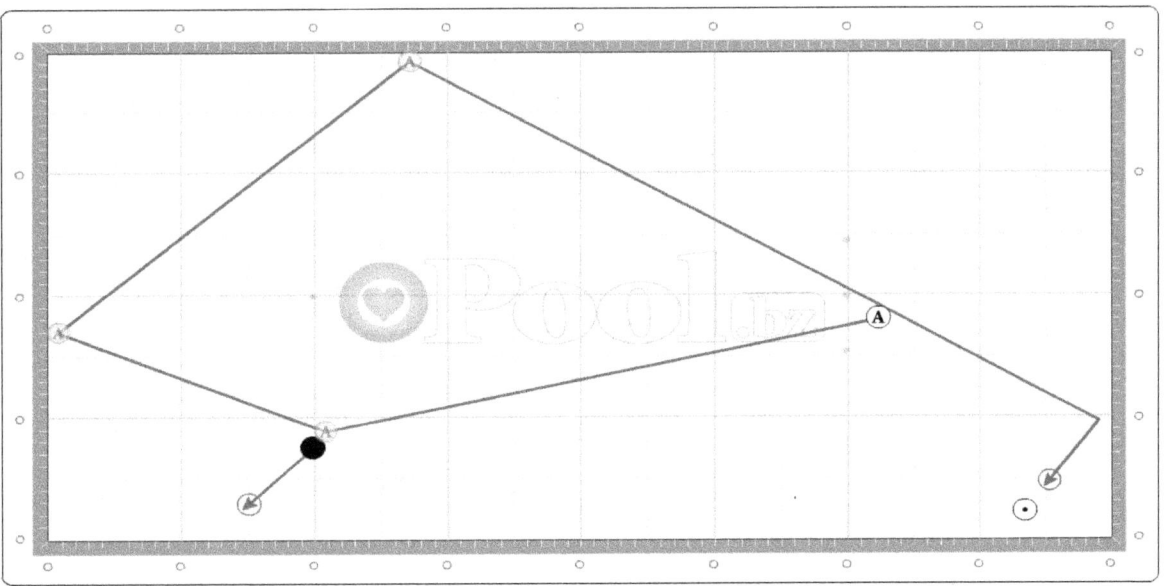

B:1b – Setup

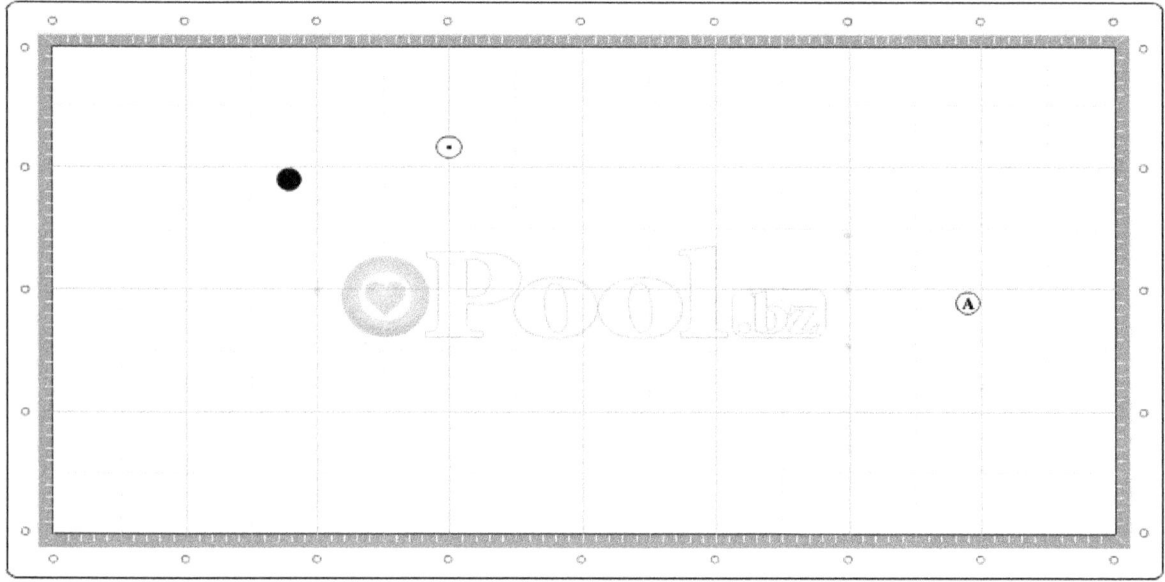

Notater og ideer:

Skudd mønster

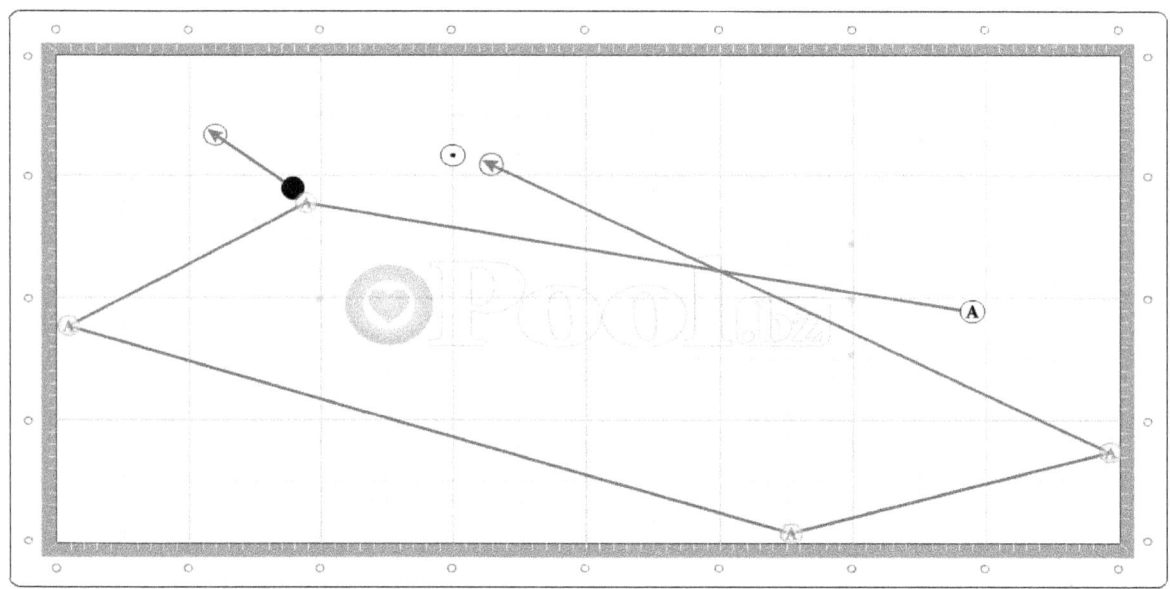

B:1c – Setup

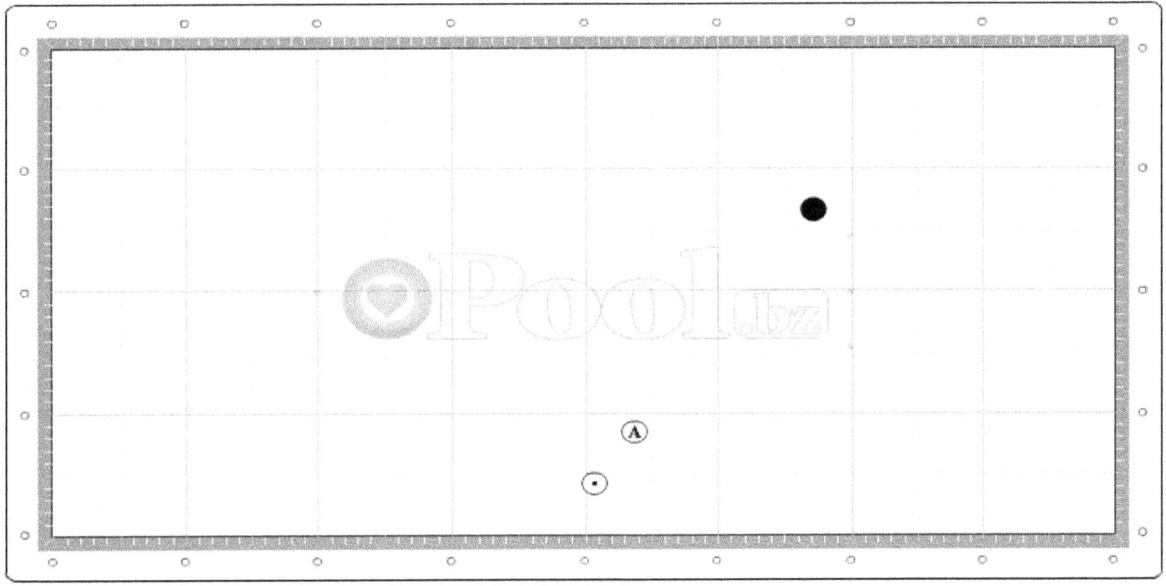

Notater og ideer:

Skudd mønster

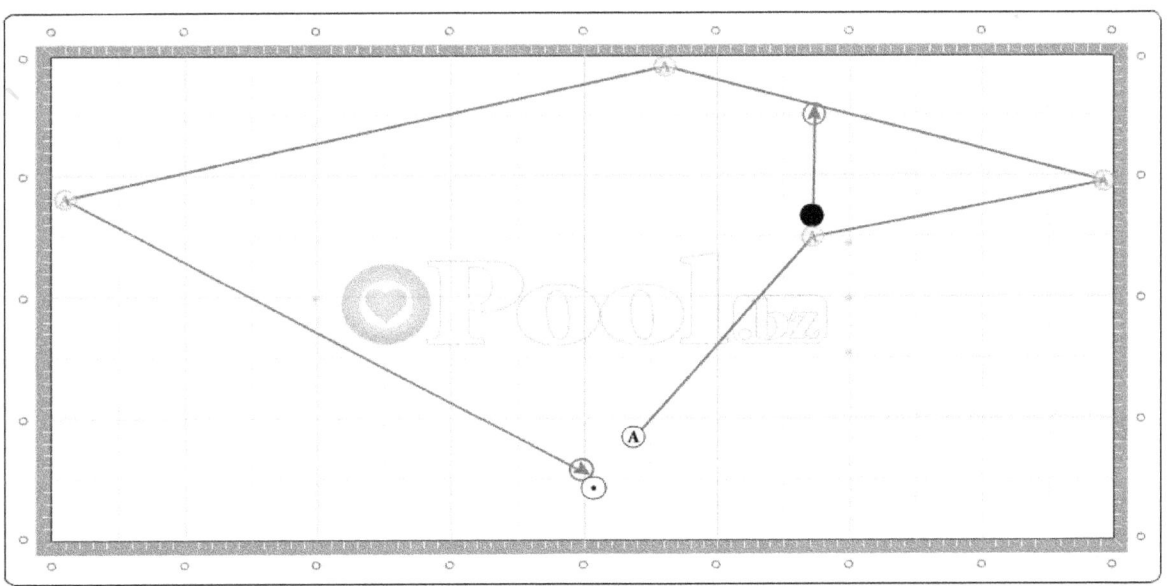

B:1d – Setup

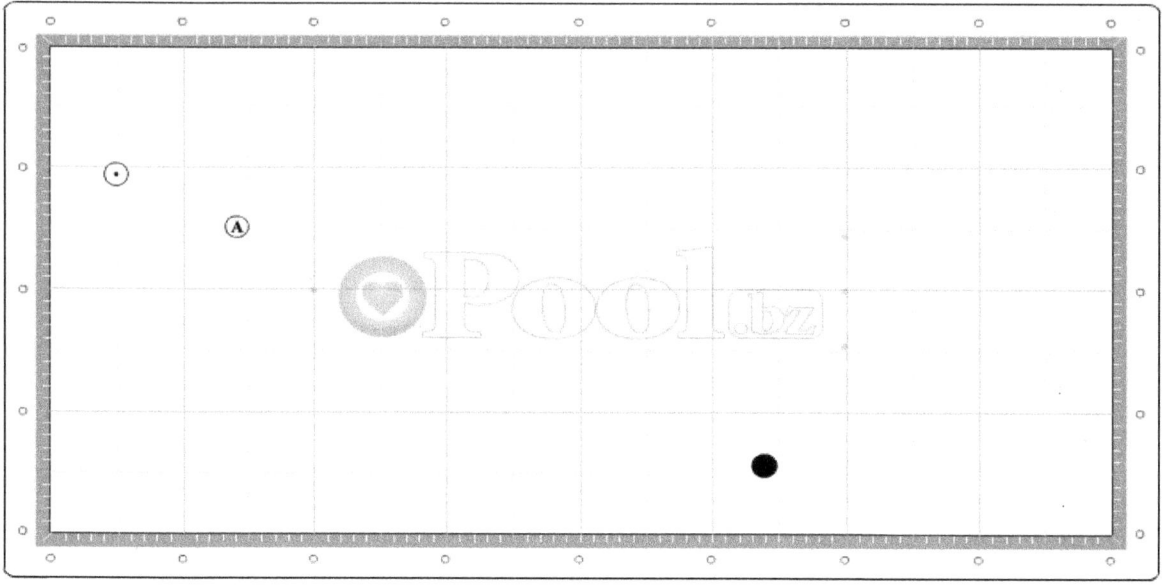

Notater og ideer:

Skudd mønster

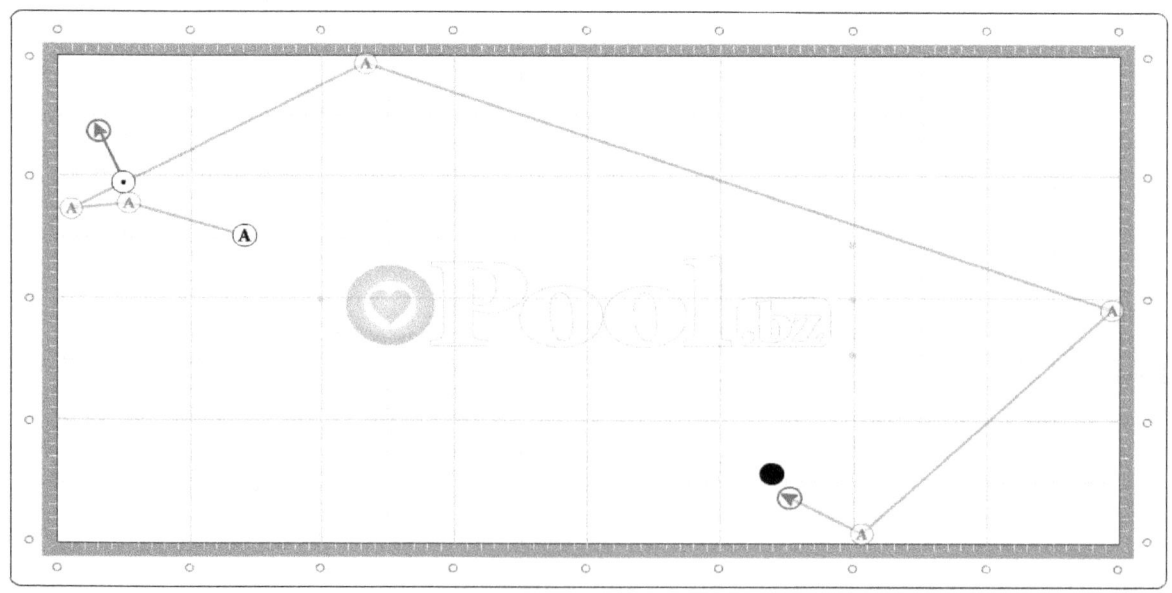

B: Gruppe 2

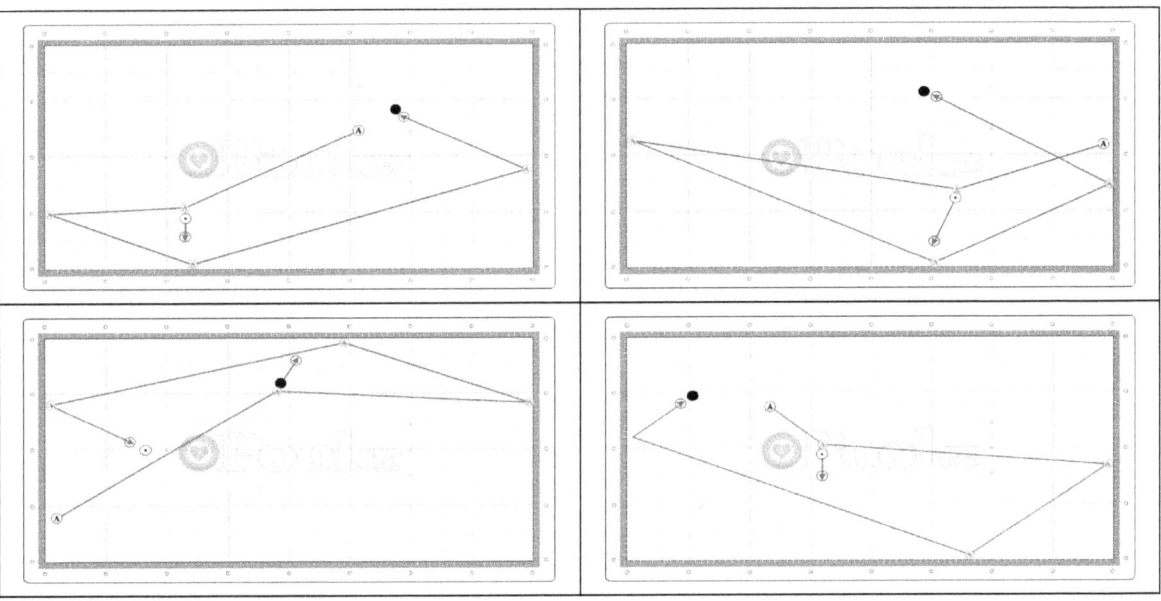

Analyse:

B:2a. _____

B:2b. _____

B:2c. _____

B:2d. _____

B:2a – Setup

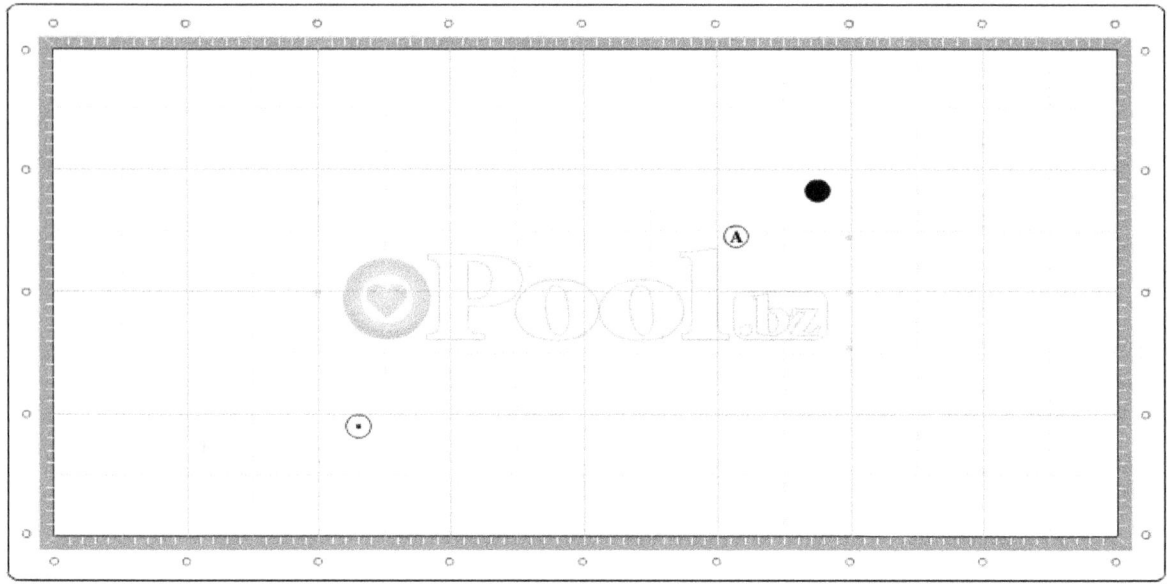

Notater og ideer:

Skudd mønster

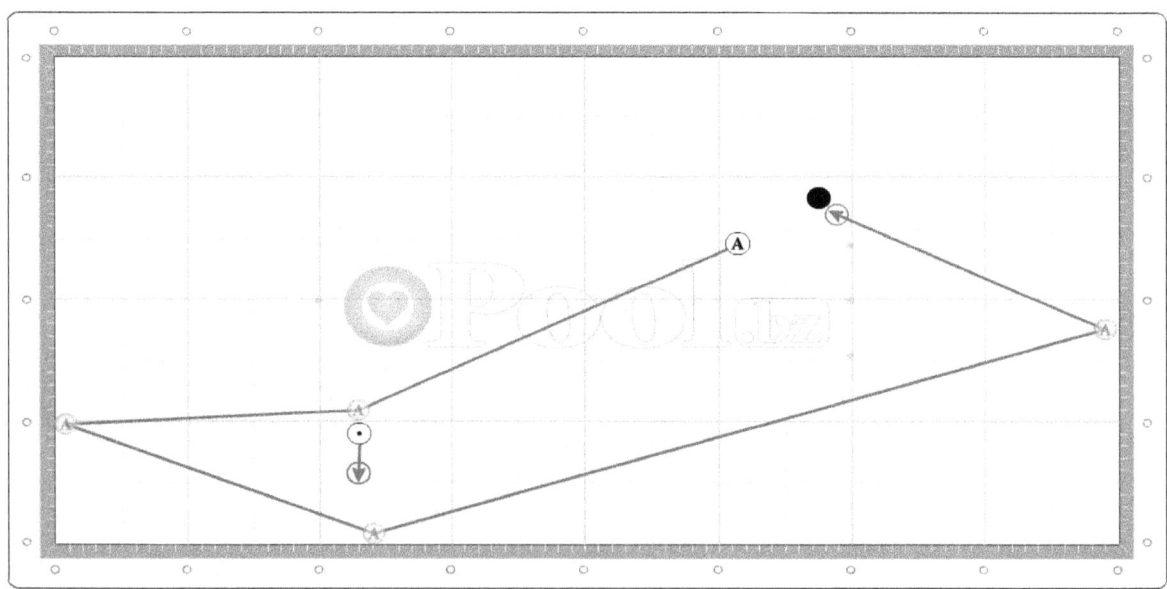

B:2b – Setup

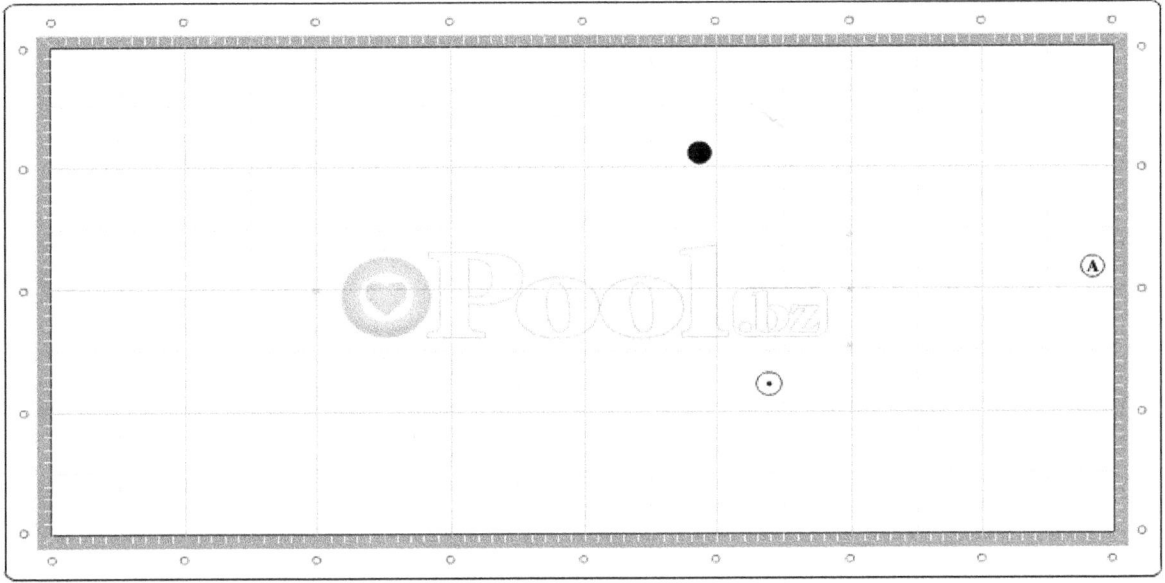

Notater og ideer:

Skudd mønster

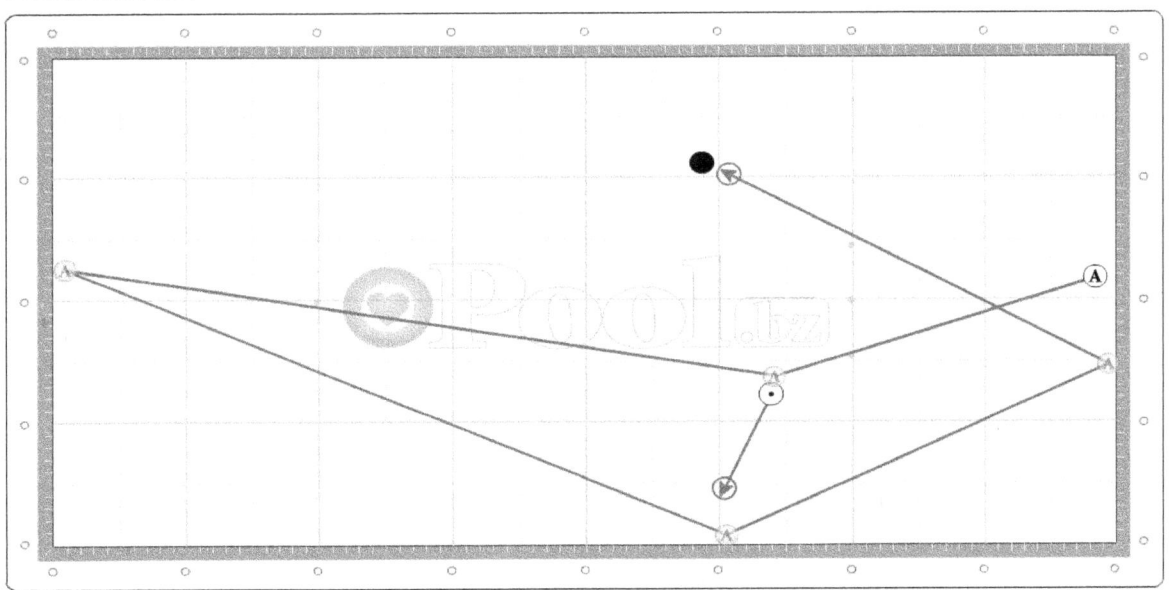

B:2c – Setup

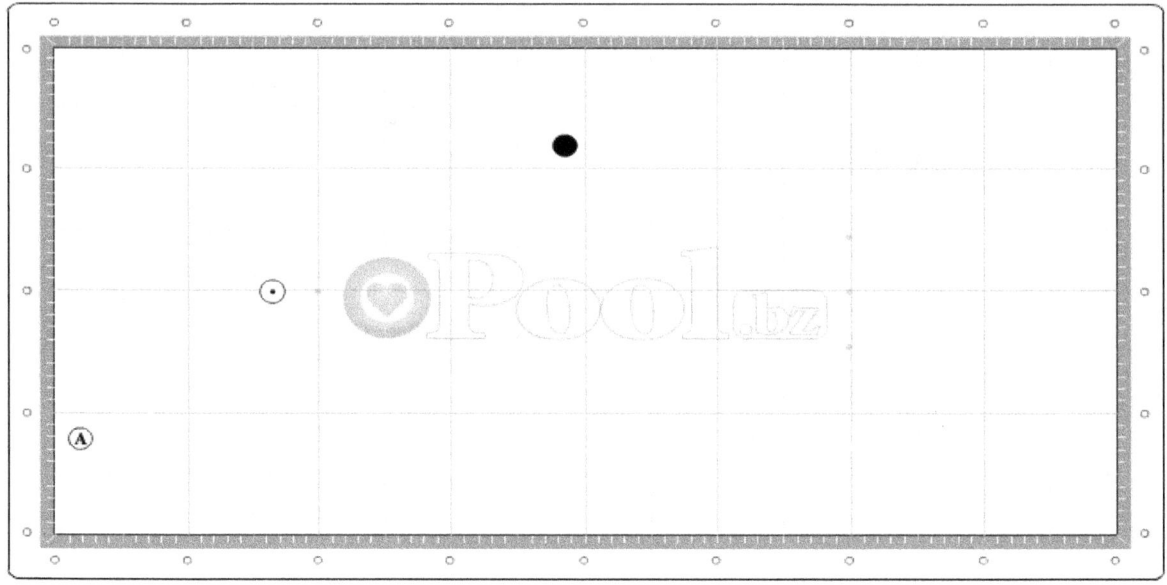

Notater og ideer:

Skudd mønster

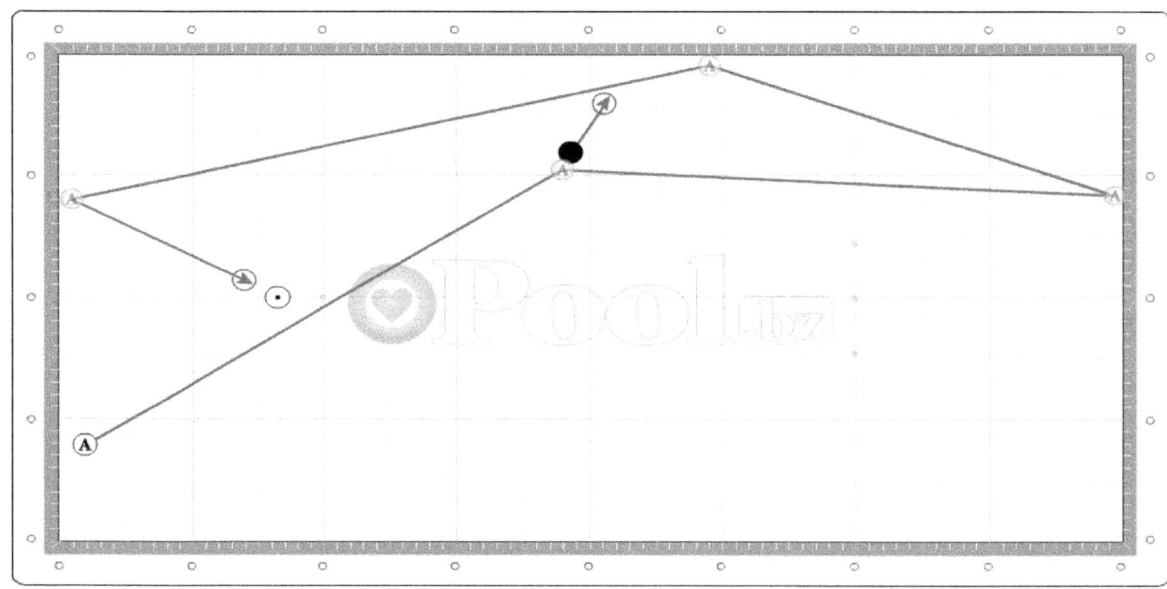

B:2d – Setup

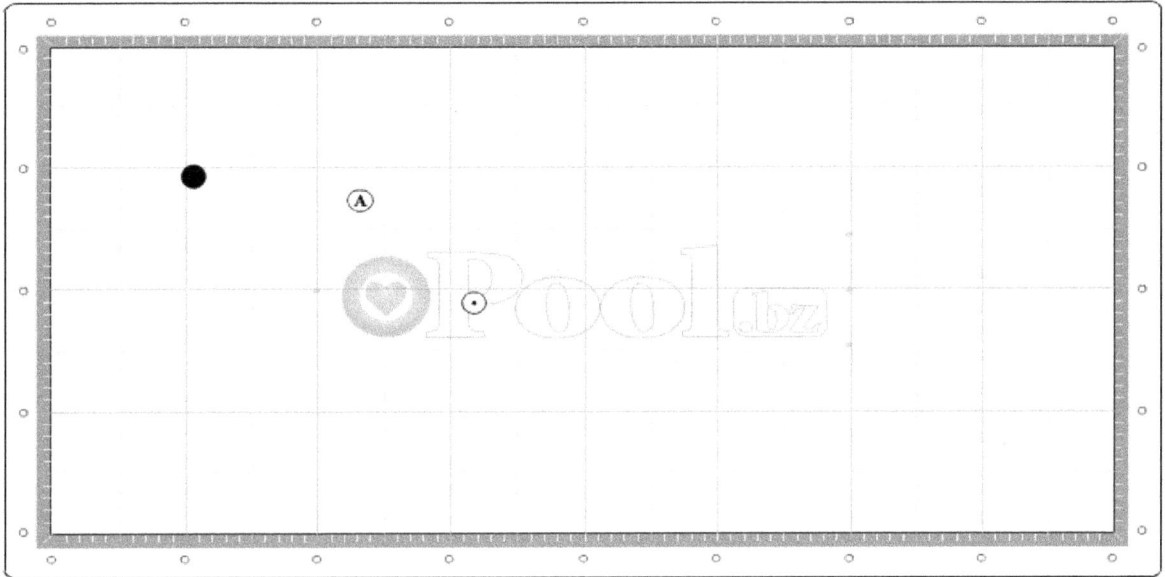

Notater og ideer:

Skudd mønster

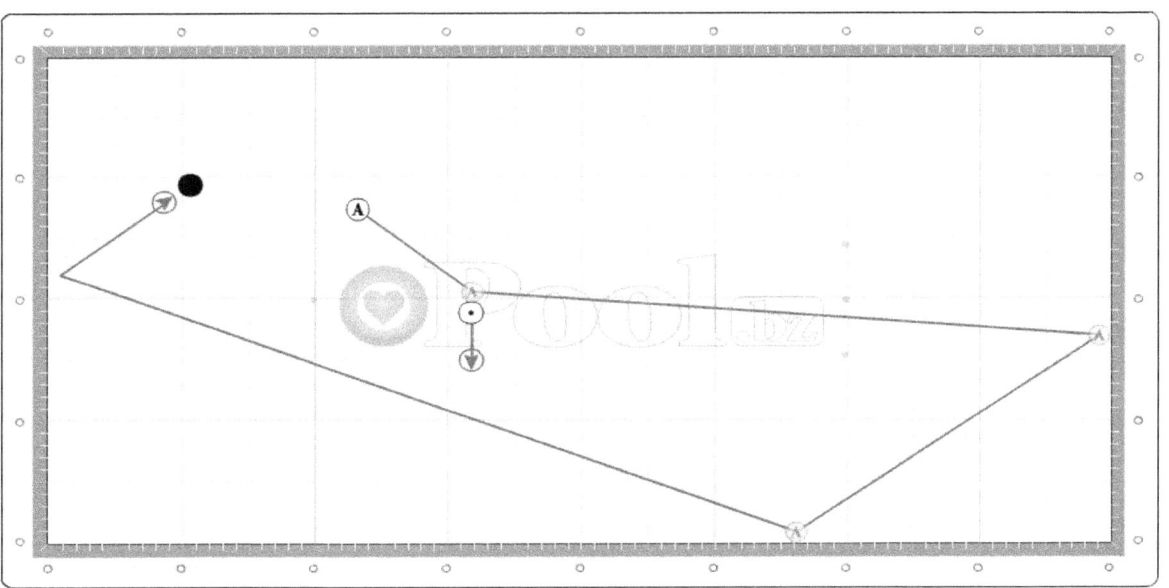

B: Gruppe 3

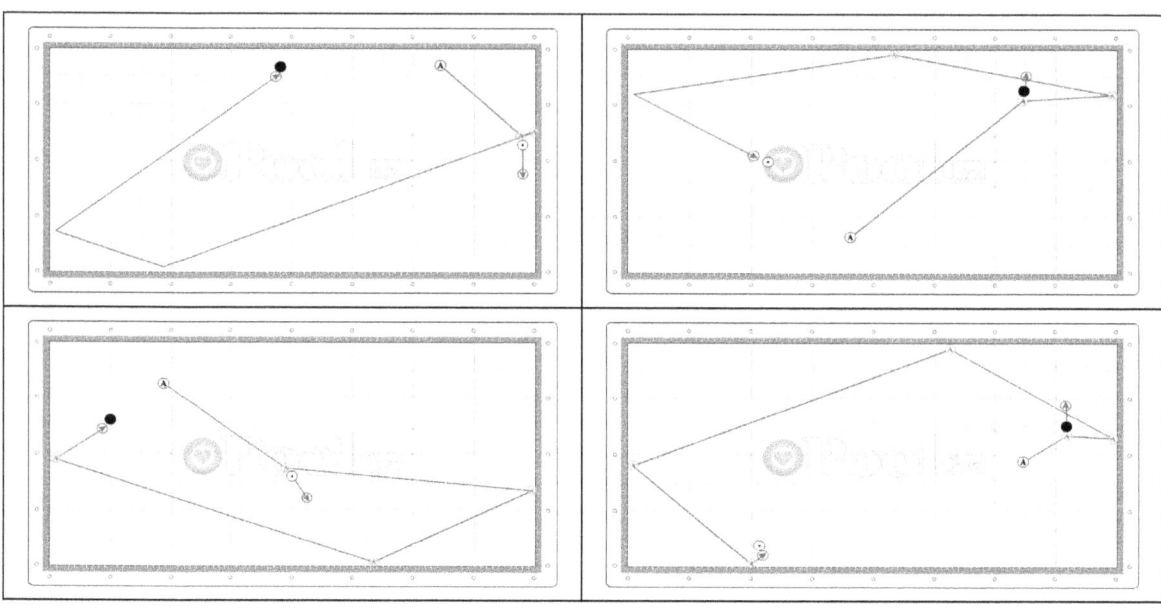

Analyse:

B:3a. _____

B:3b. _____

B:3c. _____

B:3d. _____

B:3a – Setup

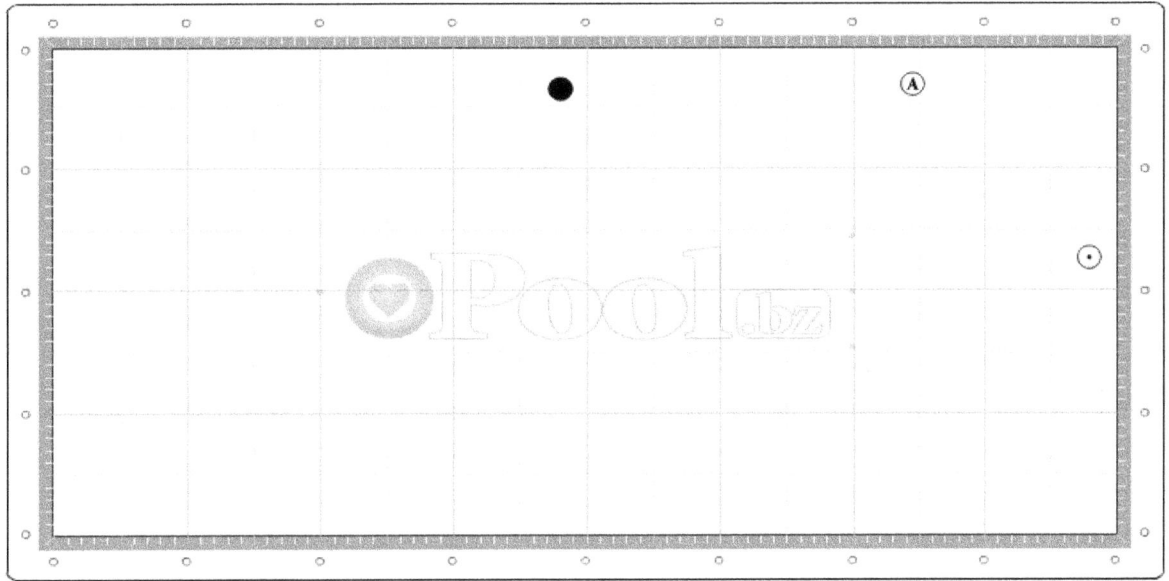

Notater og ideer:

Skudd mønster

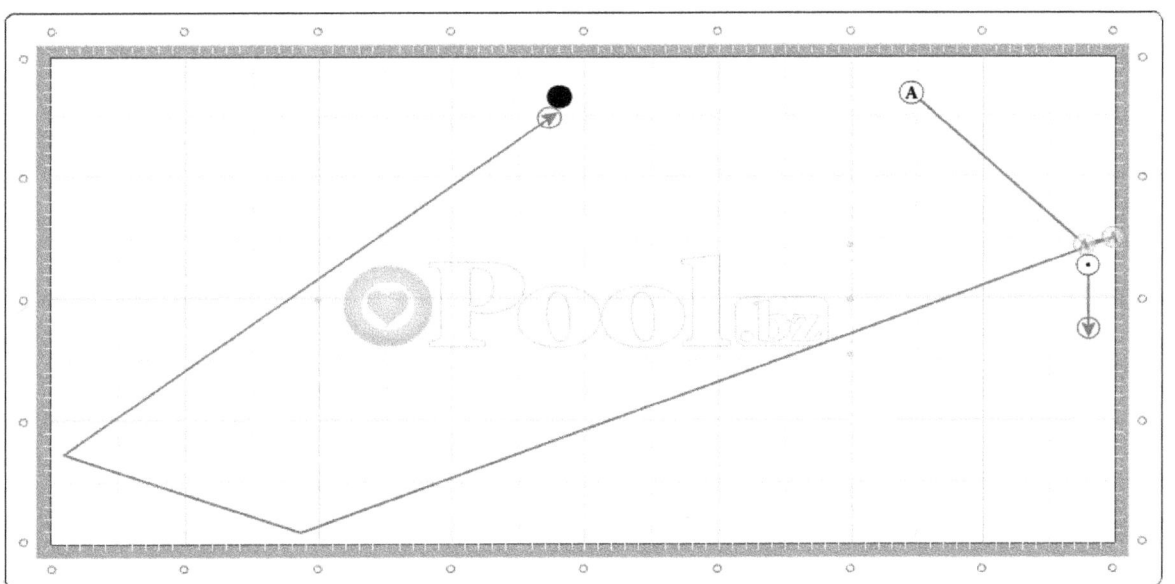

B:3b – Setup

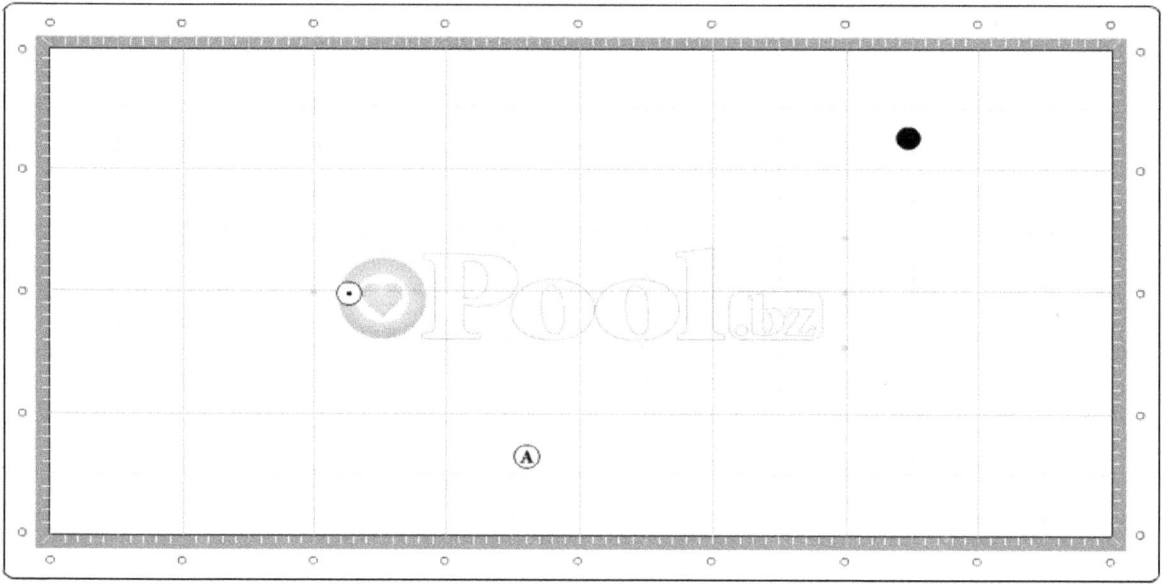

Notater og ideer:

Skudd mønster

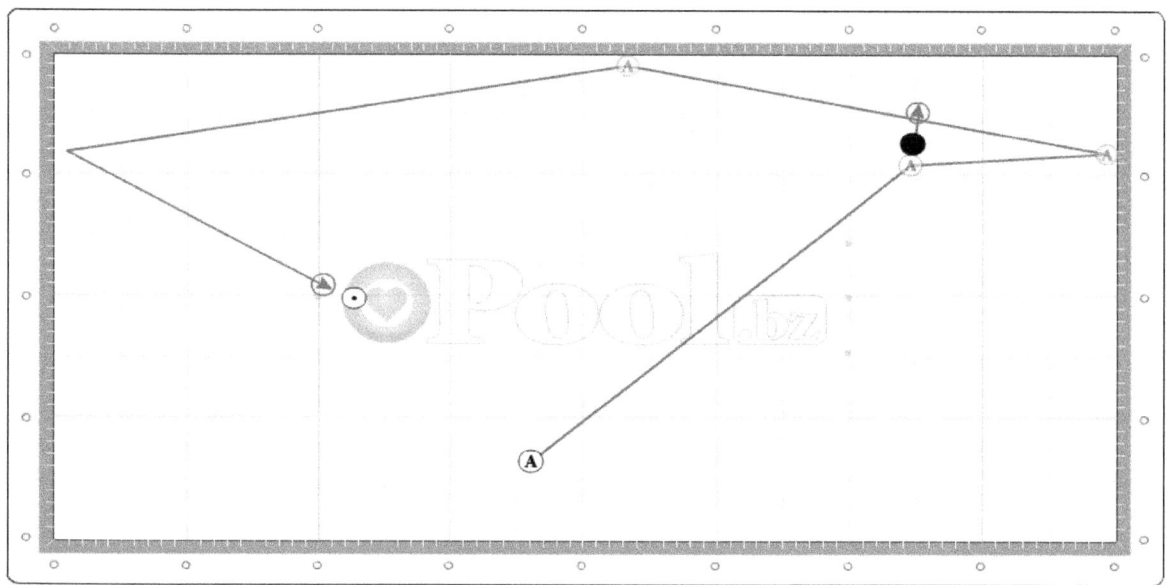

B:3c – Setup

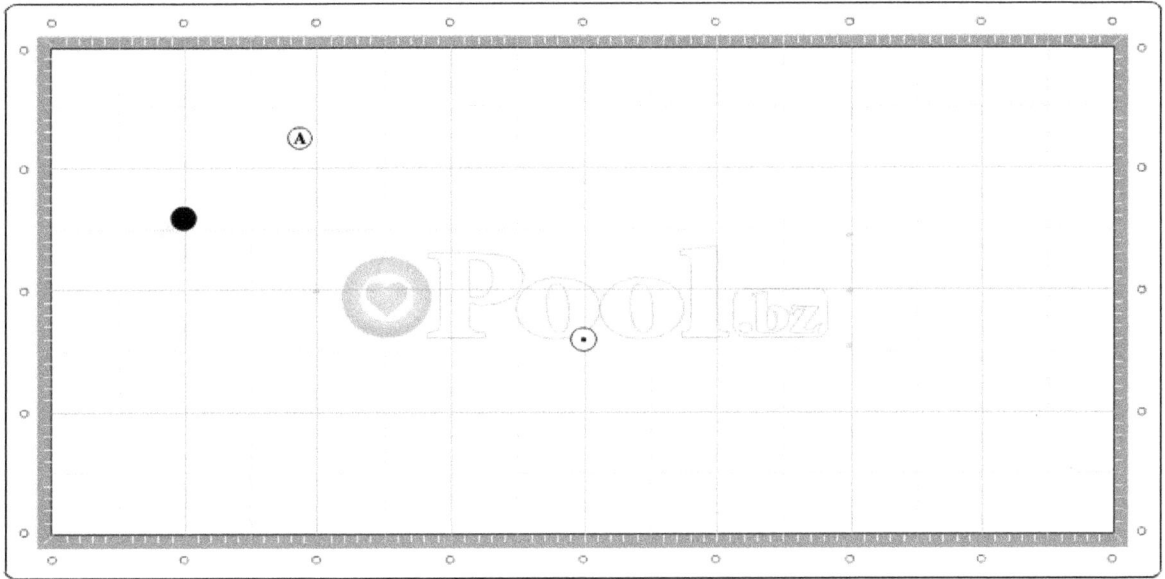

Notater og ideer:

Skudd mønster

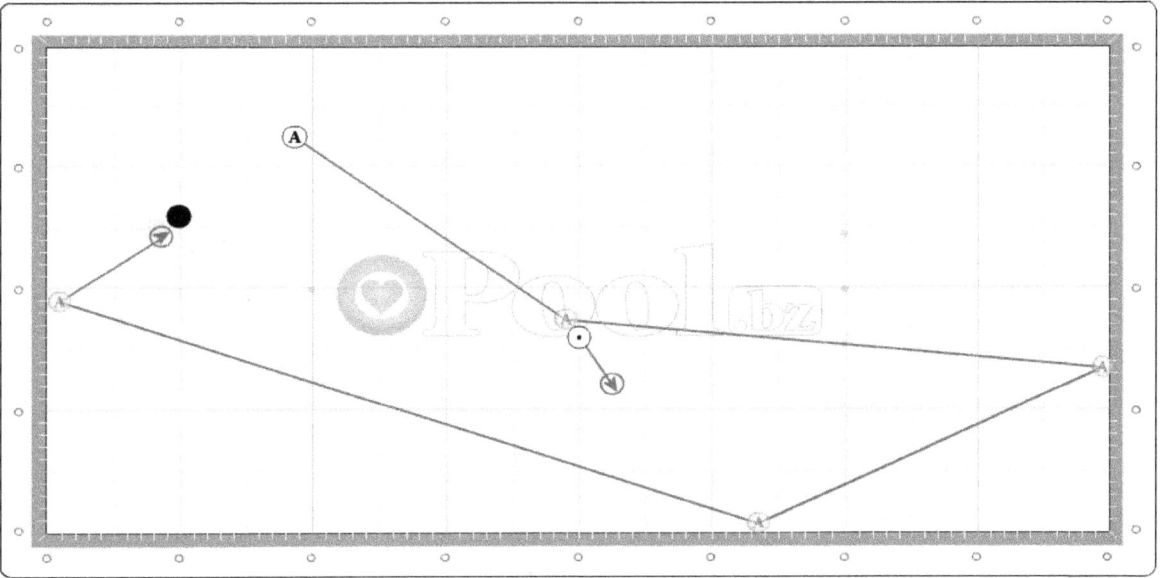

B:3d – Setup

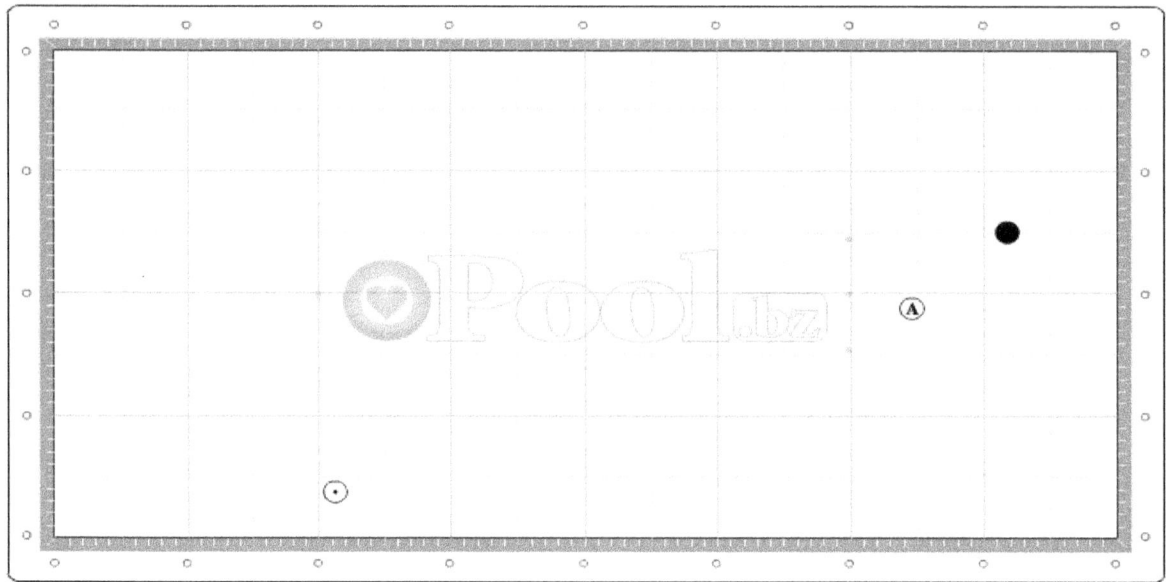

Notater og ideer:

Skudd mønster

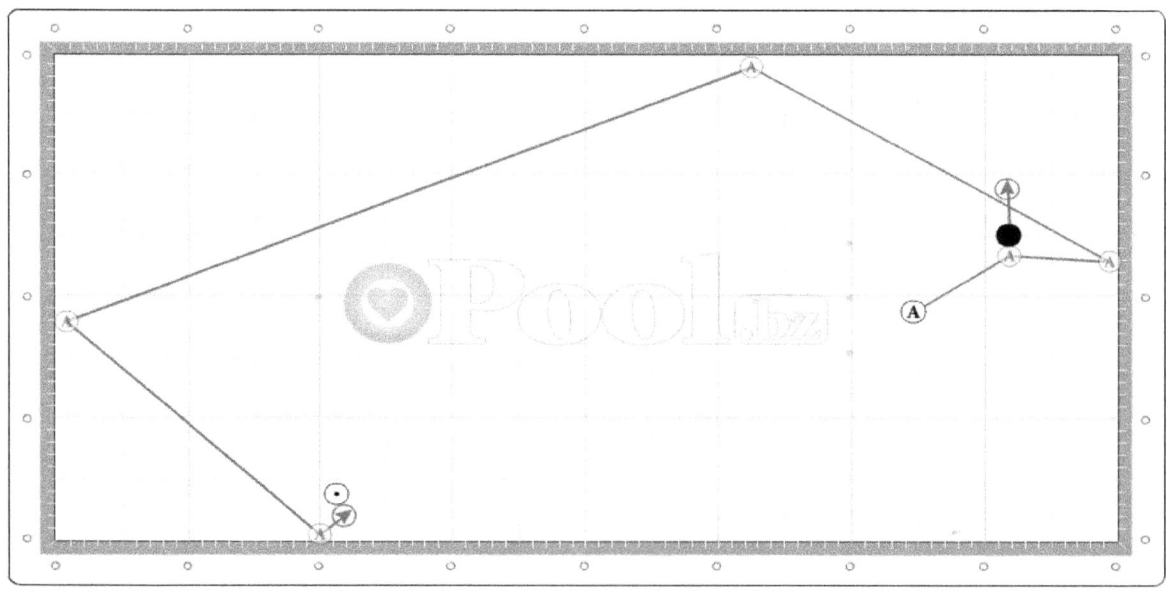

C: Fire vant (lang vant)

Den (CB) kommer av den første (OB) og inn i den lange vant. Det kommer ut til den korte vant. Deretter går (CB) inn i motsatt lang vant. Først da går (CB) inn i den andre (OB).

Ⓐ (CB) (biljardkule) - ⊙ (OB) (motstander billiardball) - ● (OB) (rød biljardball)

C: Gruppe 1

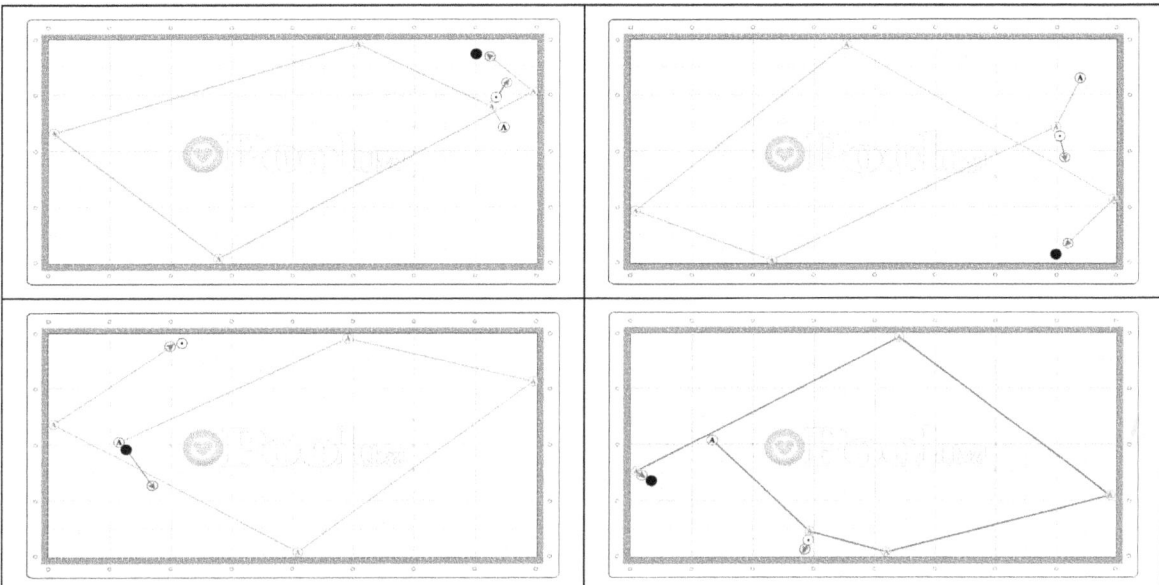

Analyse:

C:1a. _____

C:1b. _____

C:1c. _____

C:1d. _____

C:1a – Setup

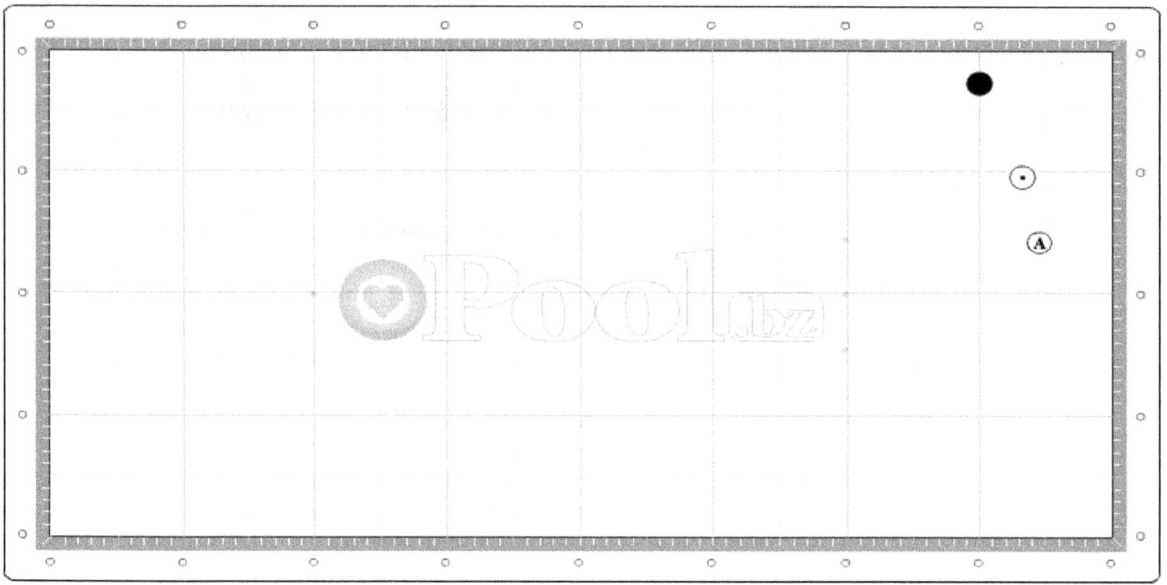

Notater og ideer:

Skudd mønster

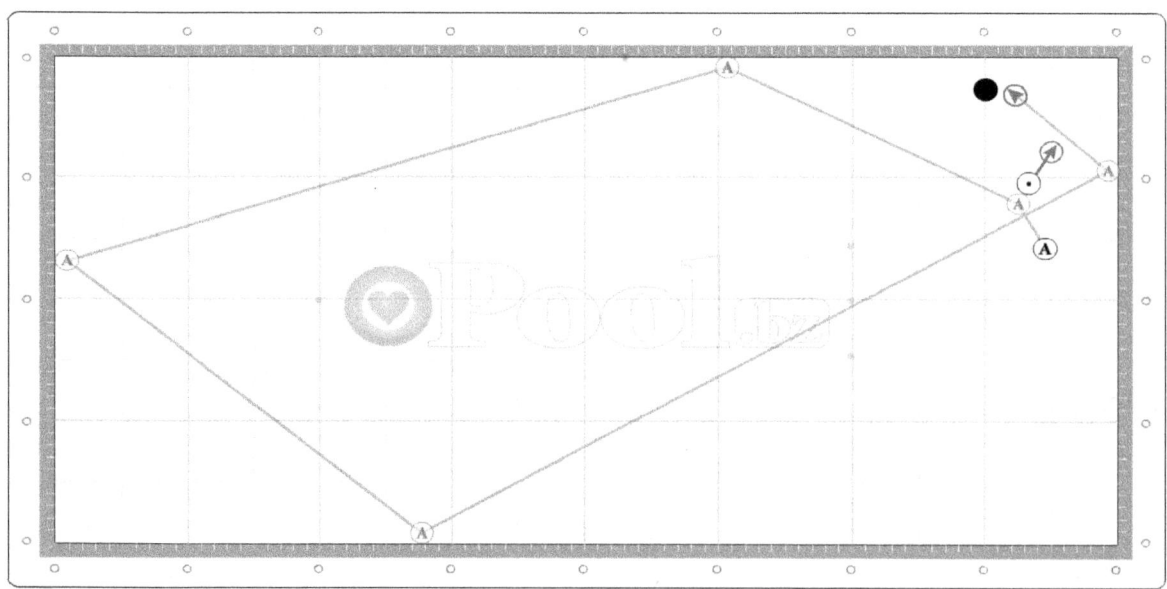

C:1b – Setup

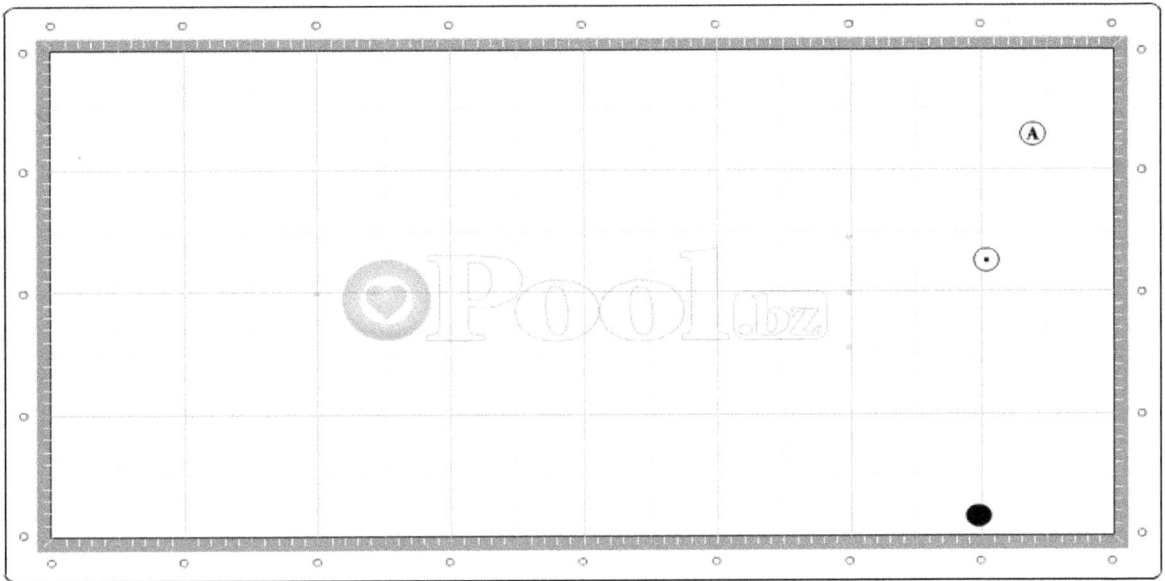

Notater og ideer:

Skudd mønster

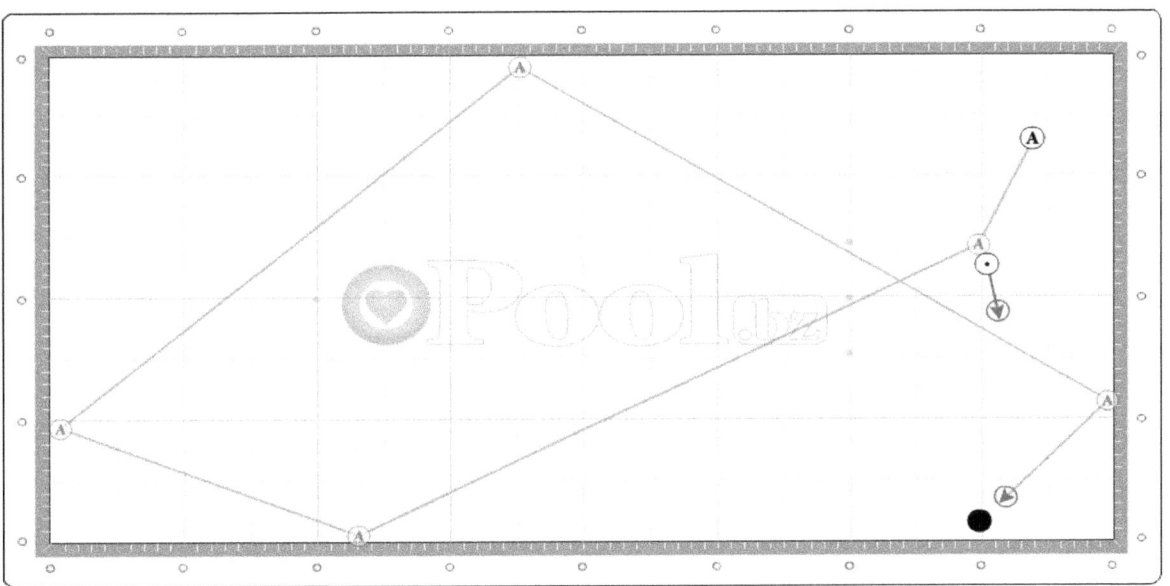

C:1c – Setup

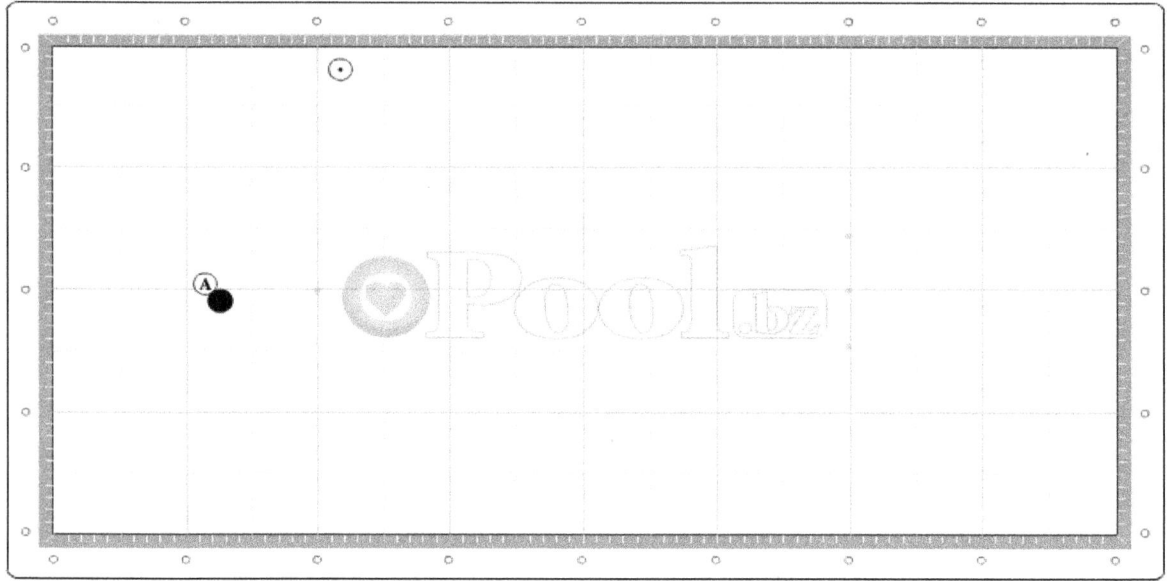

Notater og ideer:

Skudd mønster

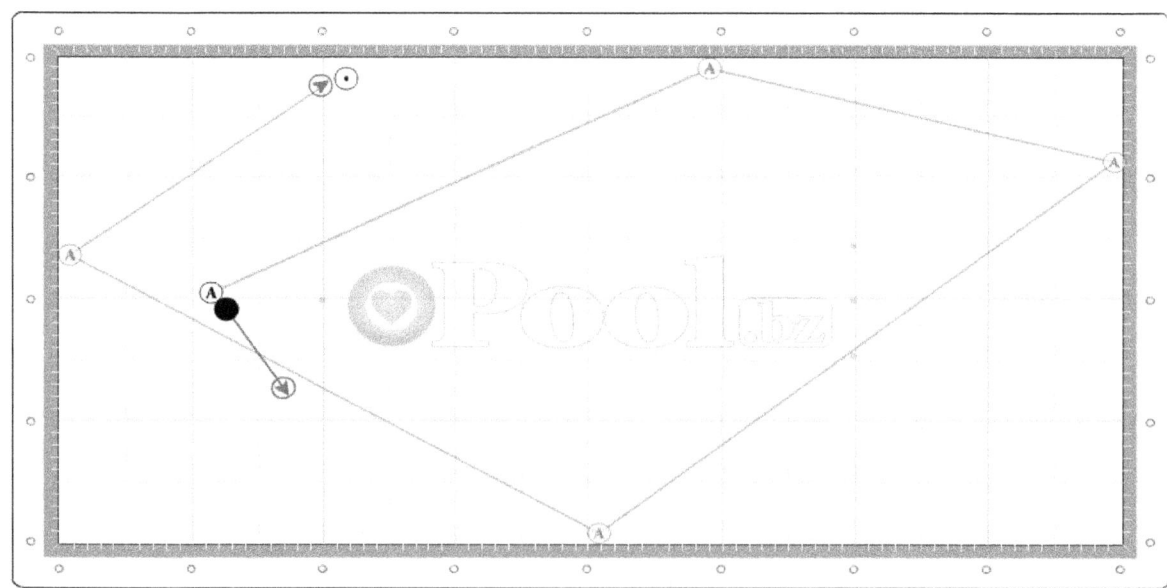

C:1d – Setup

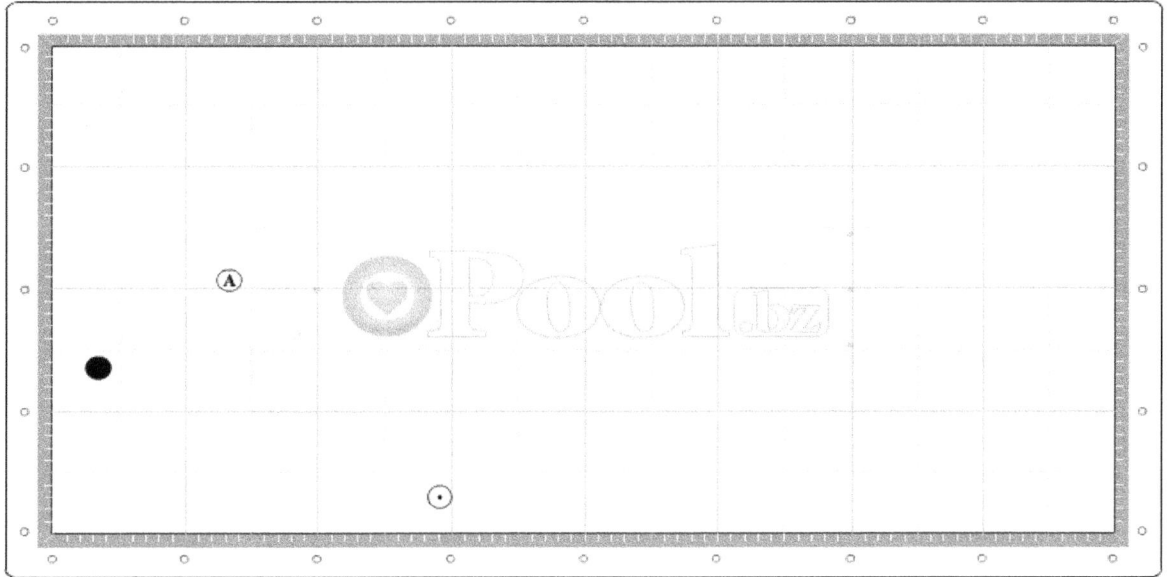

Notater og ideer:

Skudd mønster

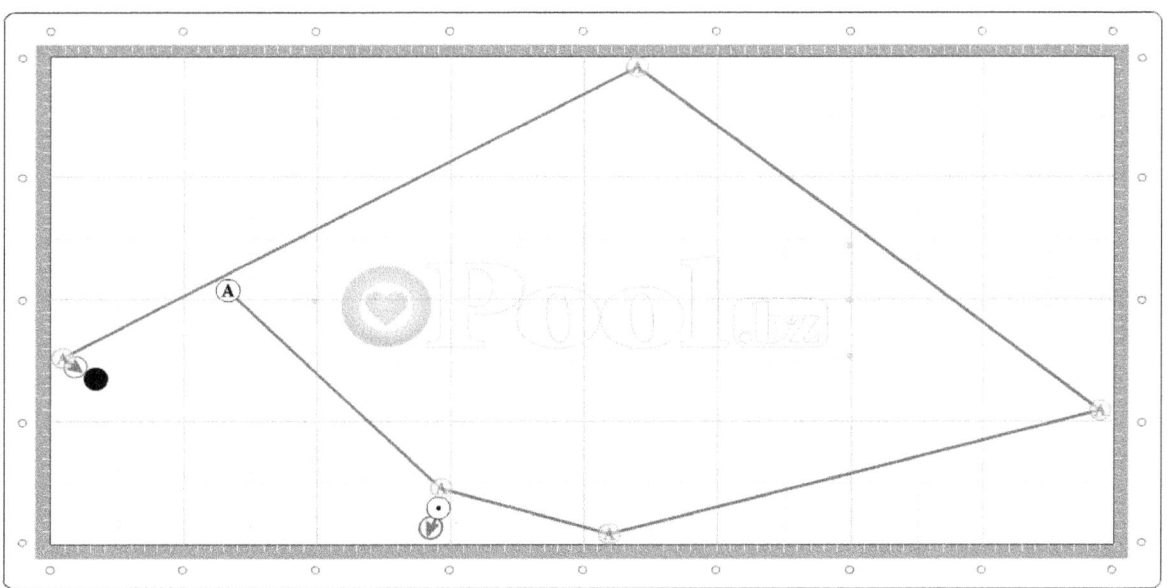

C: Gruppe 2

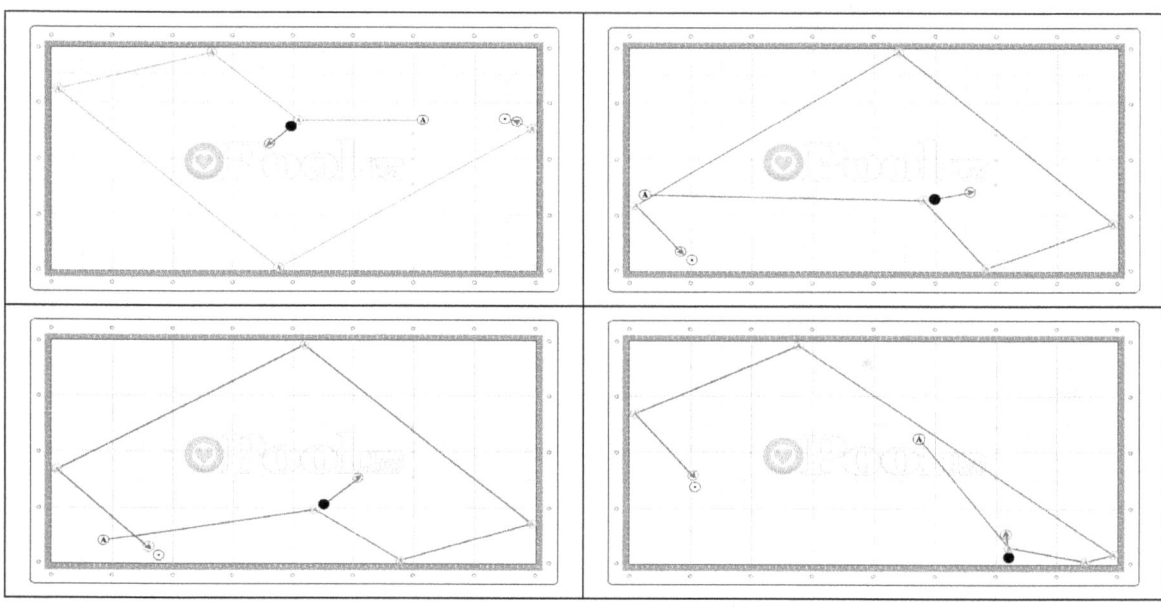

Analyse:

C:2a. _____

C:2b. _____

C:2c. _____

C:2d. _____

C:2a – Setup

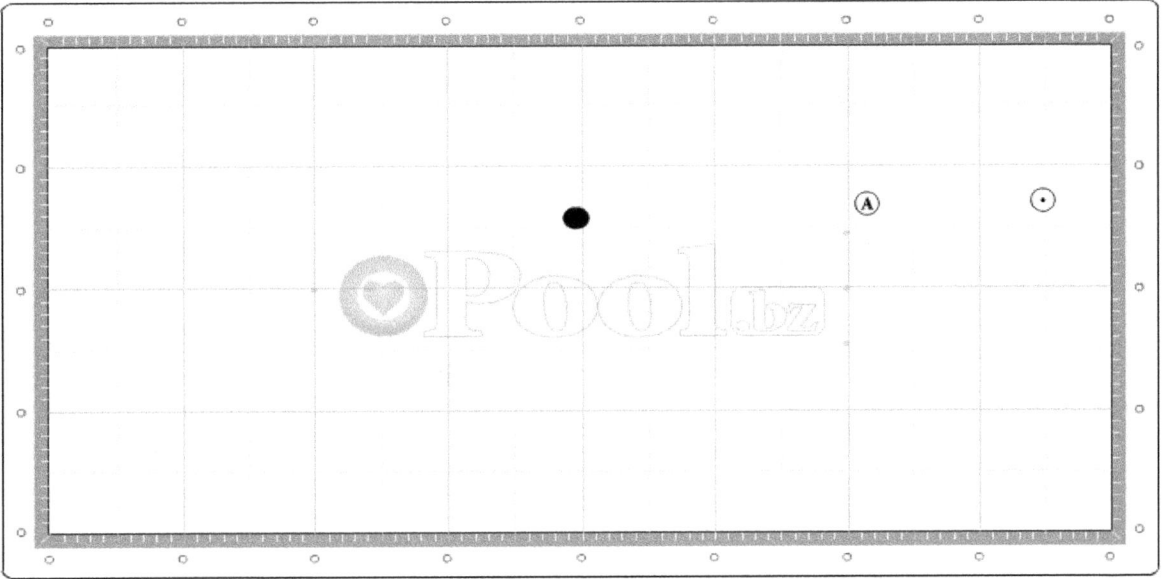

Notater og ideer:

Skudd mønster

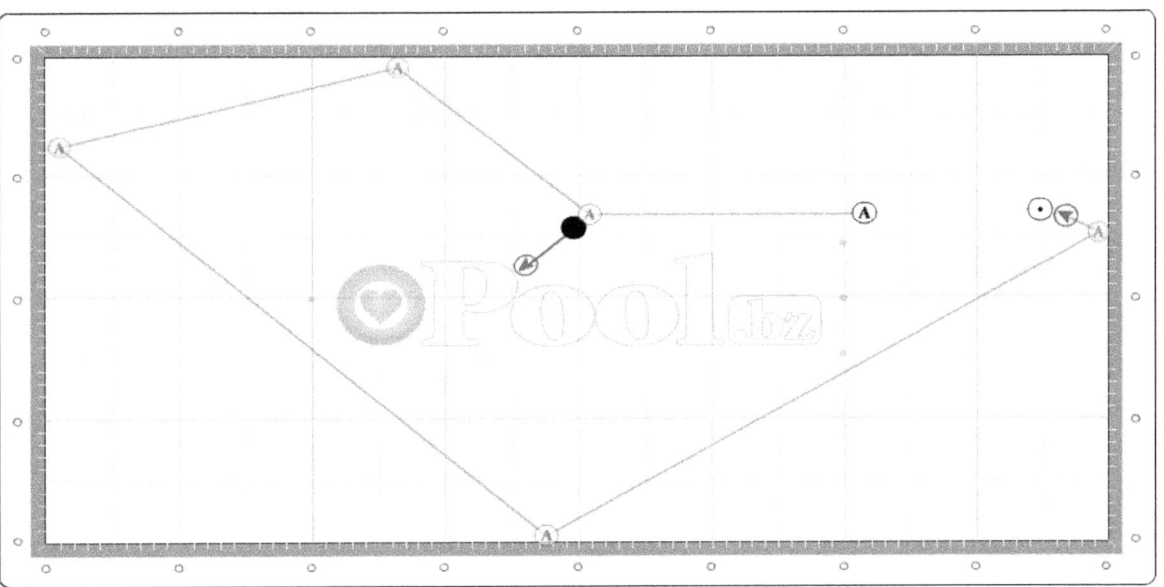

C:2b – Setup

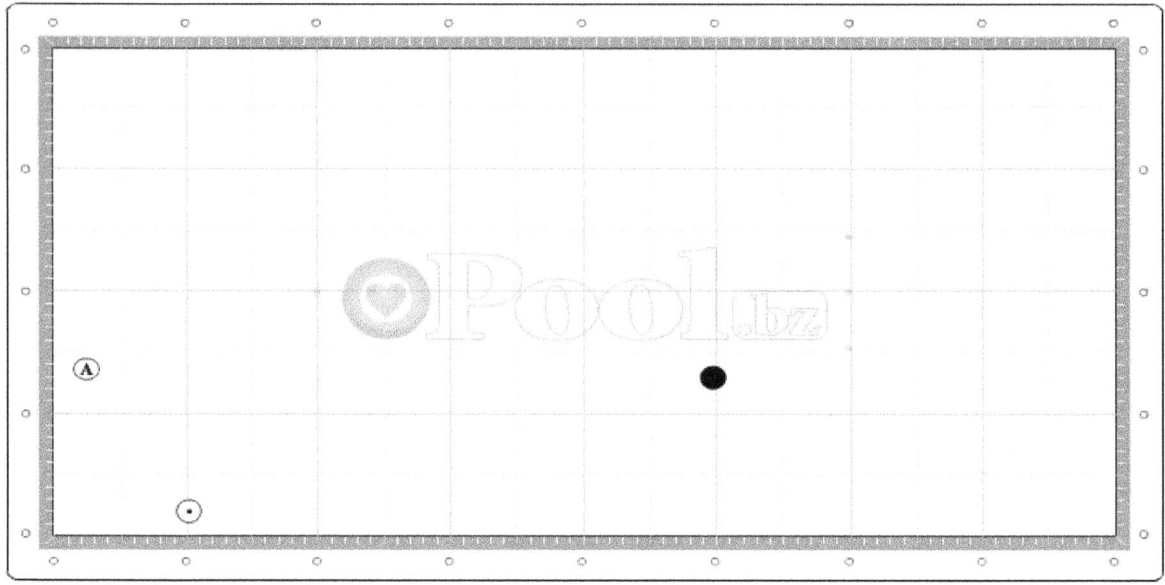

Notater og ideer:

Skudd mønster

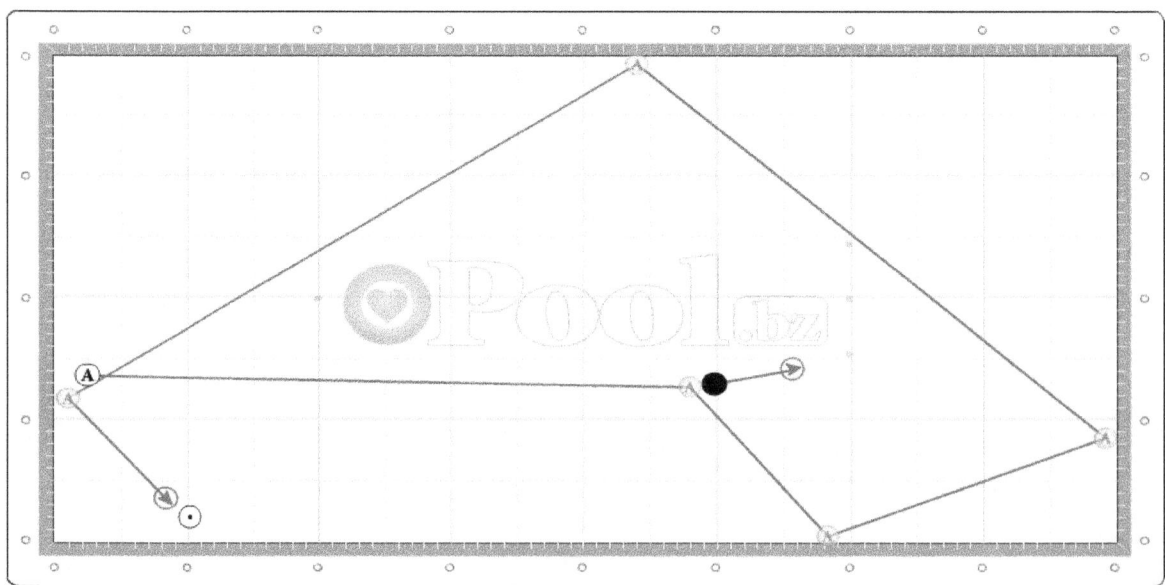

C:2c – Setup

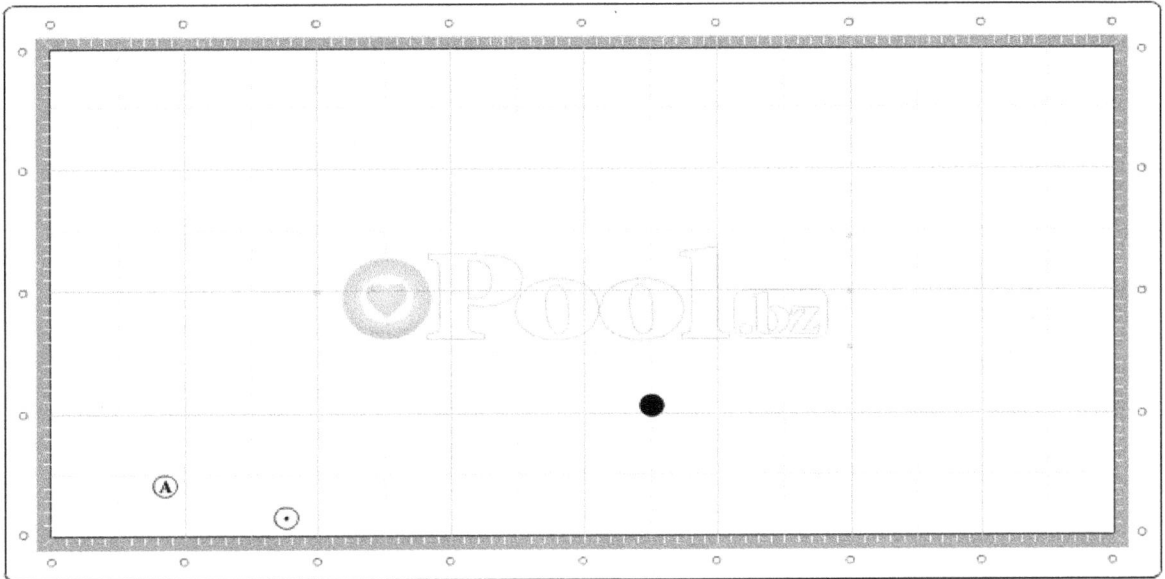

Notater og ideer:

Skudd mønster

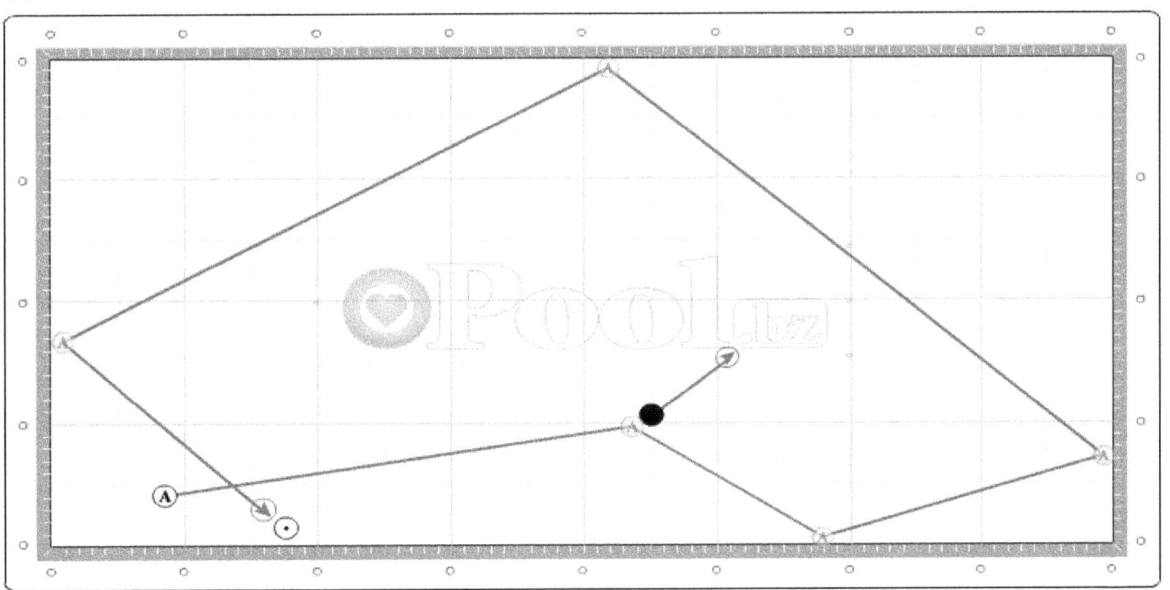

C:2d – Setup

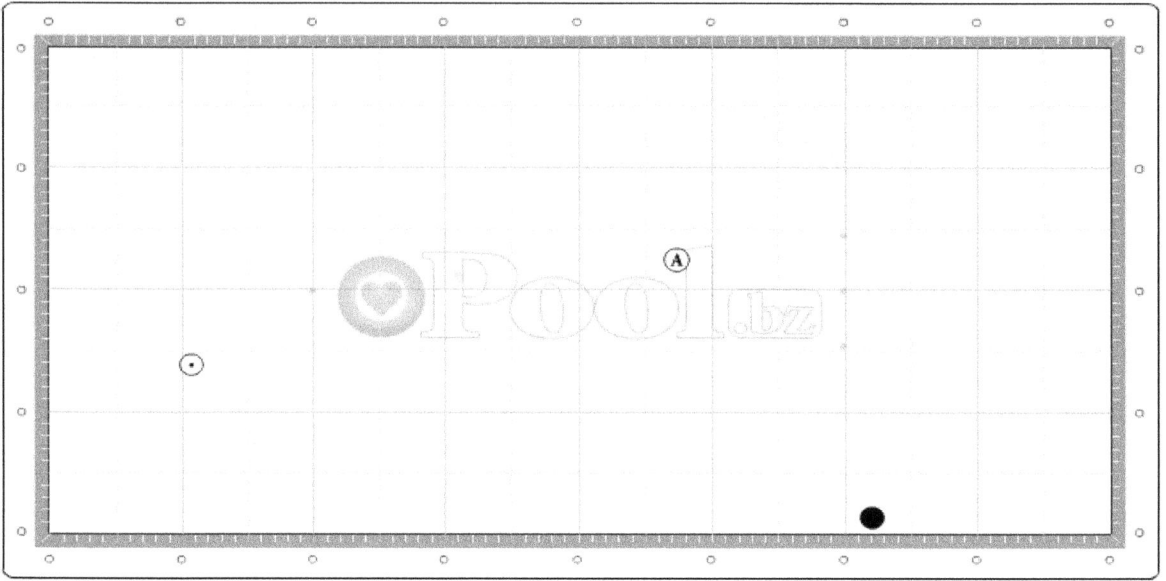

Notater og ideer:

Skudd mønster

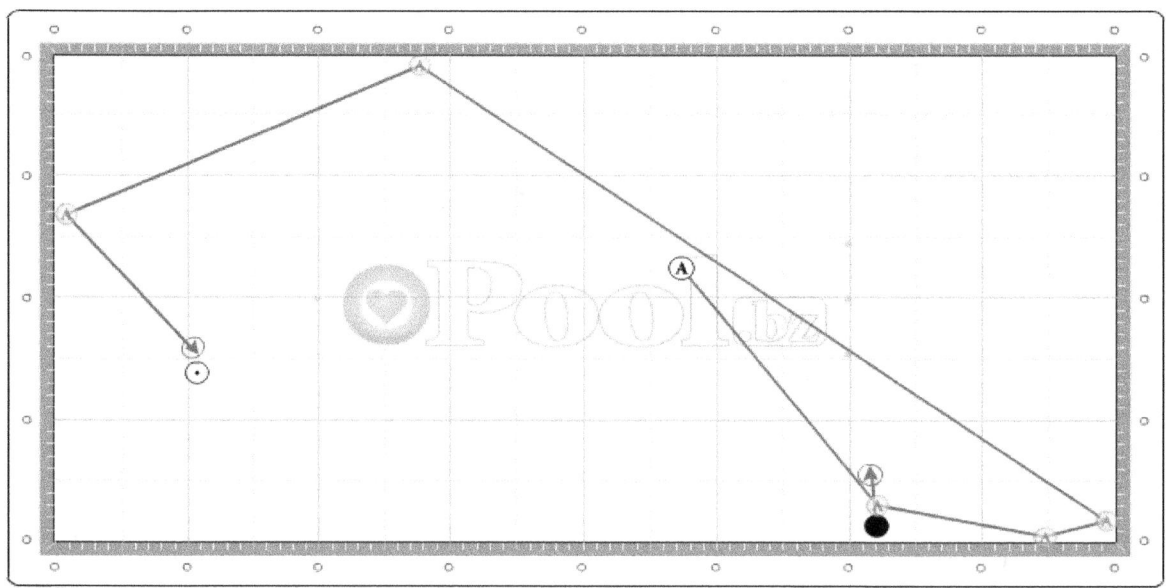

C: Gruppe 3

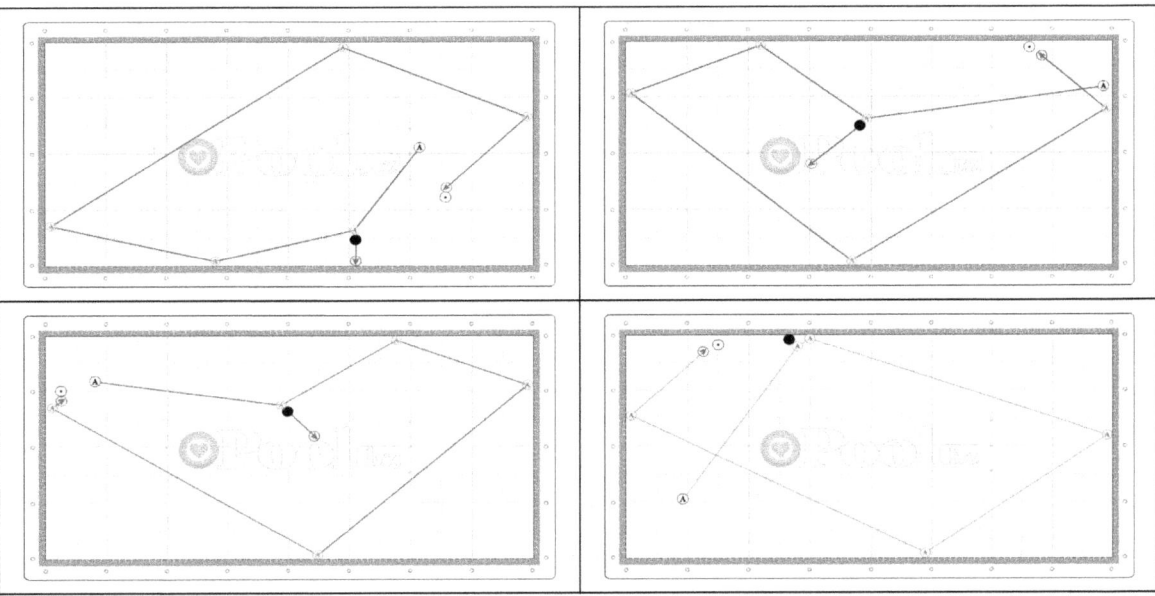

Analyse:

C:3a. _____

C:3b. _____

C:3c. _____

C:3d. _____

C:3a – Setup

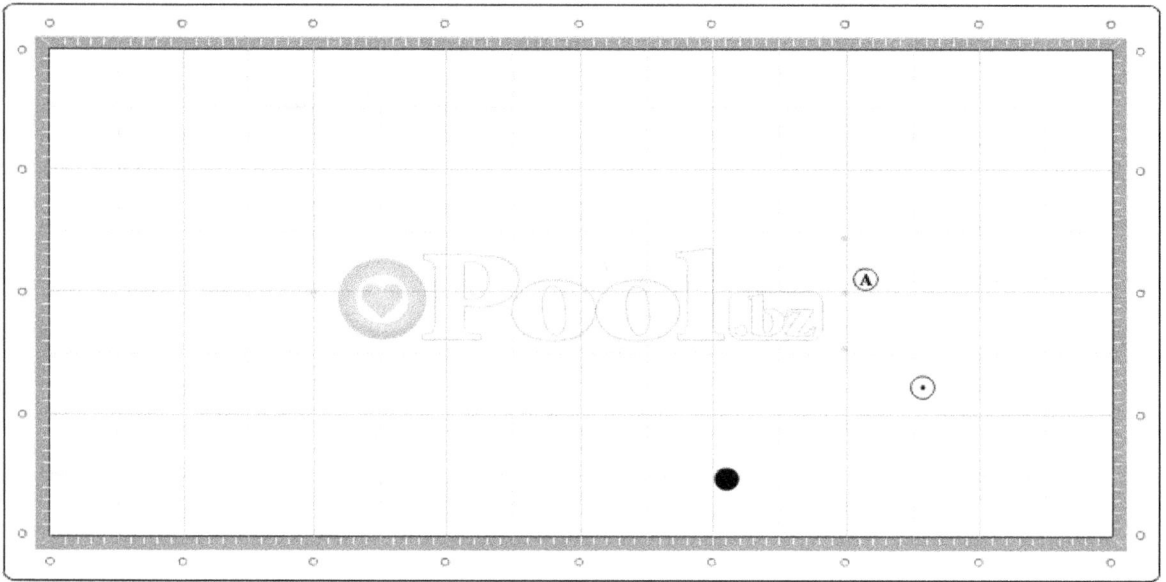

Notater og ideer:

Skudd mønster

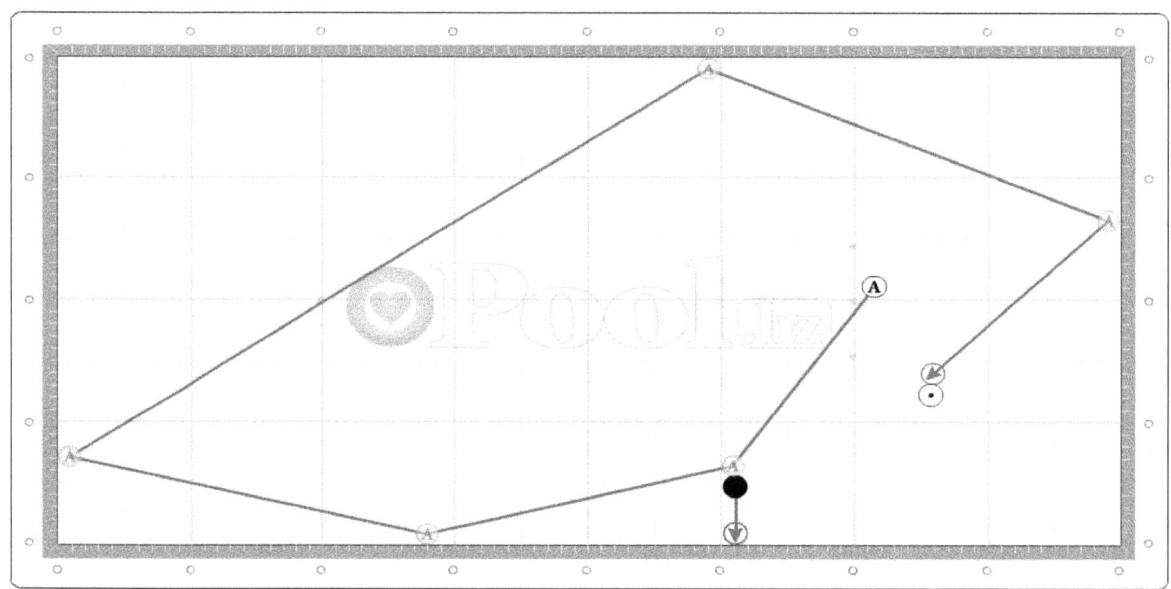

C:3b – Setup

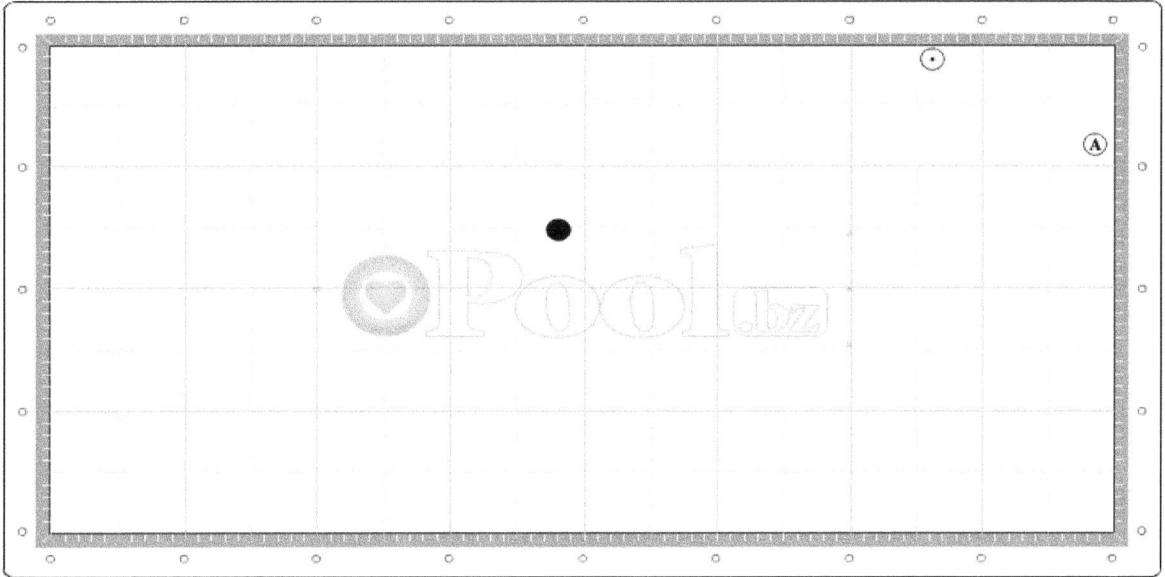

Notater og ideer:

Skudd mønster

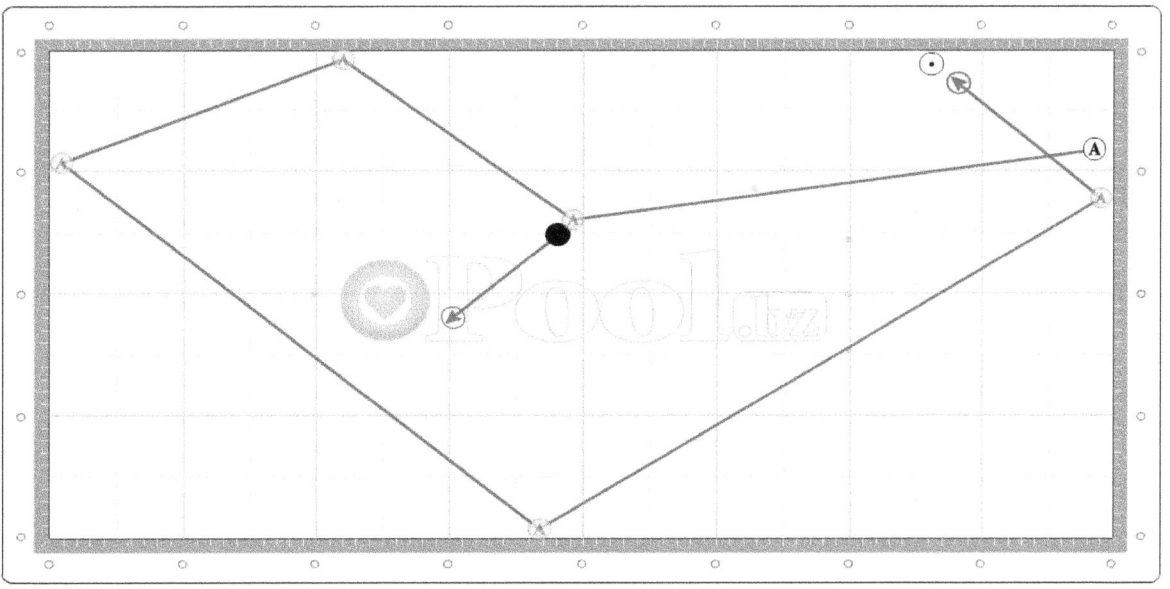

C:3c – Setup

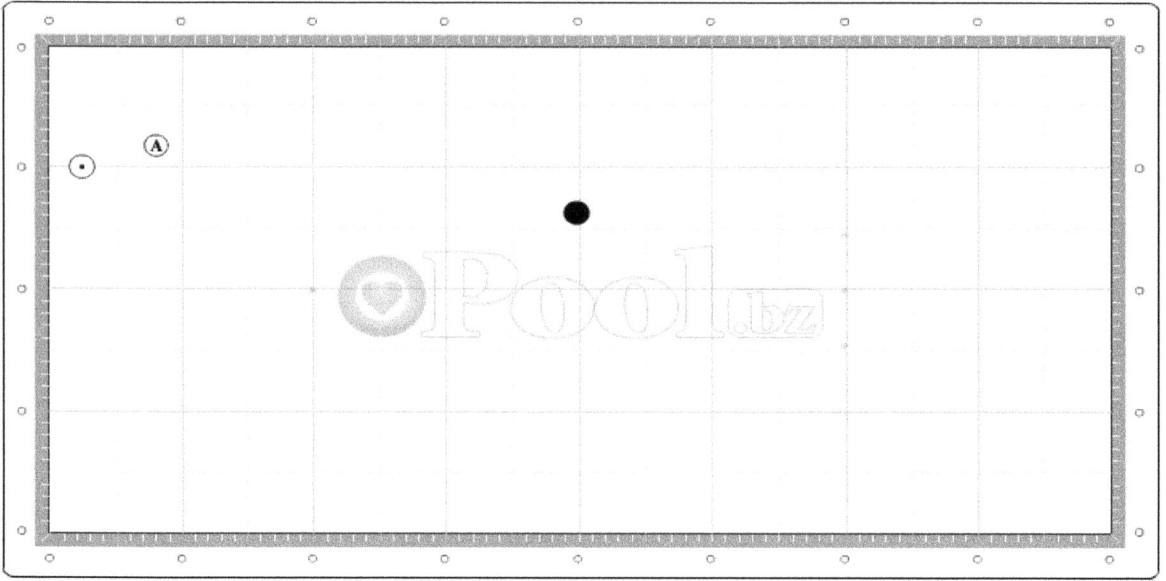

Notater og ideer:

Skudd mønster

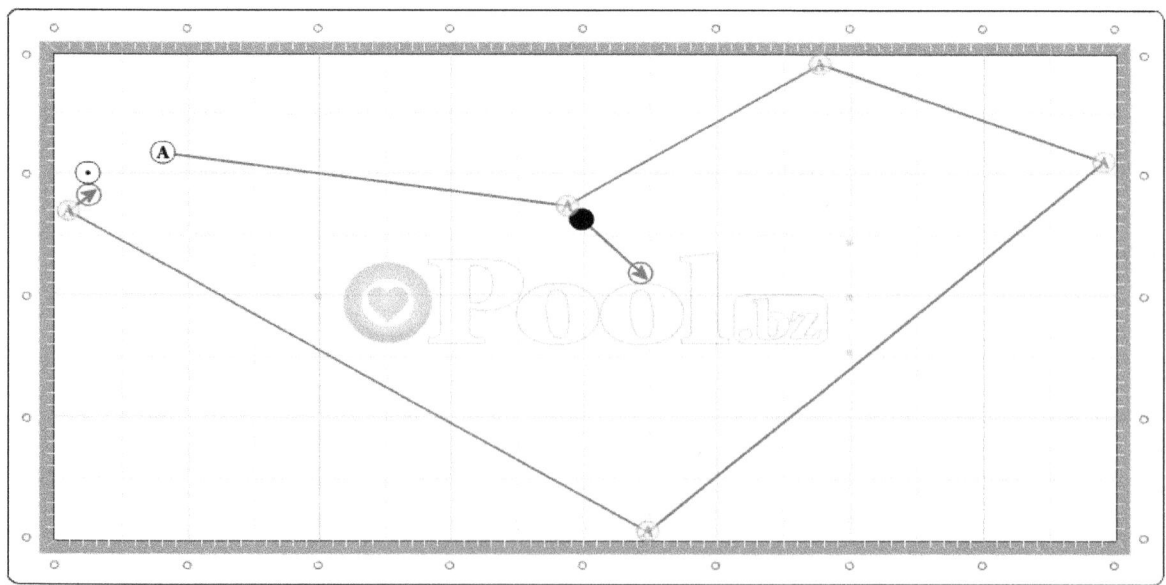

C:3d – Setup

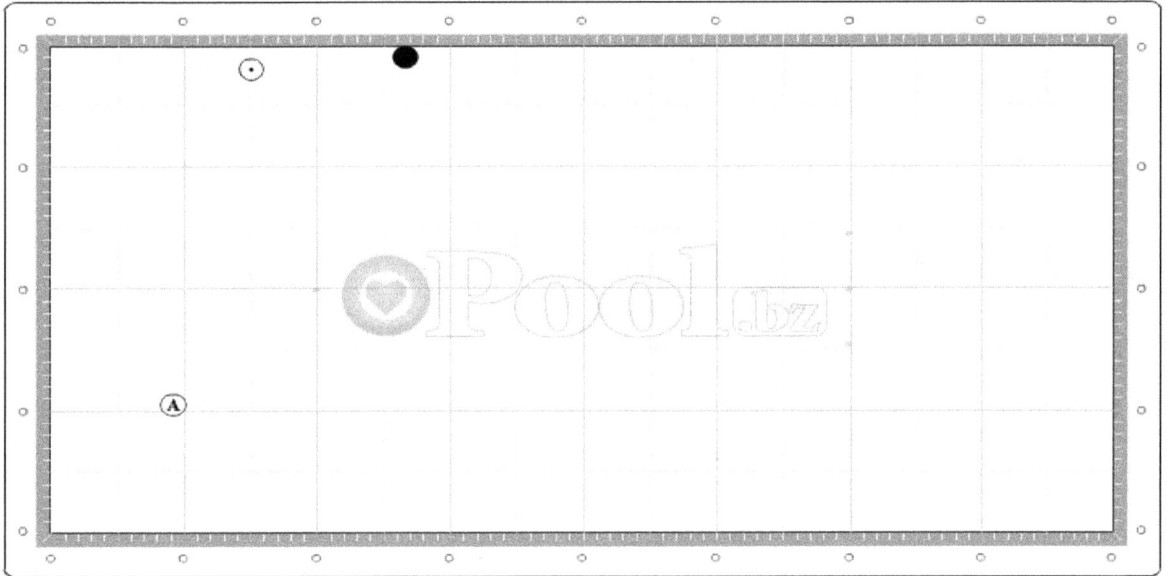

Notater og ideer:

Skudd mønster

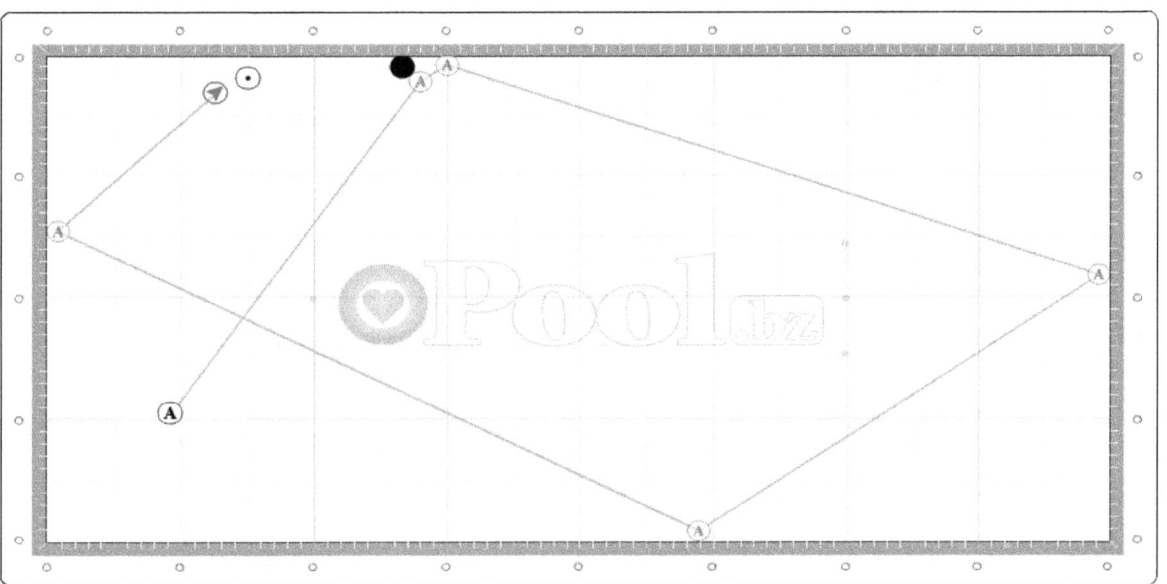

C: Gruppe 4

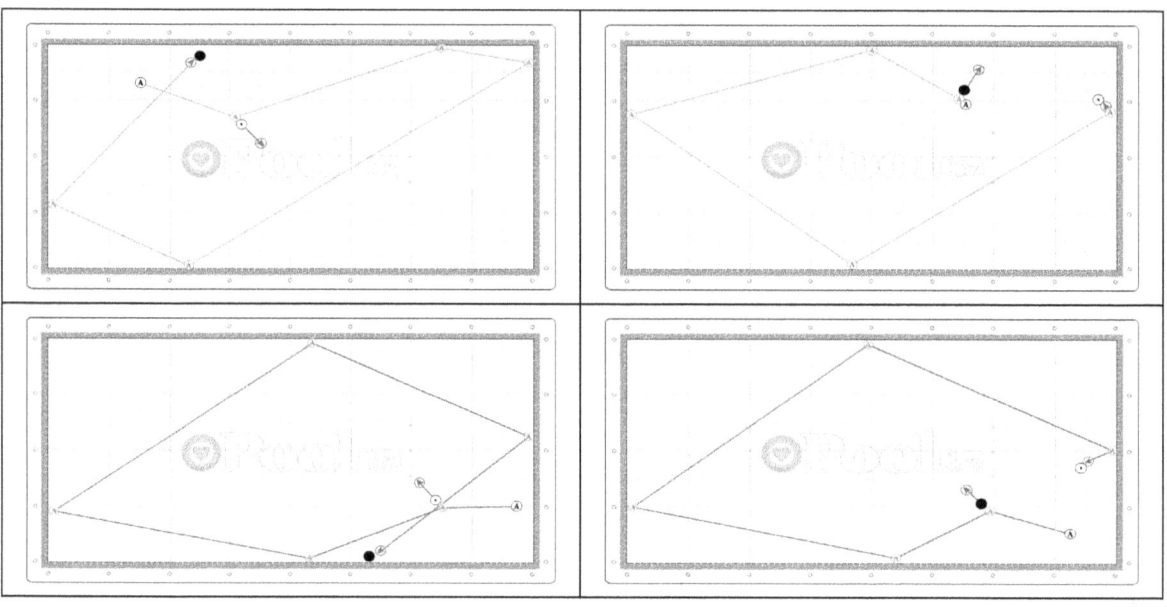

Analyse:

C:4a. _____

C:4b. _____

C:4c. _____

C:4d. _____

C:4a – Setup

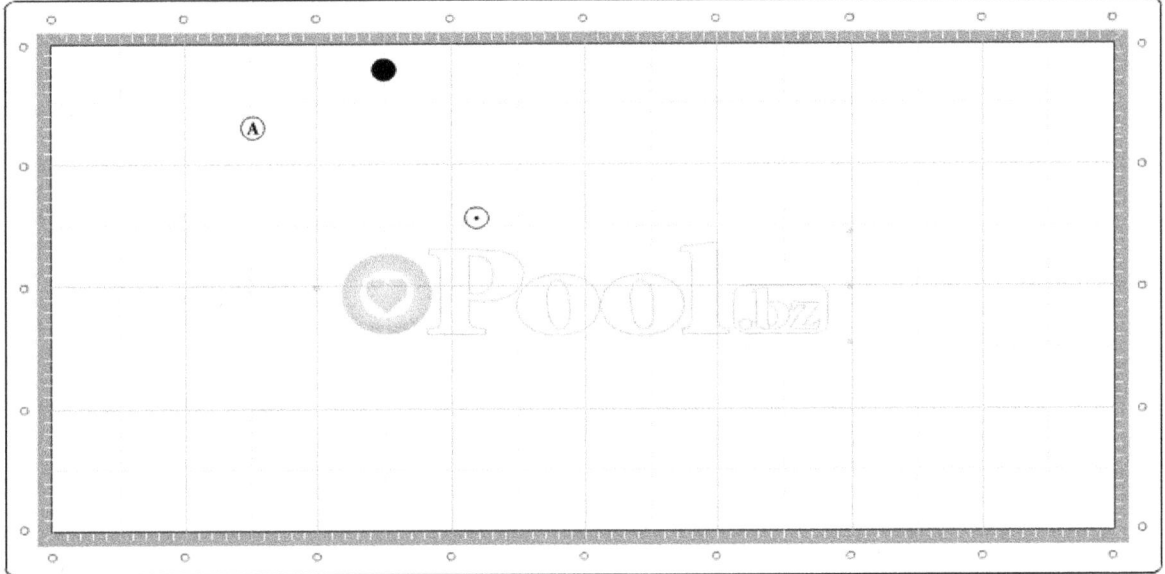

Notater og ideer:

Skudd mønster

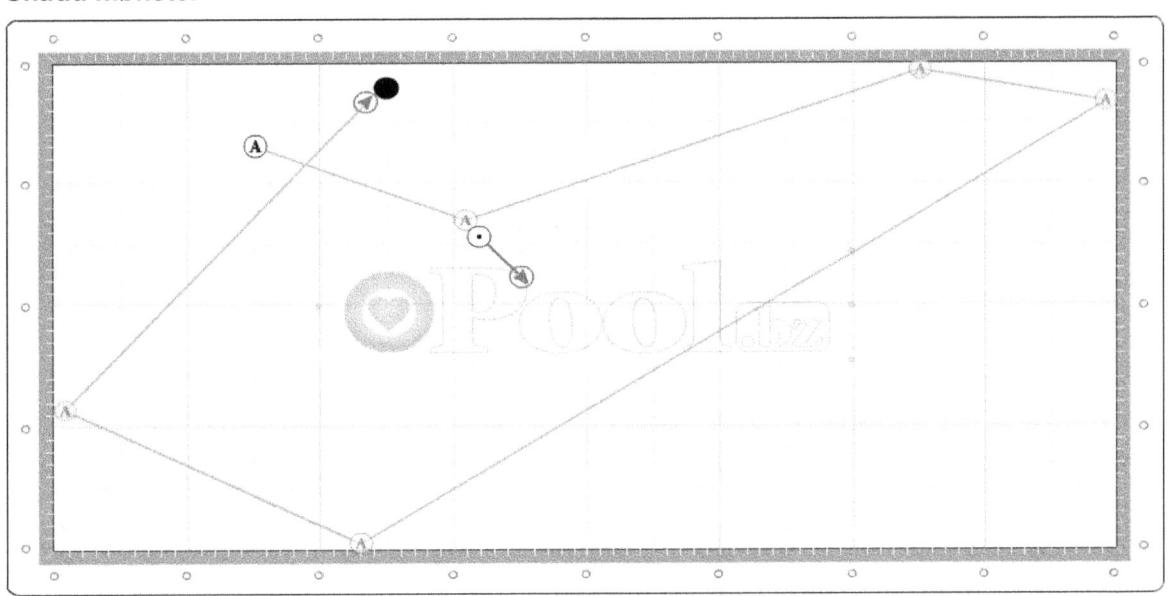

C:4b – Setup

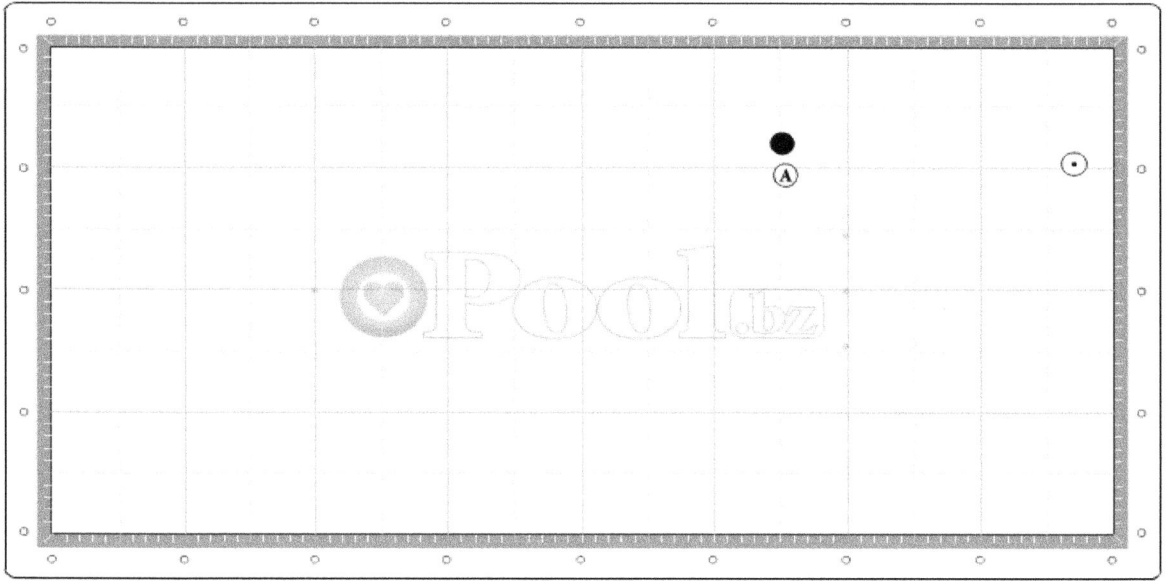

Notater og ideer:

Skudd mønster

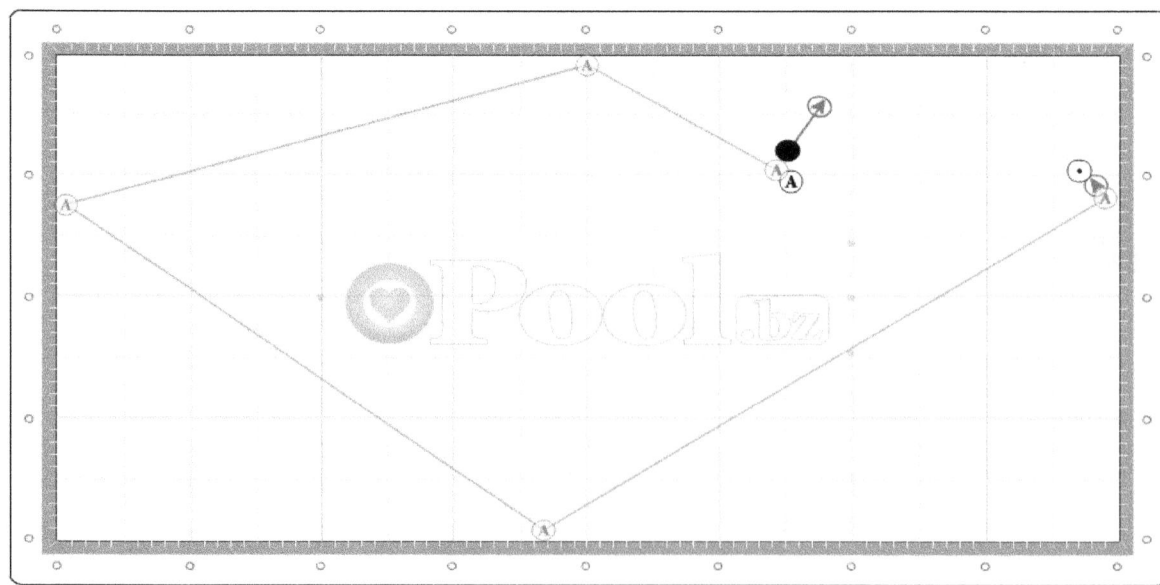

C:4c – Setup

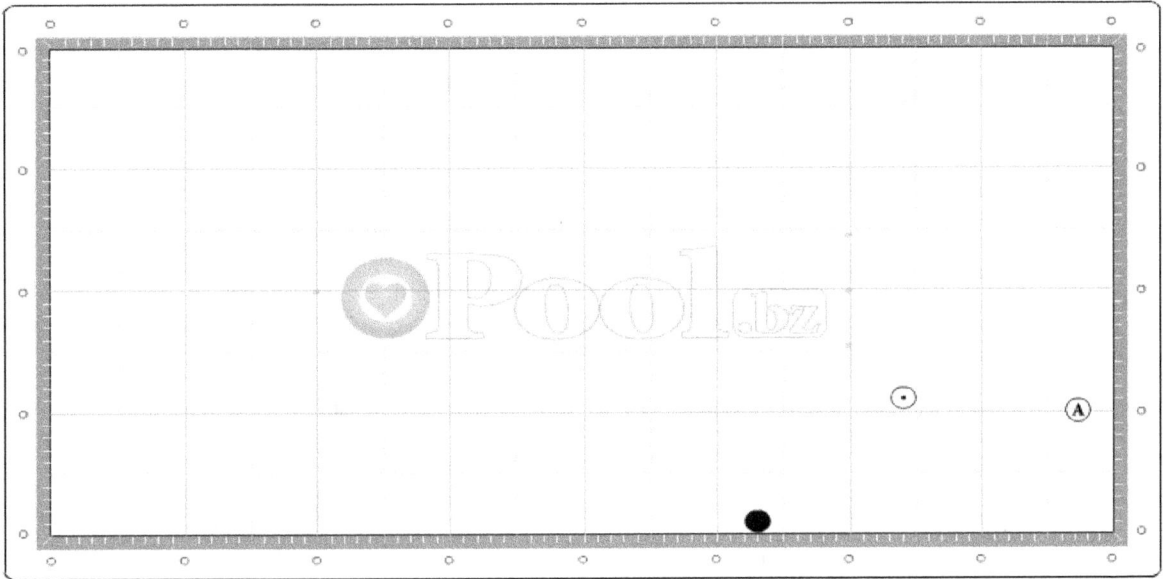

Notater og ideer:

Skudd mønster

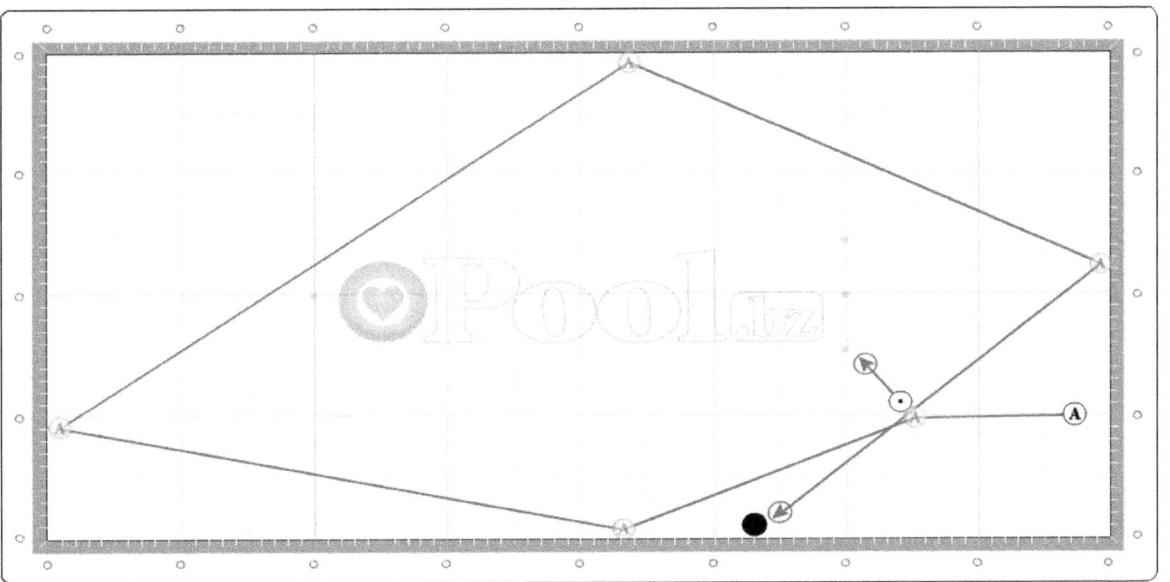

C:4d – Setup

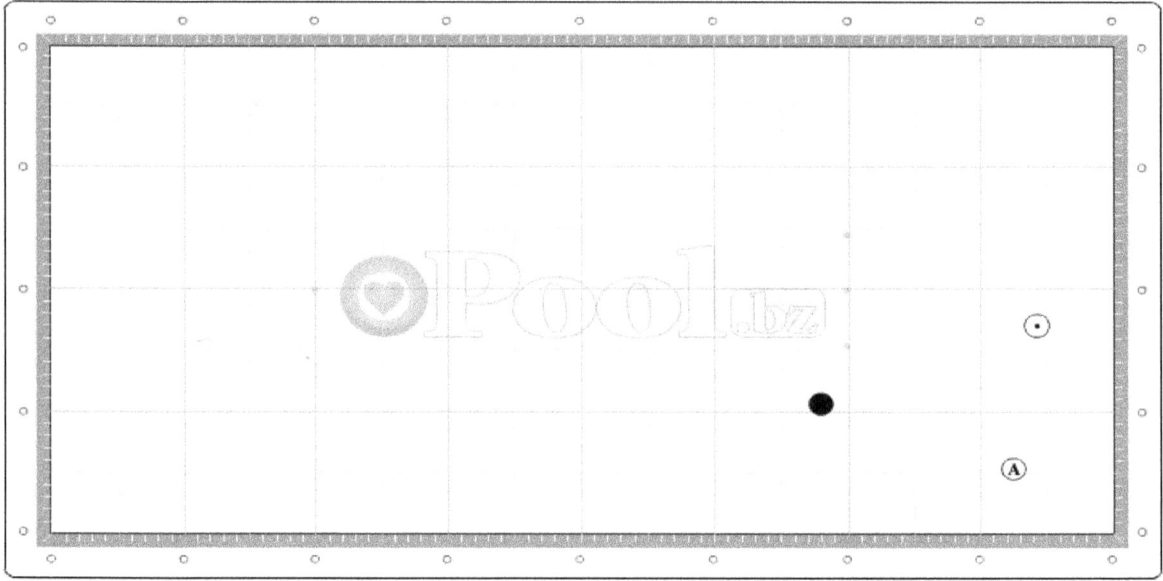

Notater og ideer:

Skudd mønster

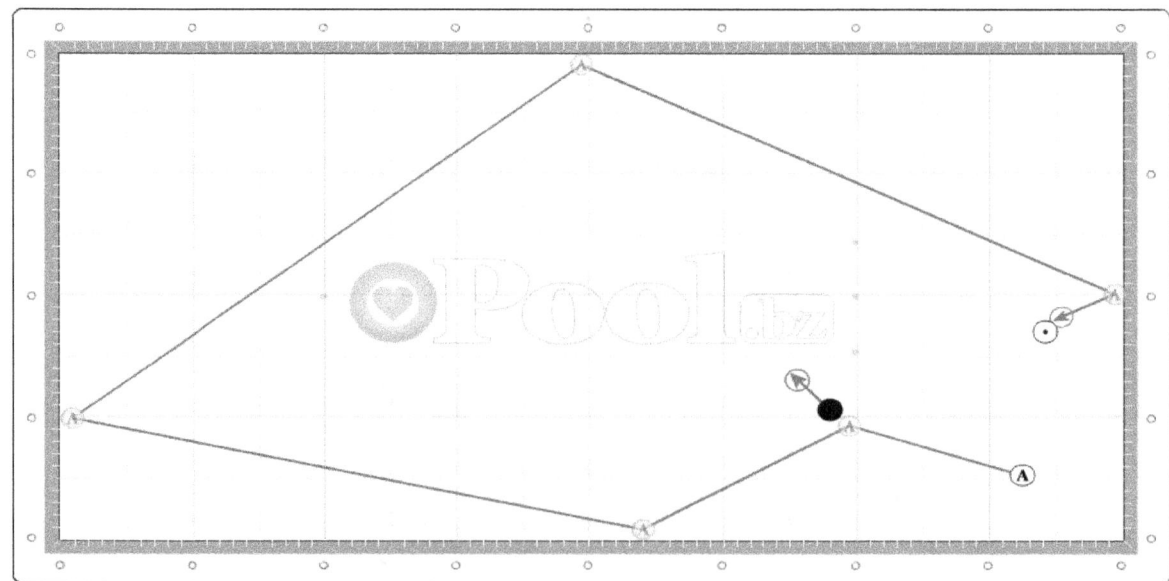

C: Gruppe 5

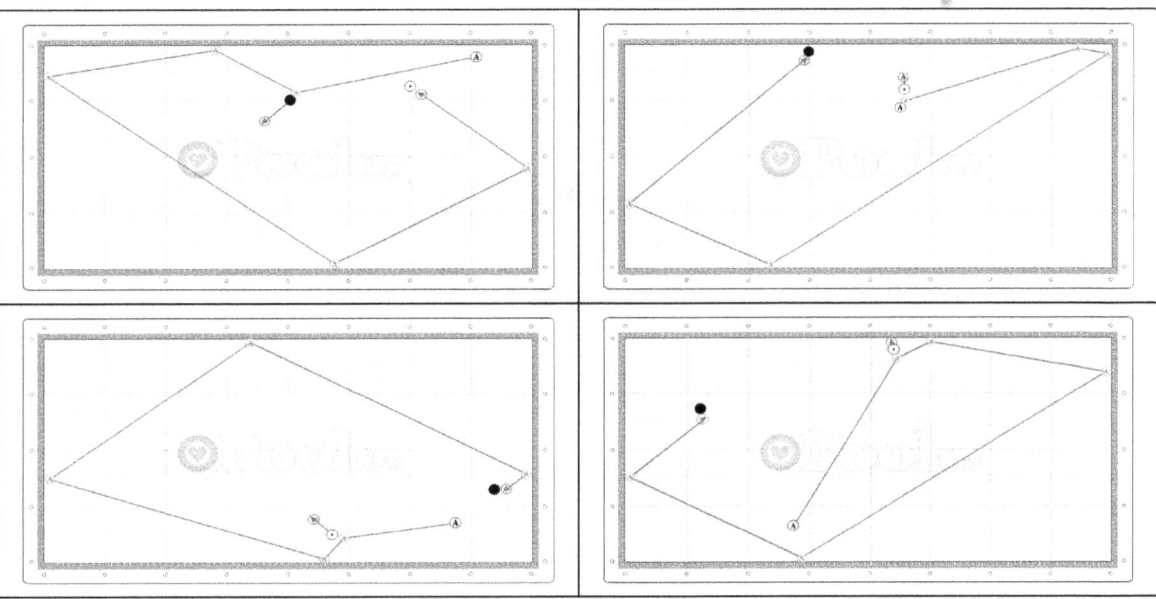

Analyse:

C:5a. _____

C:5b. _____

C:5c. _____

C:5d. _____

C:5a – Setup

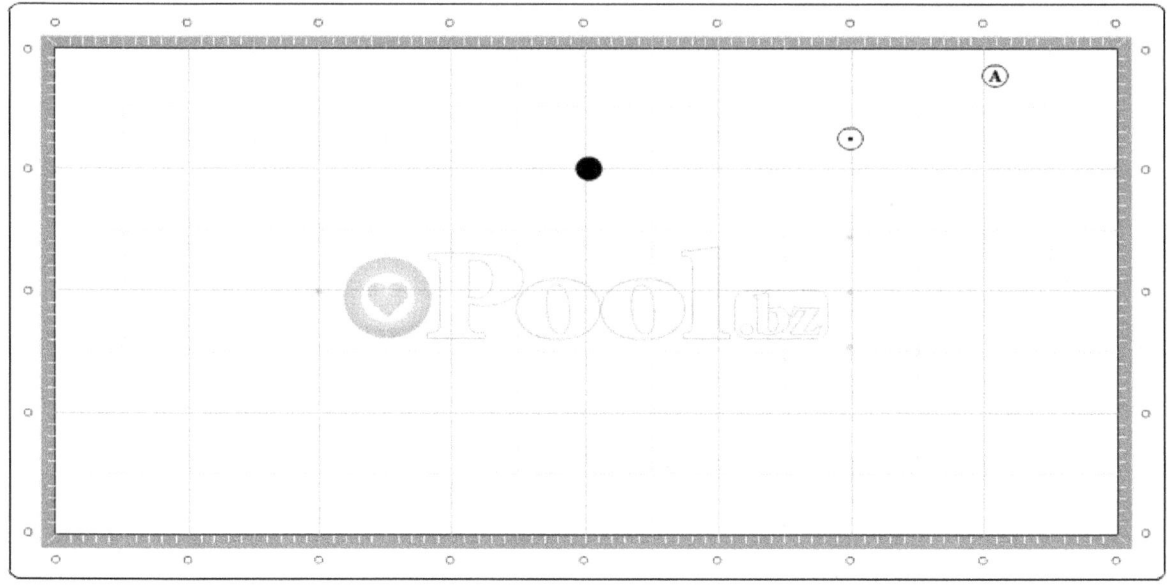

Notater og ideer:

Skudd mønster

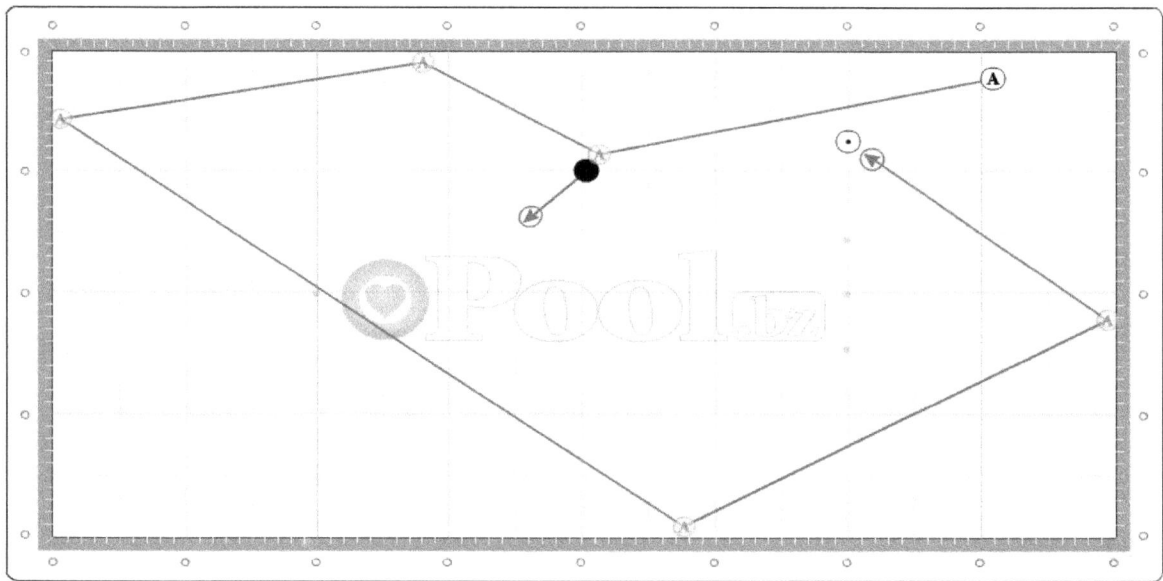

C:5b – Setup

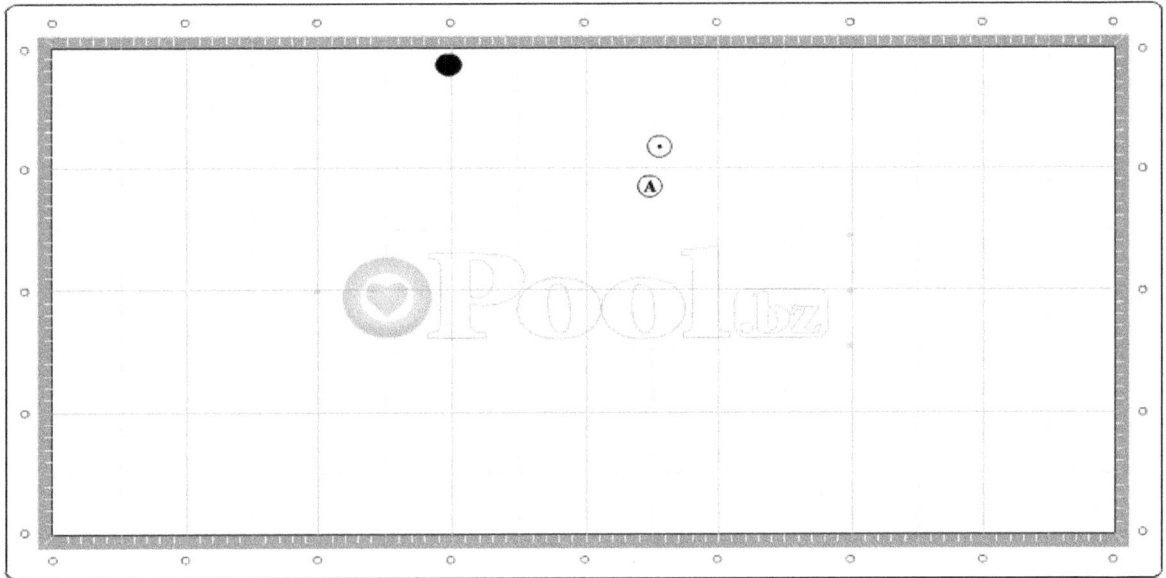

Notater og ideer:

Skudd mønster

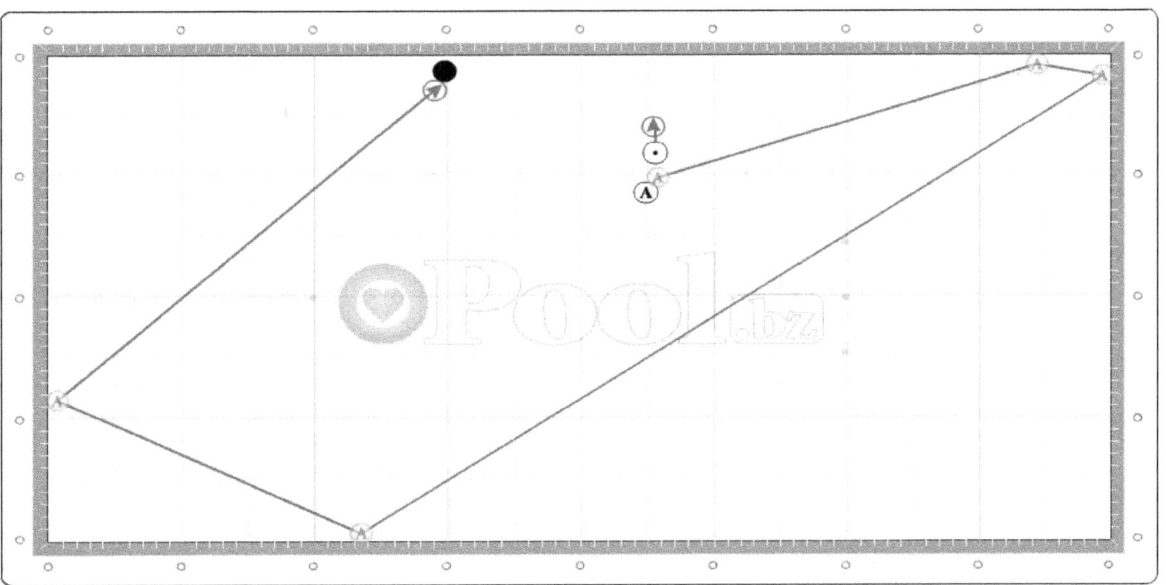

C:5c – Setup

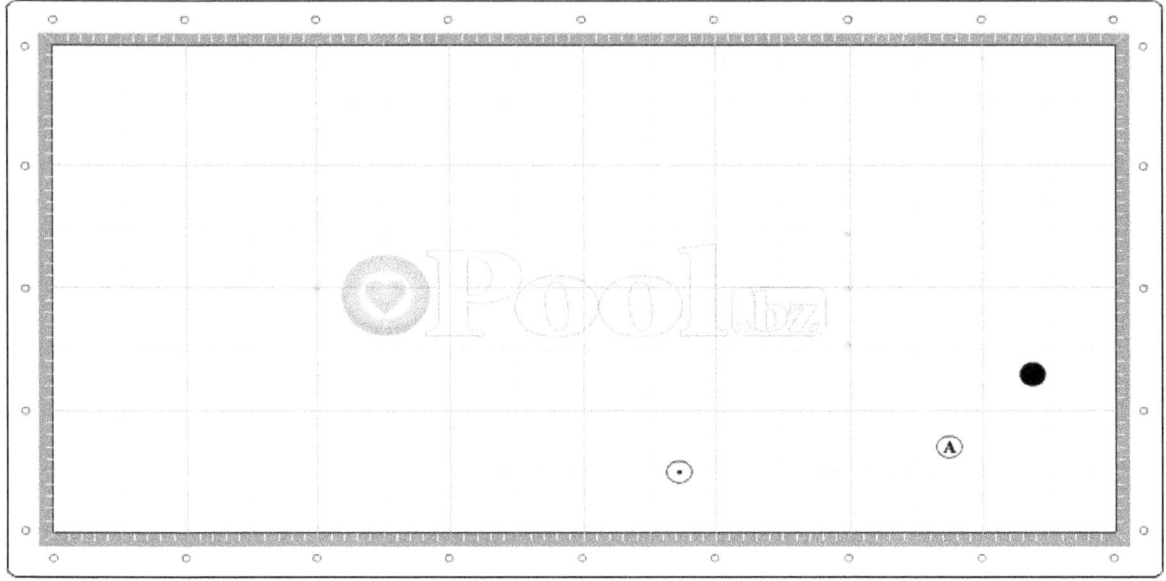

Notater og ideer:

Skudd mønster

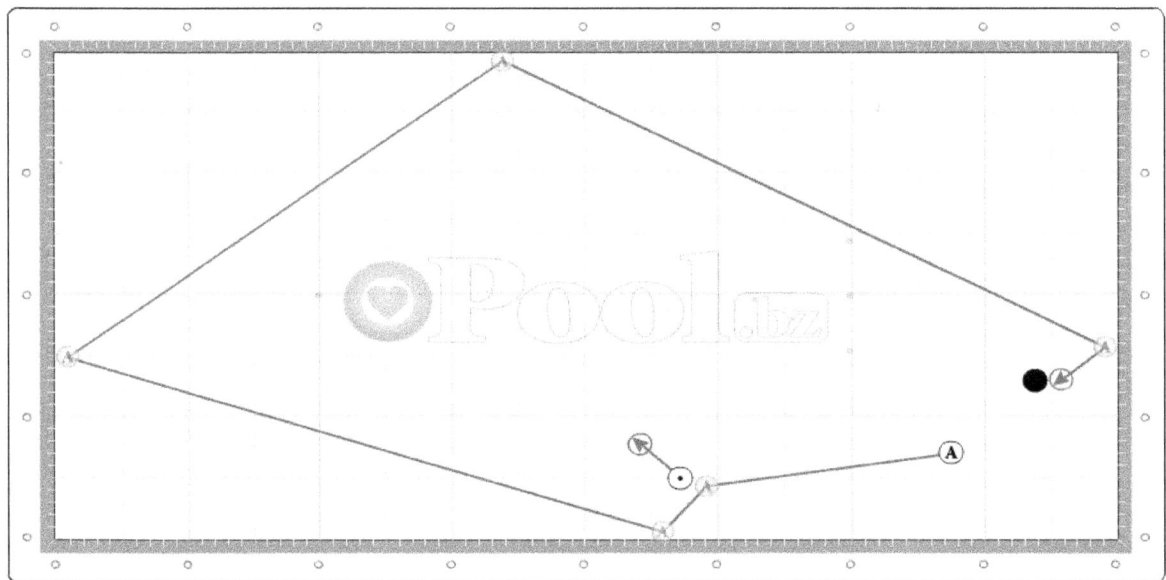

C:5d – Setup

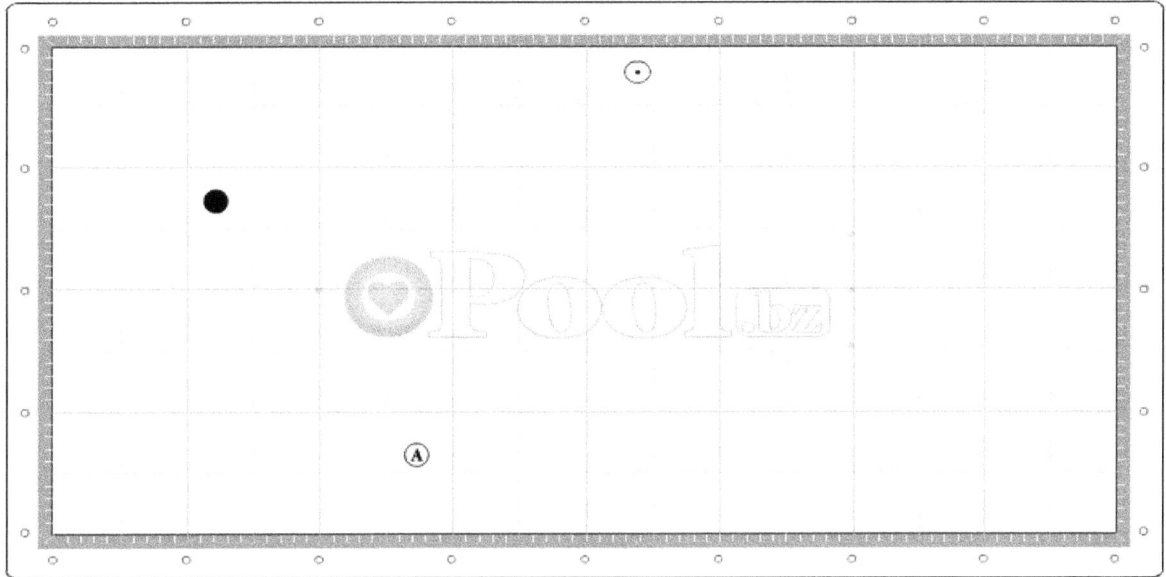

Notater og ideer:

Skudd mønster

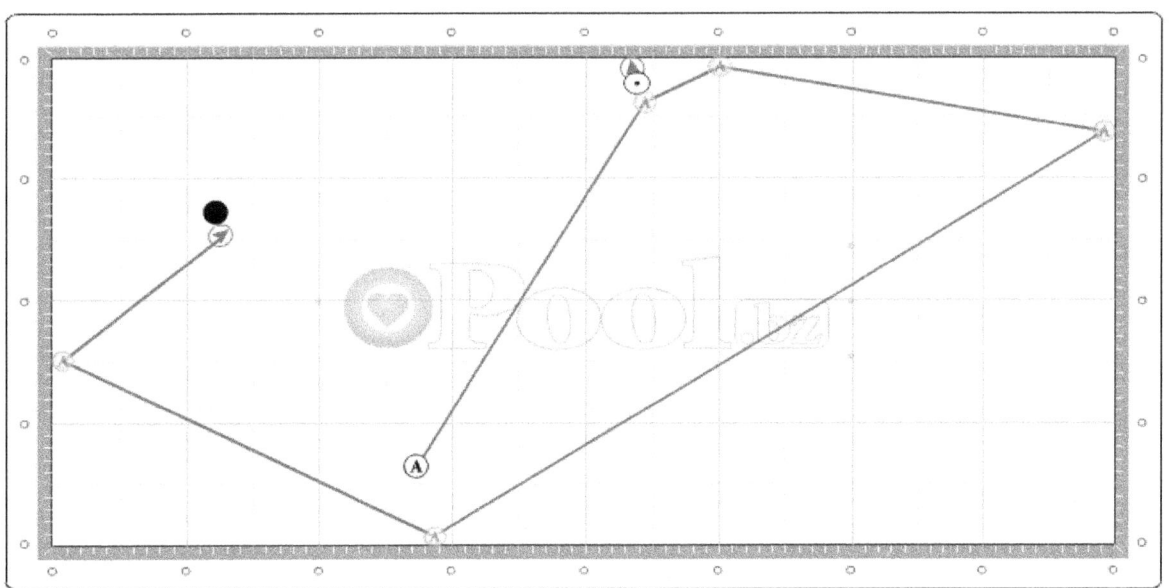

Tre vant carambole: Hele bordet sirkel mønstre

D: Fire vant (kort vant)

Den (CB) kommer av den første (OB) og går inn i den korte vant. (CB) reiser til motsatt lang vant. Sirkelen fortsetter i motsatt kort vant. Først da kobler (CB) seg til den andre (OB).

Ⓐ (CB) (biljardkule) - ⊙ (OB) (motstander billiardball) - ● (OB) (rød biljardball)

D: Gruppe 1

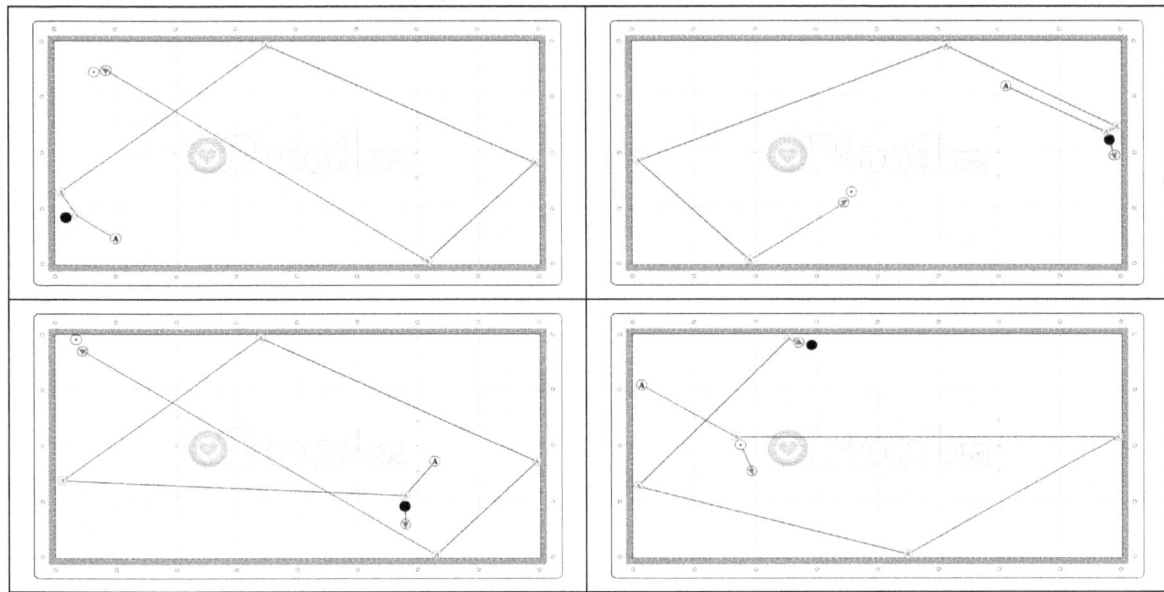

Analyse:

D:1a. _____

D:1b. _____

D:1c. _____

D:1d. _____

D:1a – Setup

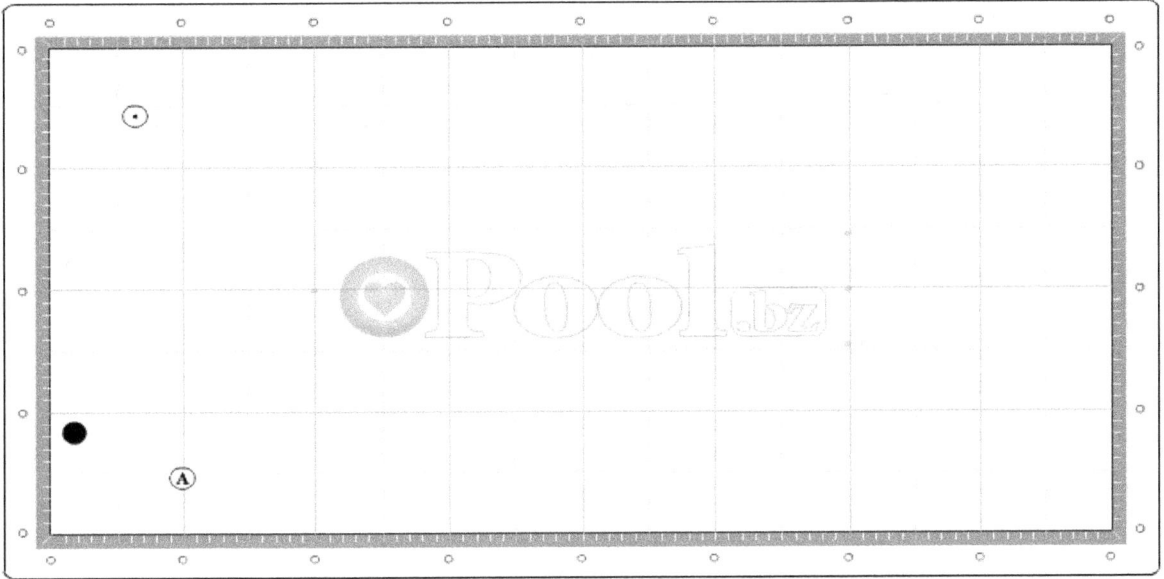

Notater og ideer:

Skudd mønster

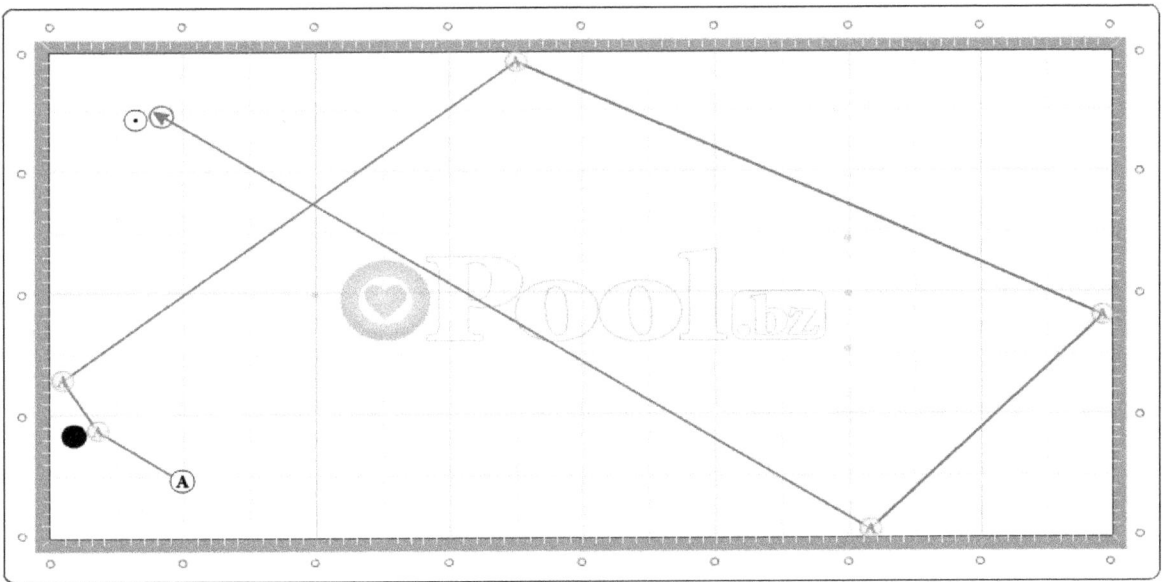

D:1b – Setup

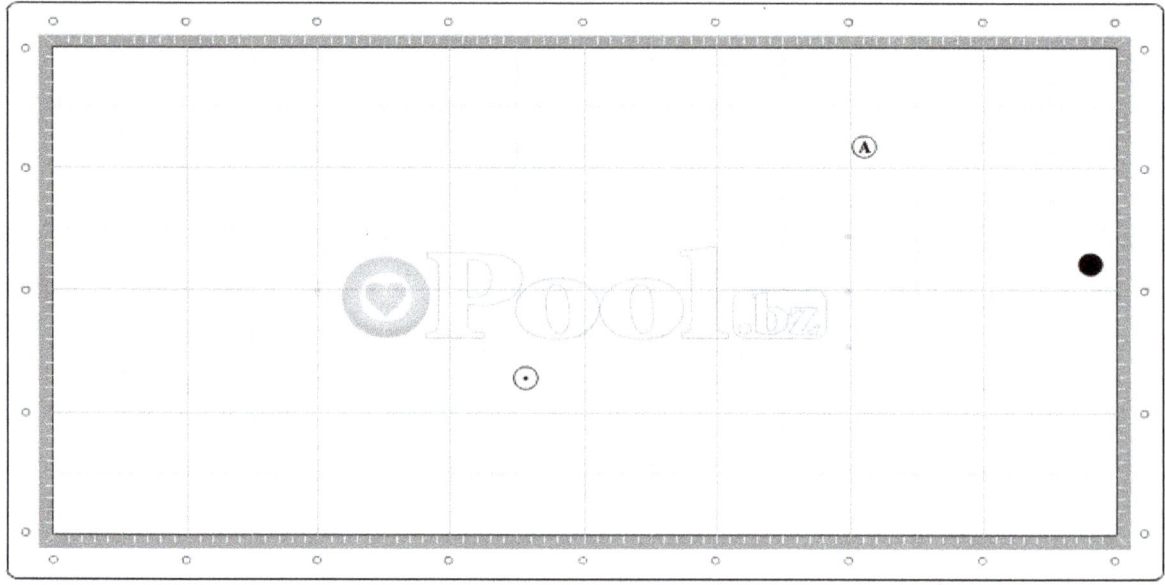

Notater og ideer:

Skudd mønster

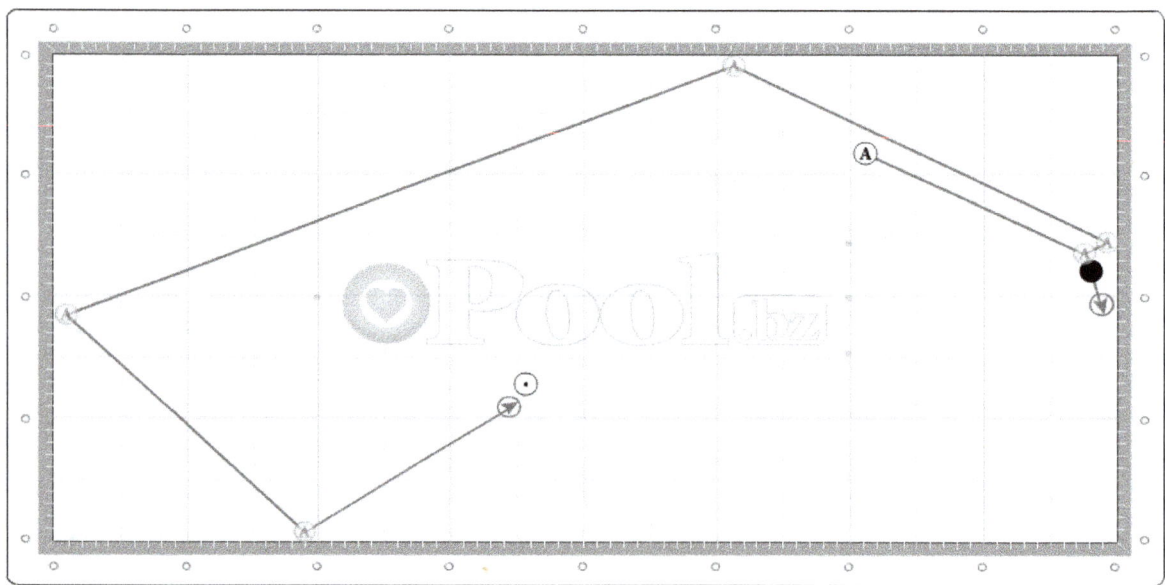

D:1c – Setup

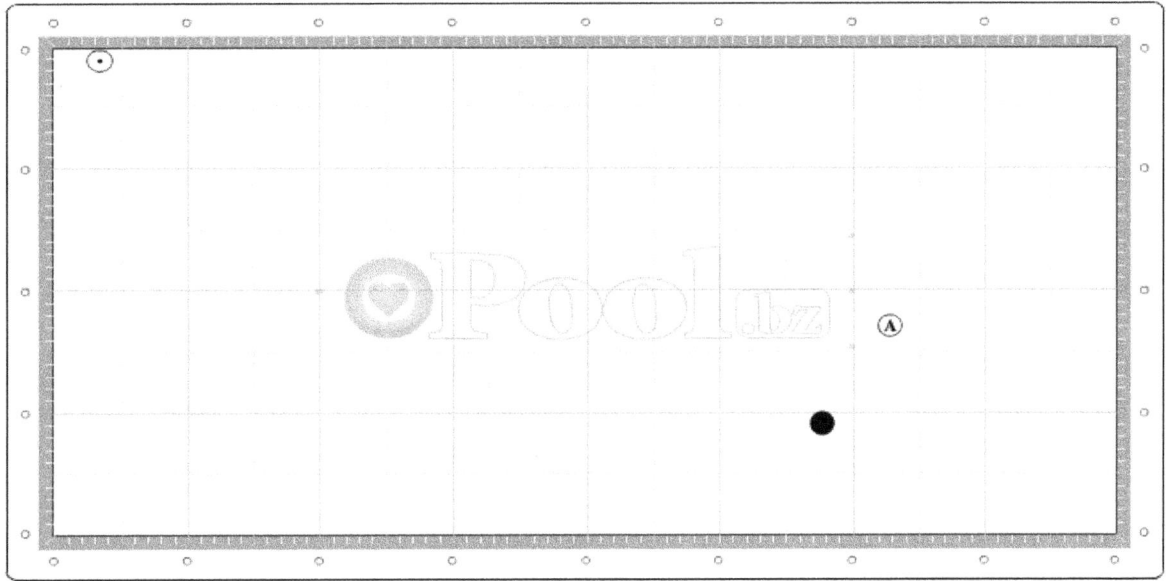

Notater og ideer:

Skudd mønster

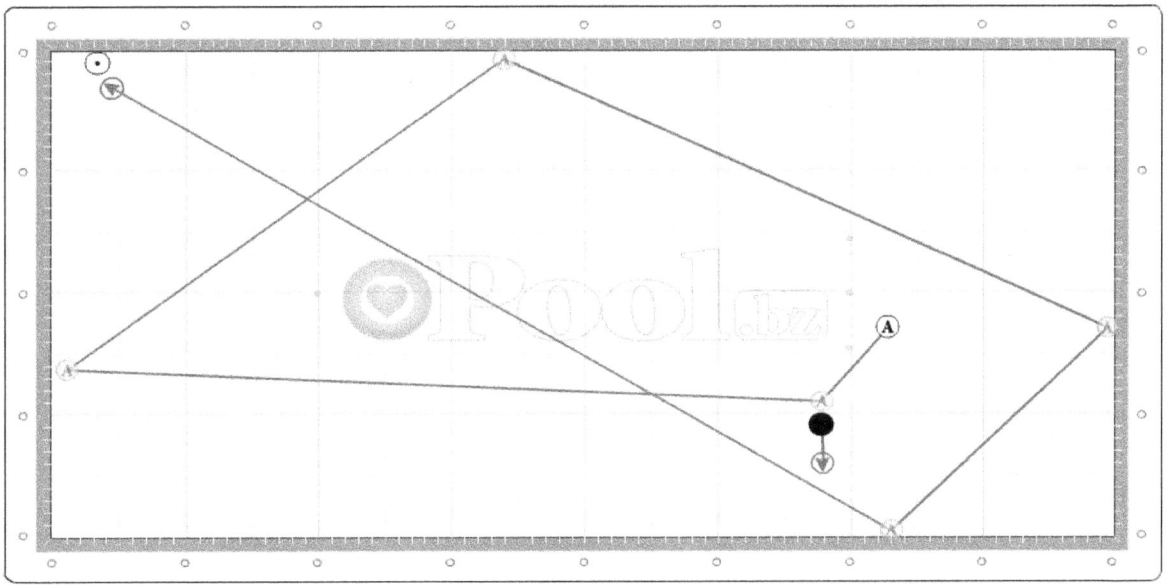

D:1d – Setup

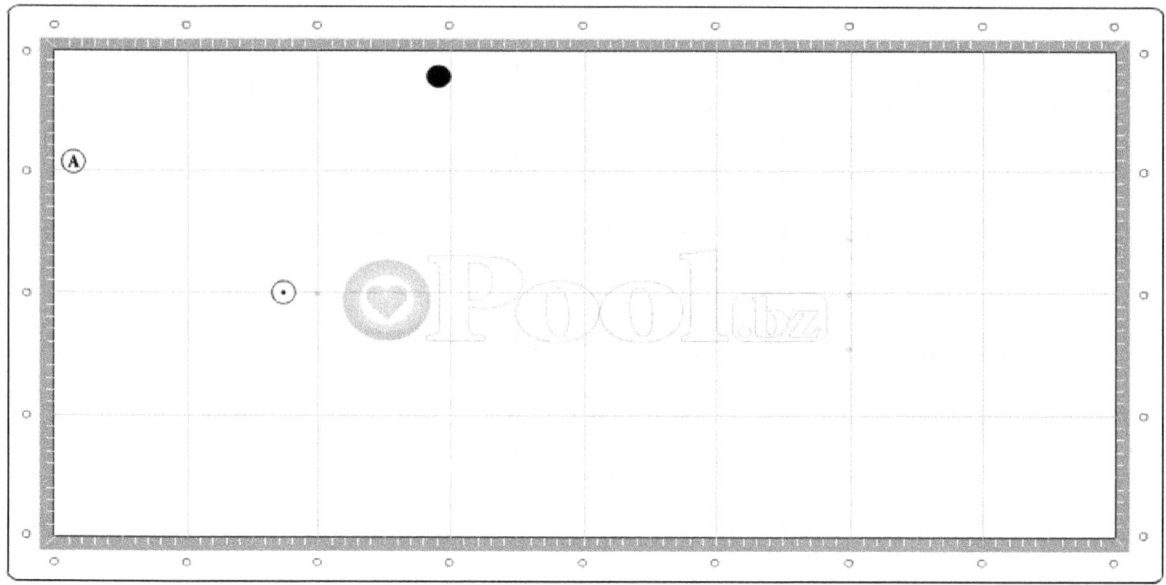

Notater og ideer:

Skudd mønster

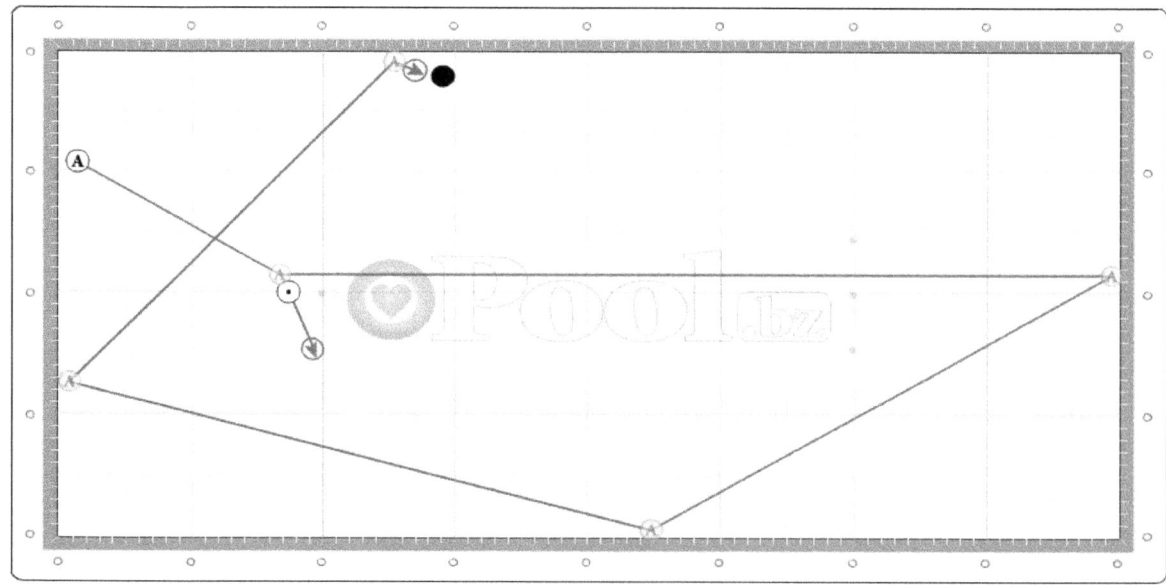

D: Gruppe 2

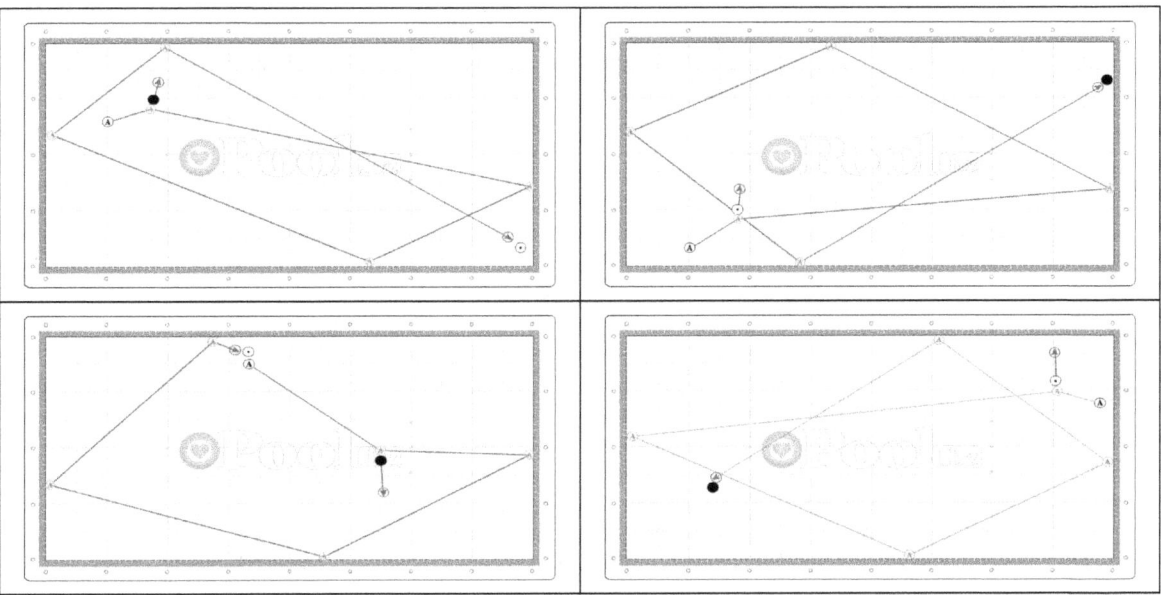

Analyse:

D:2a. _____

D:2b. _____

D:2c. _____

D:2d. _____

D:2a – Setup

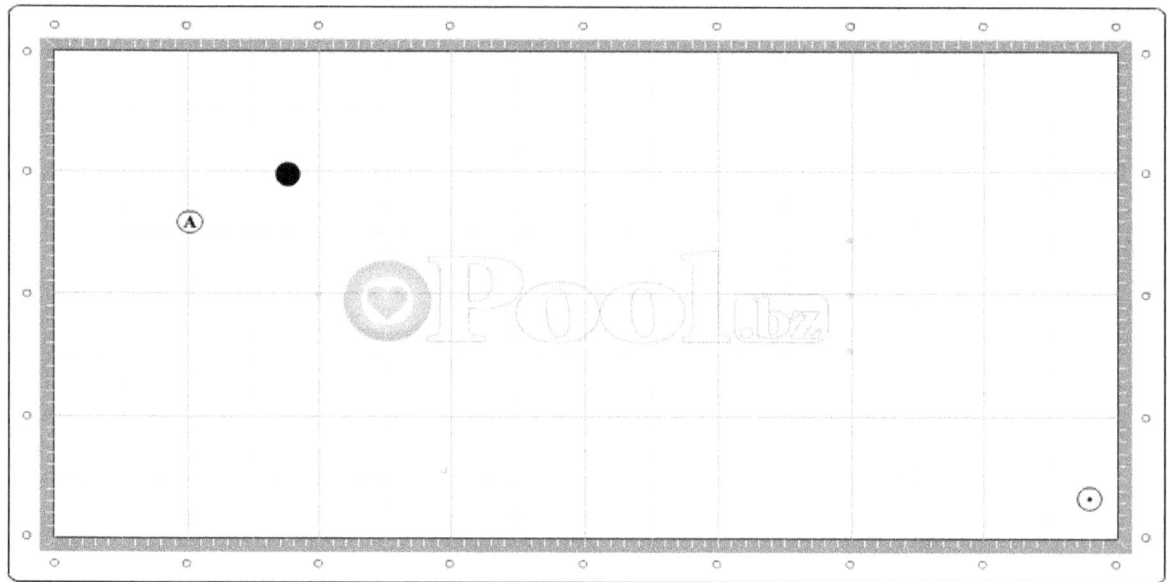

Notater og ideer:

Skudd mønster

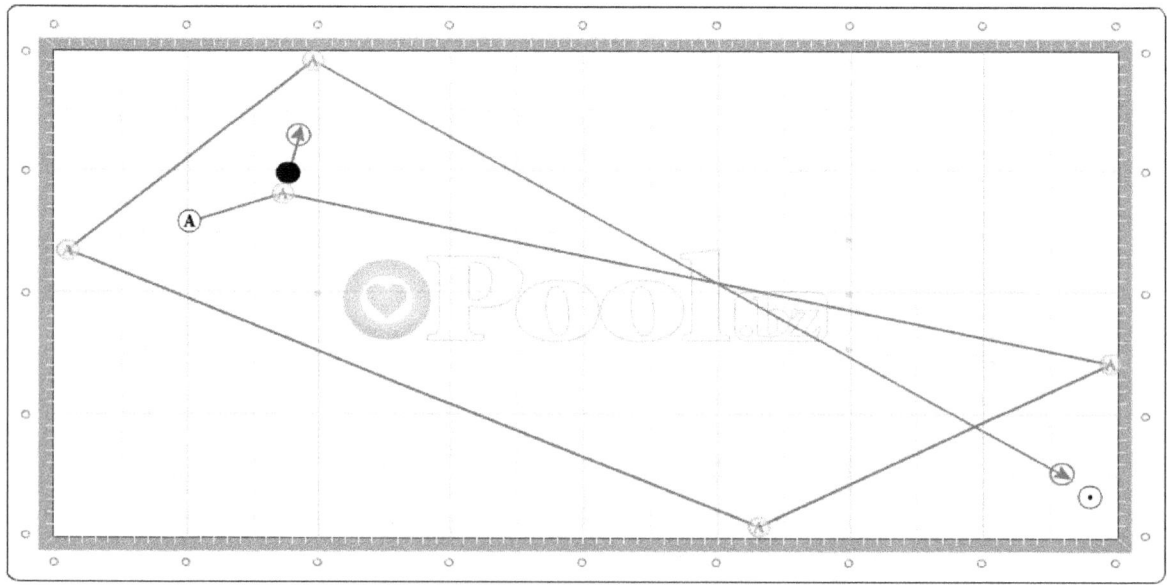

D:2b – Setup

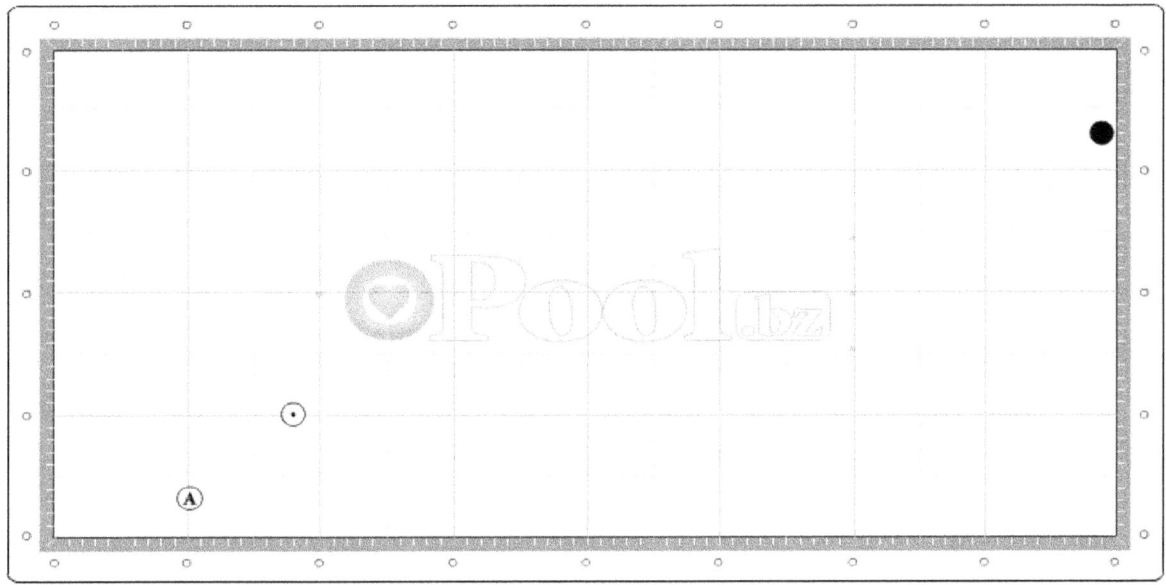

Notater og ideer:

Skudd mønster

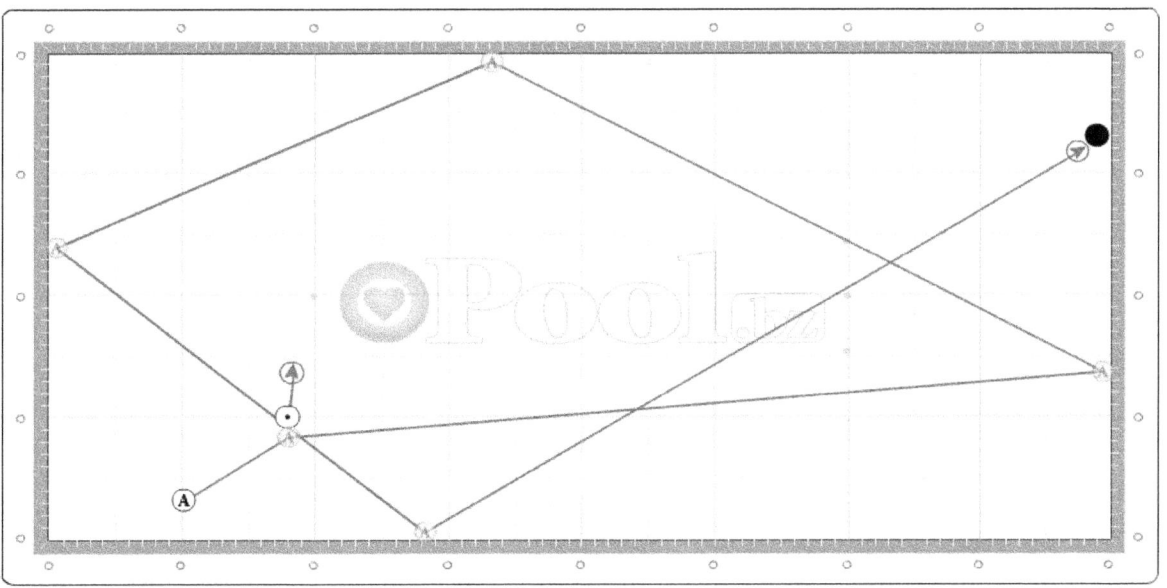

D:2c – Setup

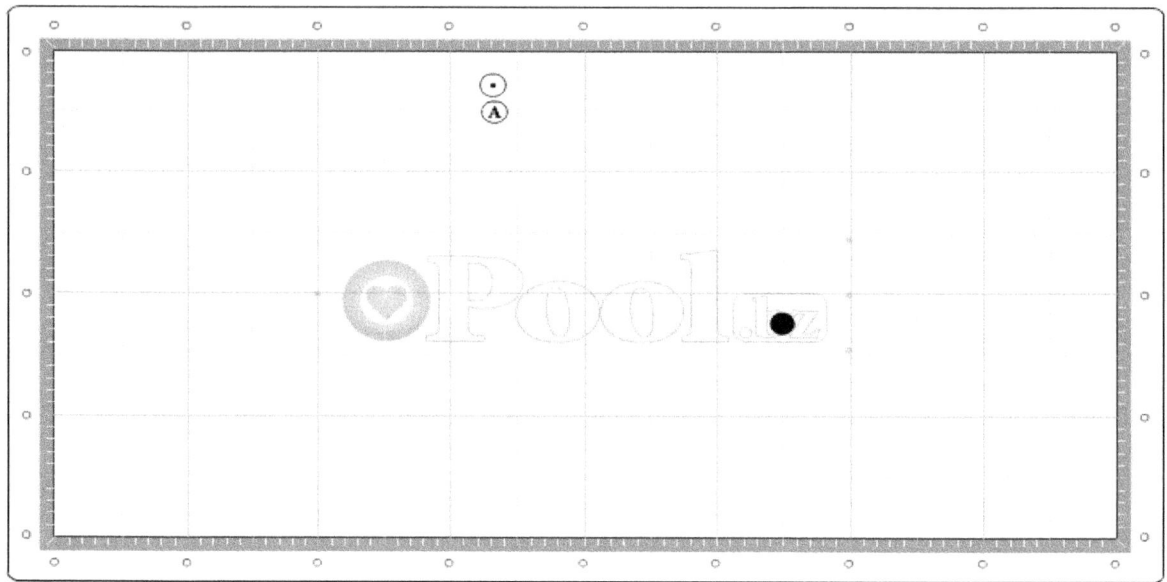

Notater og ideer:

Skudd mønster

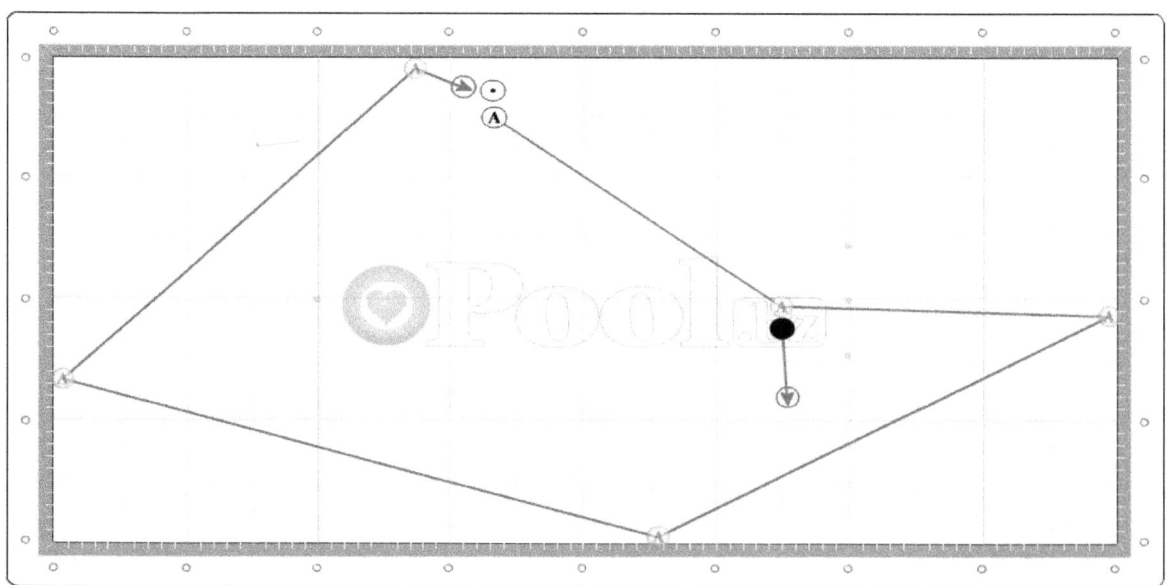

D:2d – Setup

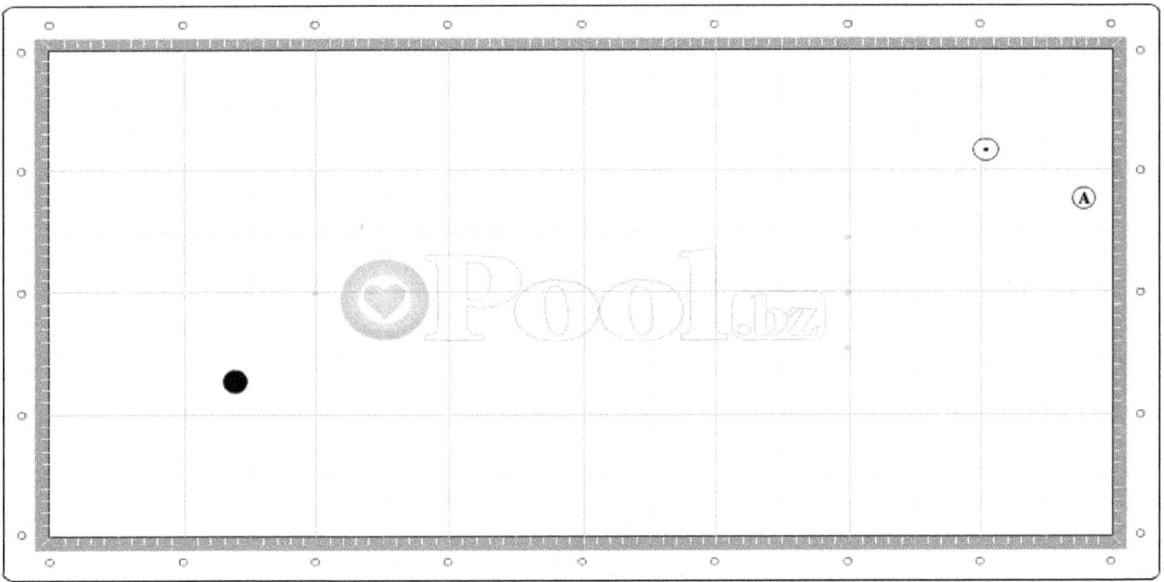

Notater og ideer:

Skudd mønster

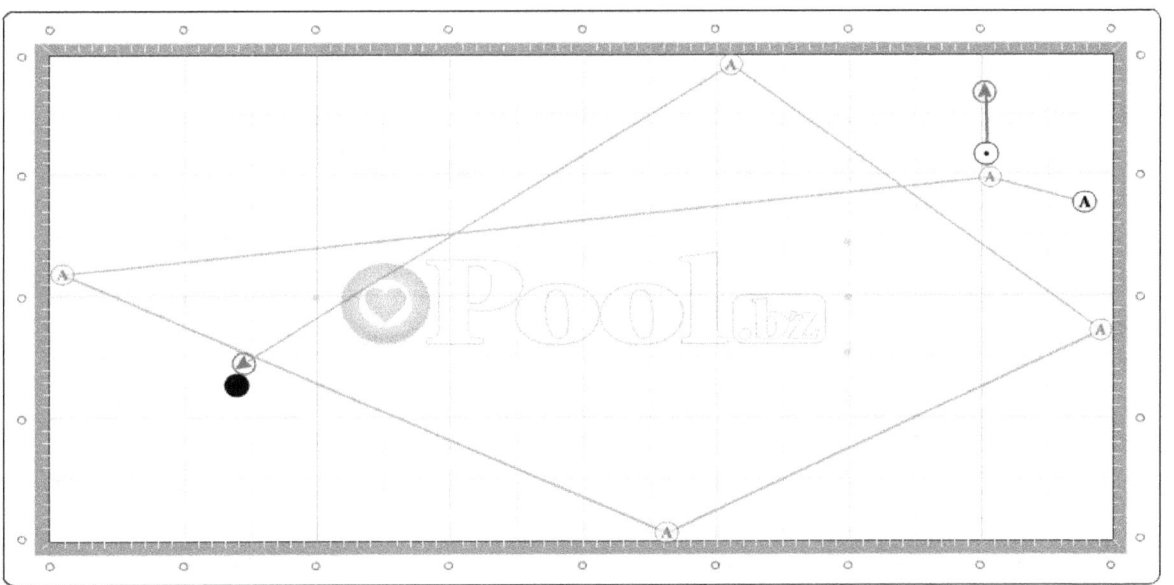

D: Gruppe 3

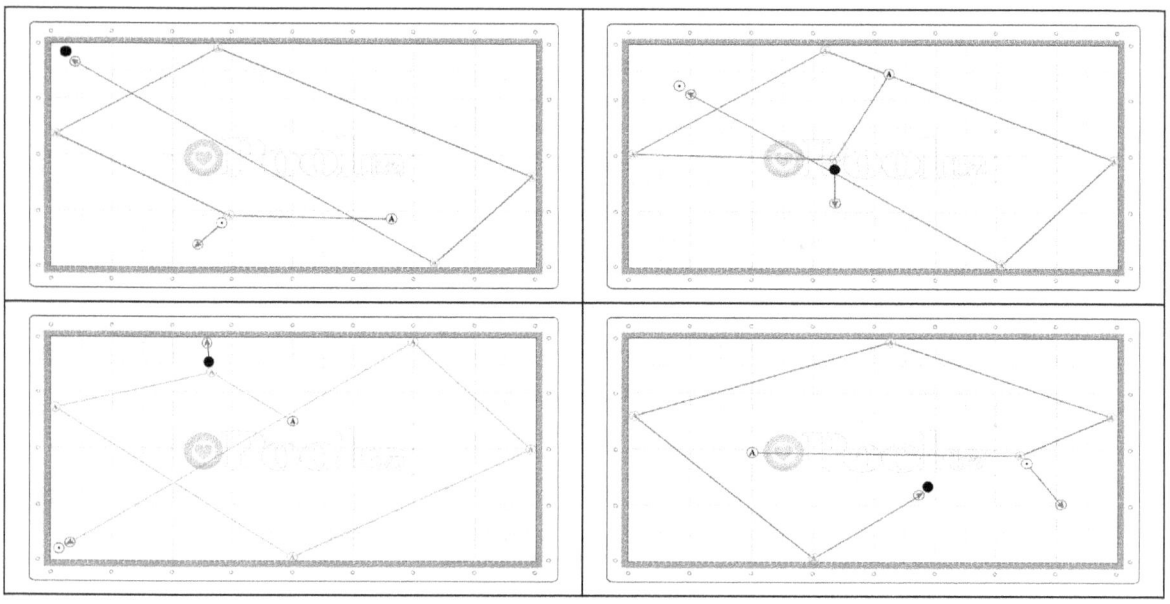

Analyse:

D:3a. _____

D:3b. _____

D:3c. _____

D:3d. _____

D:3a – Setup

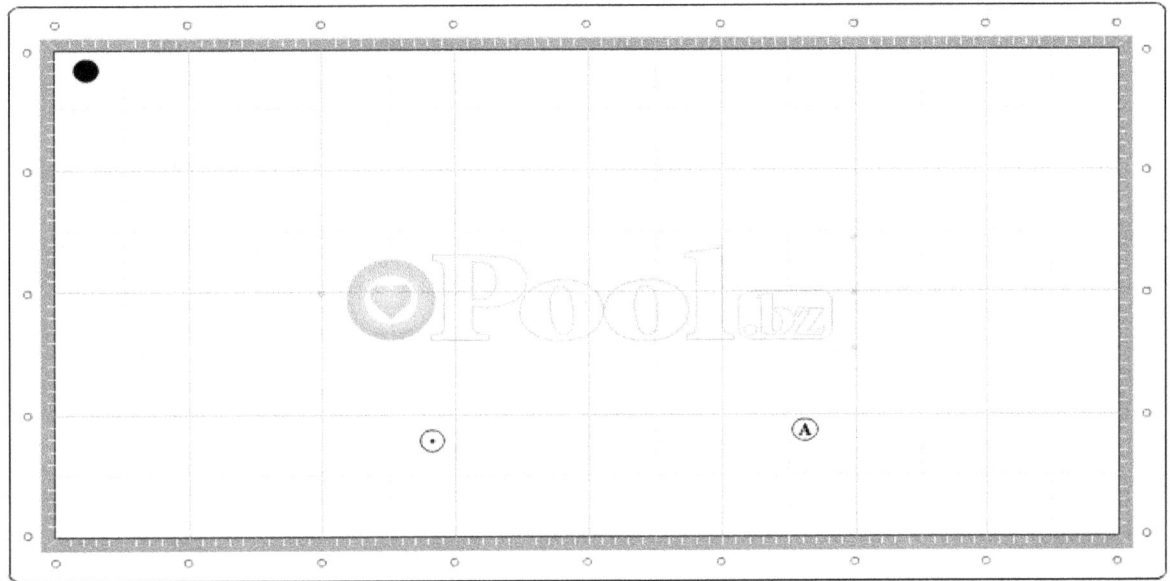

Notater og ideer:

Skudd mønster

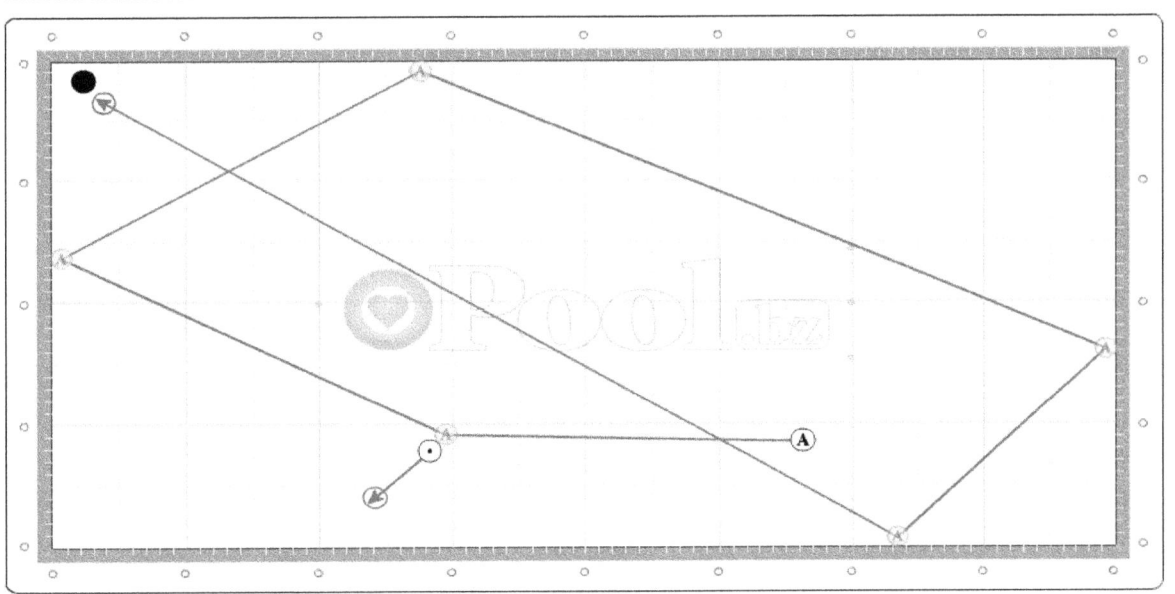

D:3b – Setup

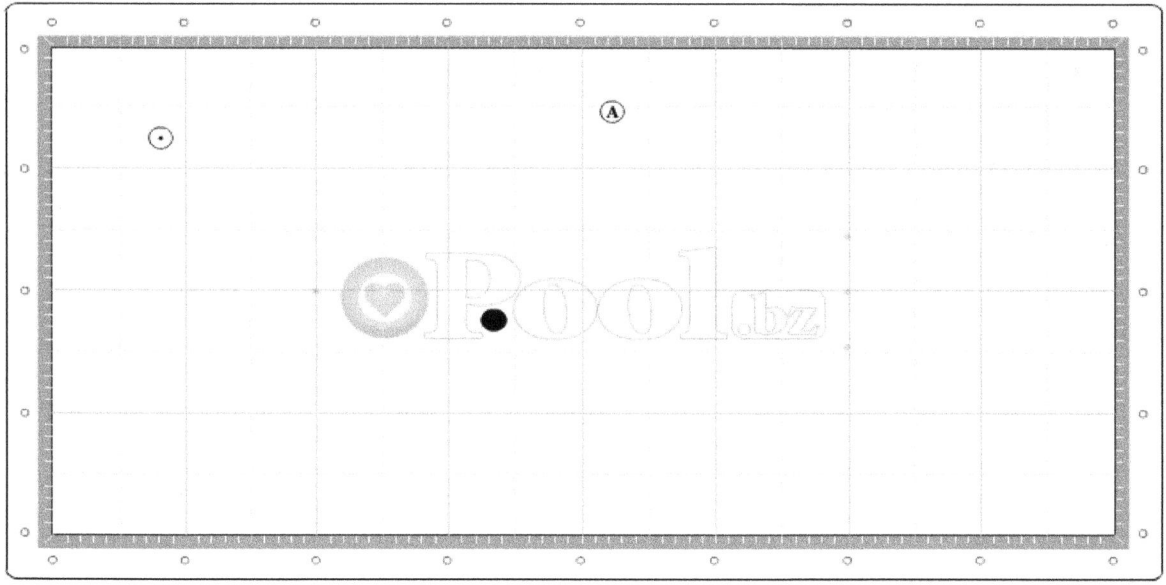

Notater og ideer:

Skudd mønster

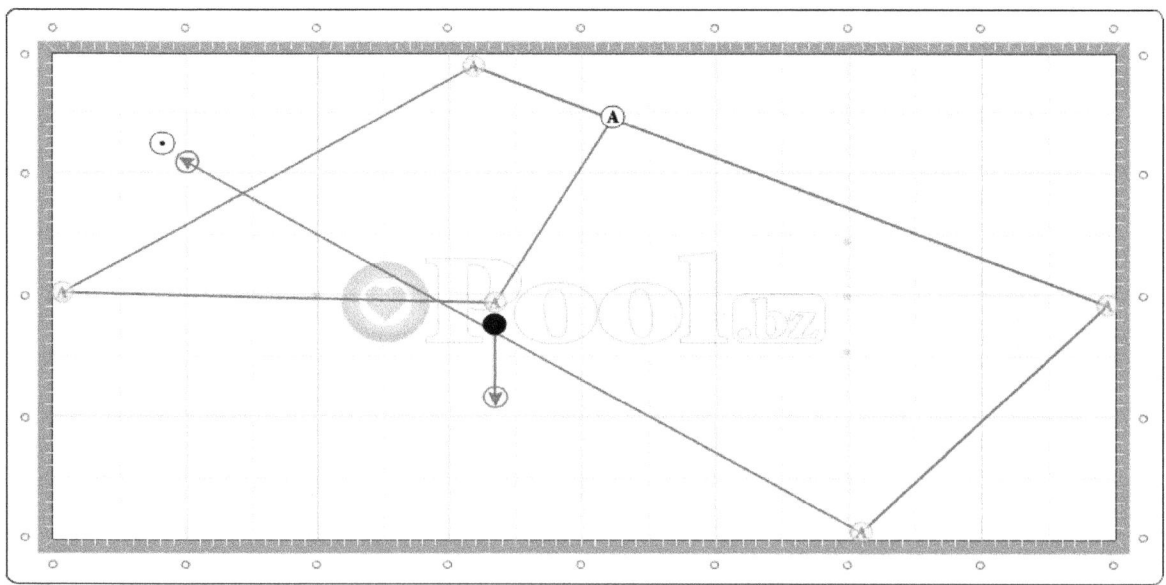

D:3c – Setup

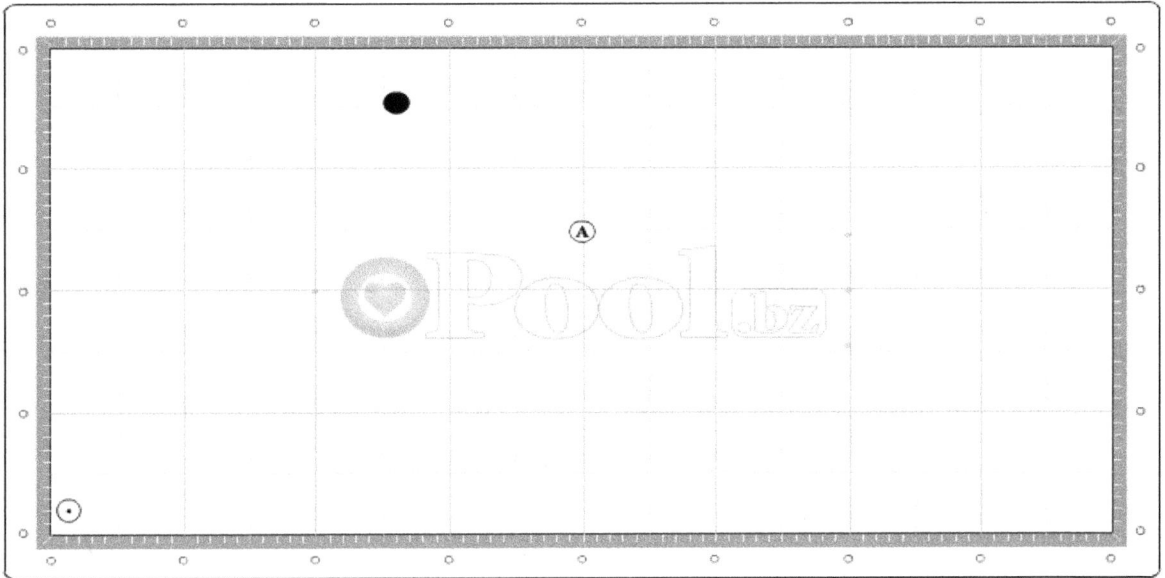

Notater og ideer:

Skudd mønster

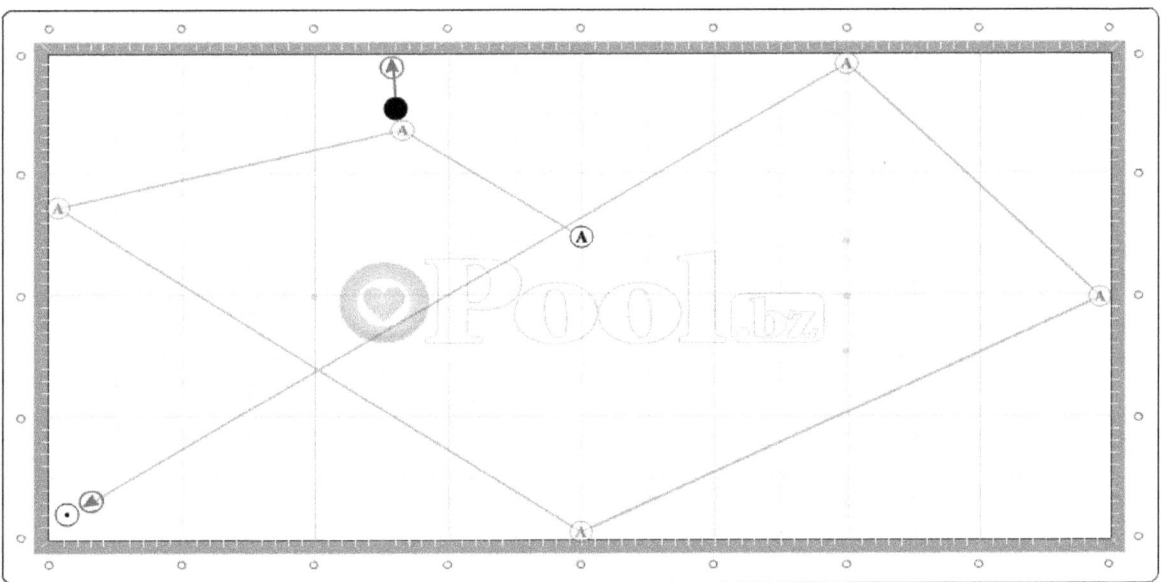

D:3d – Setup

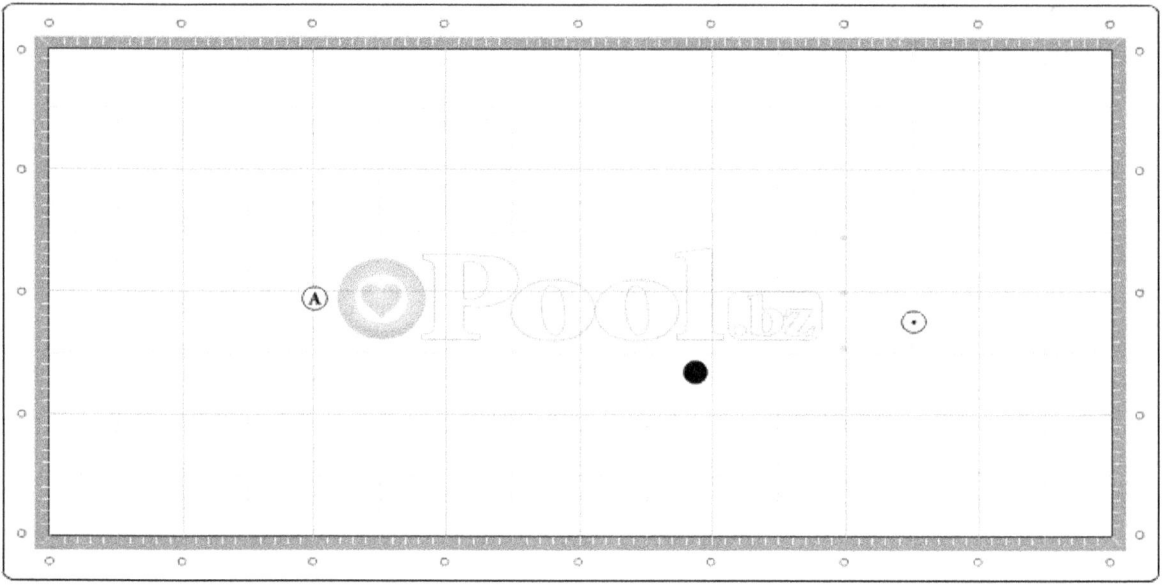

Notater og ideer:

Skudd mønster

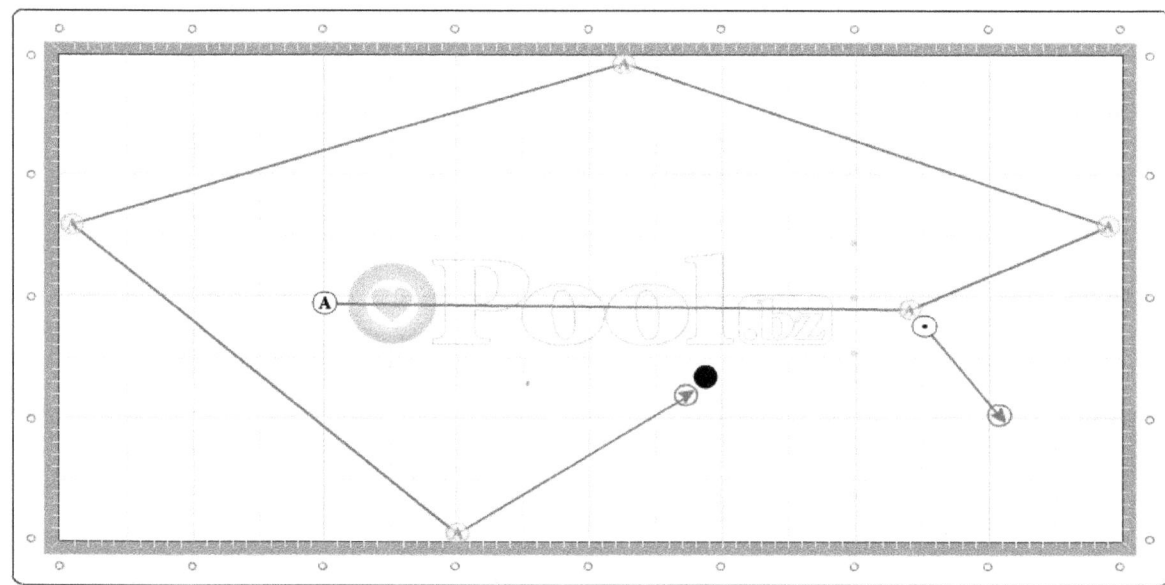

D: Gruppe 4

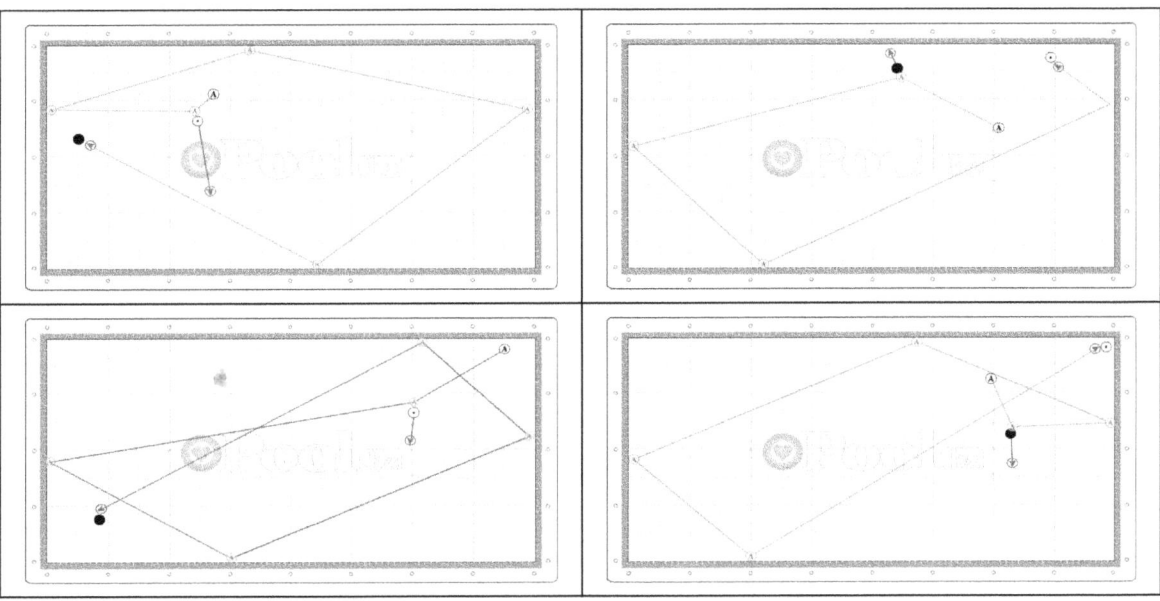

Analyse:

D:4a. _____

D:4b. _____

D:4c. _____

D:4d. _____

D:4a – Setup

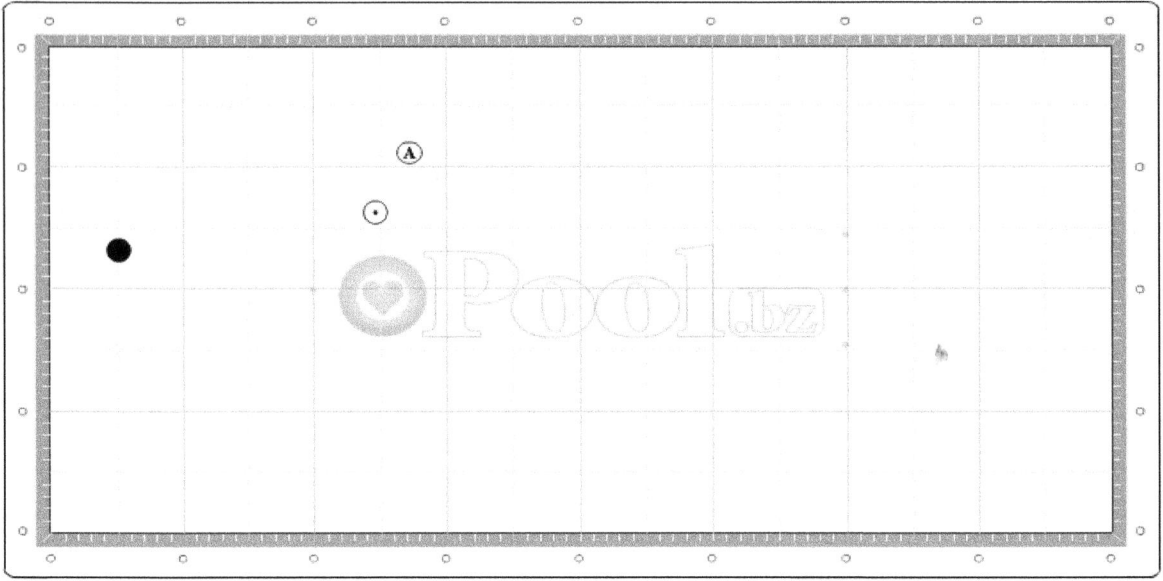

Notater og ideer:

Skudd mønster

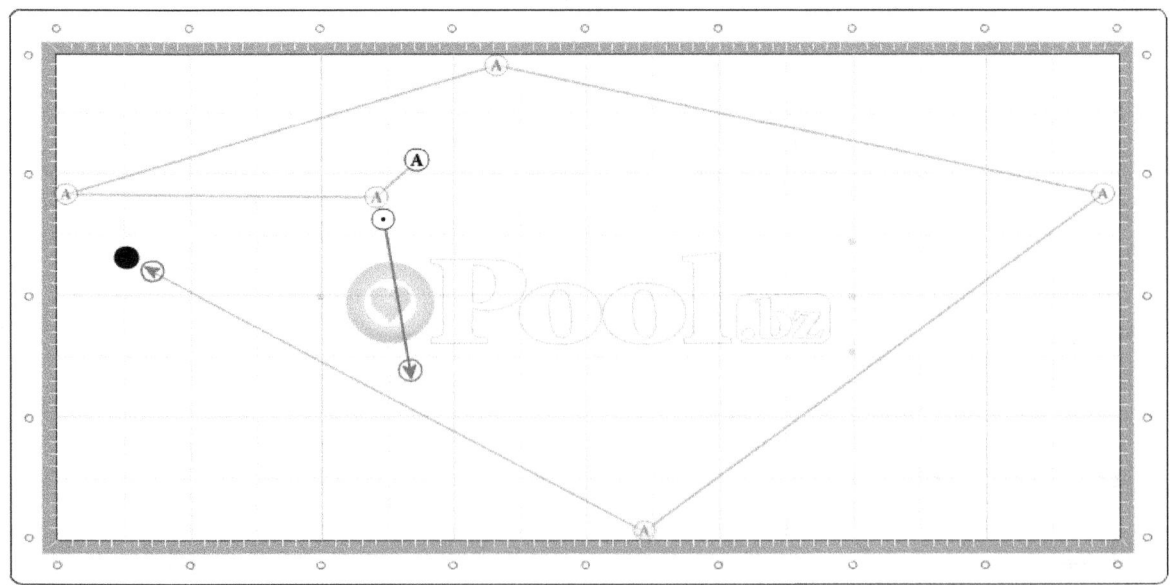

D:4b – Setup

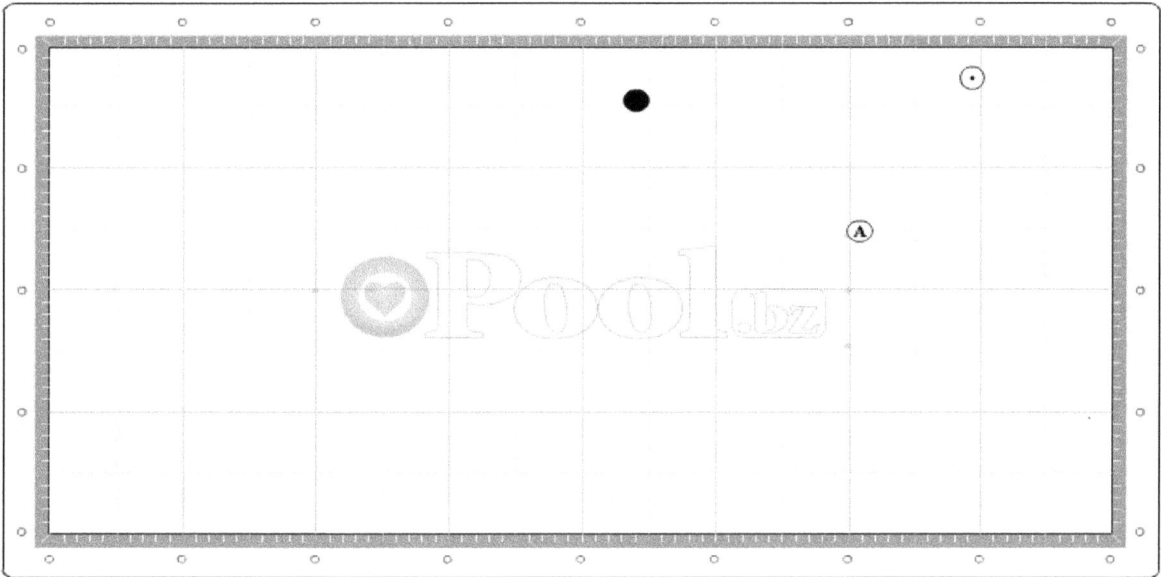

Notater og ideer:

Skudd mønster

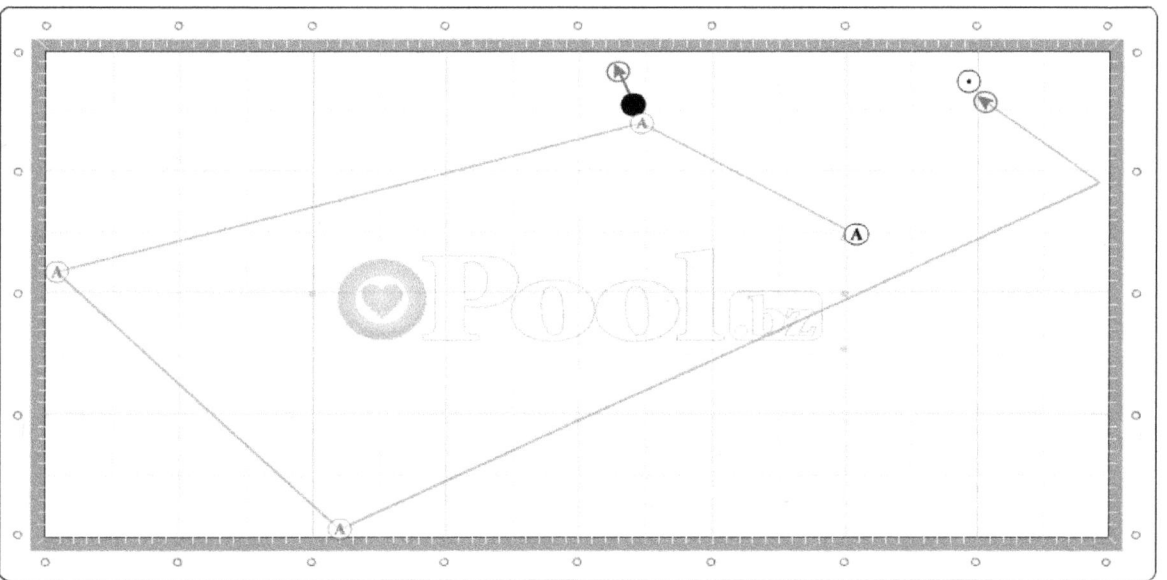

D:4c – Setup

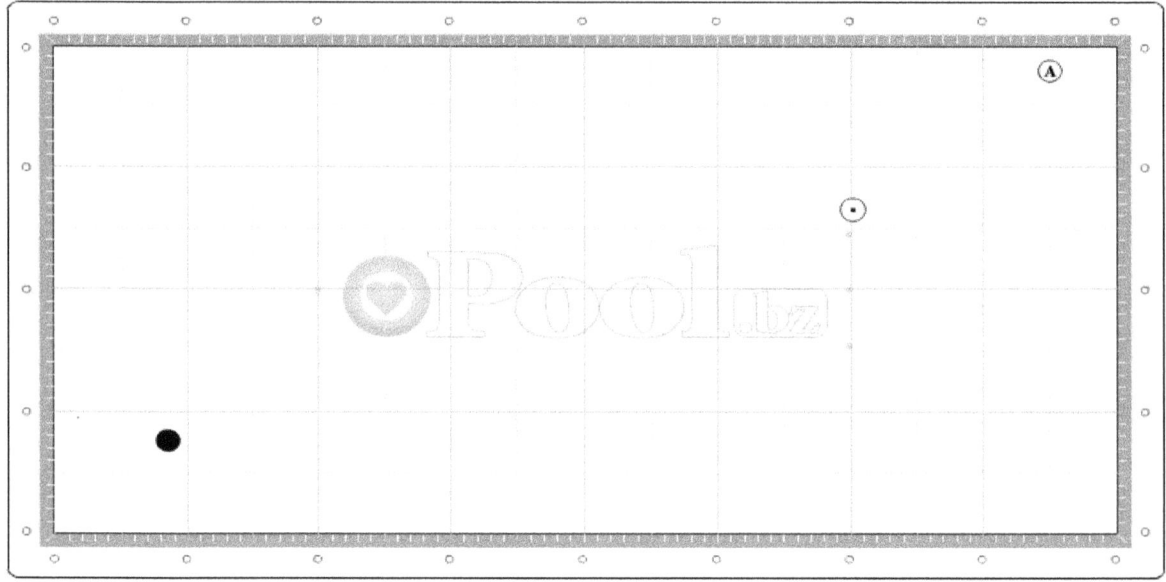

Notater og ideer:

Skudd mønster

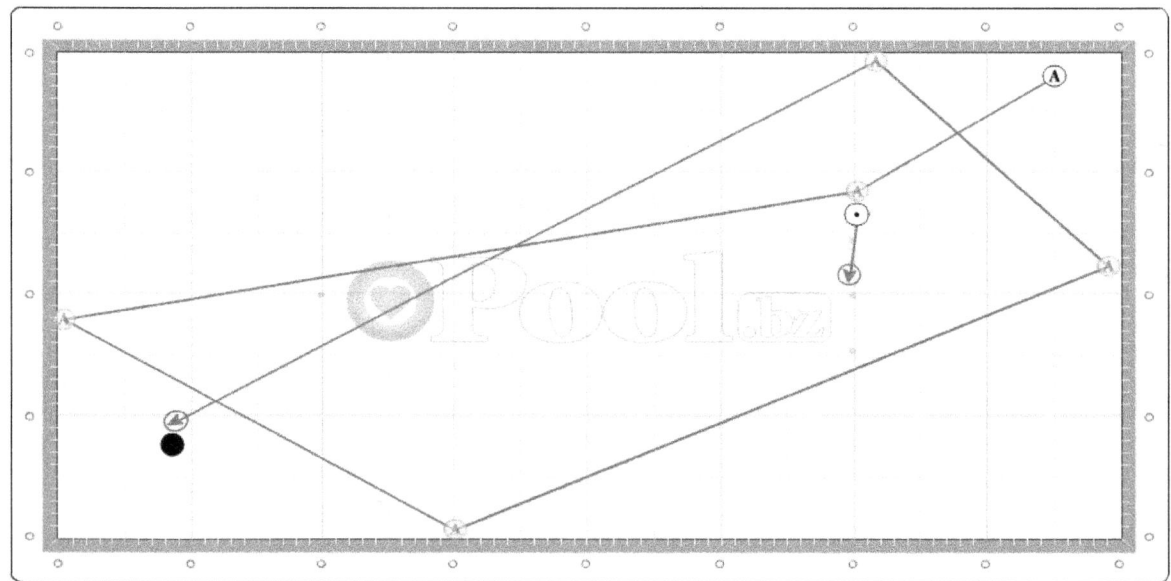

D:4d – Setup

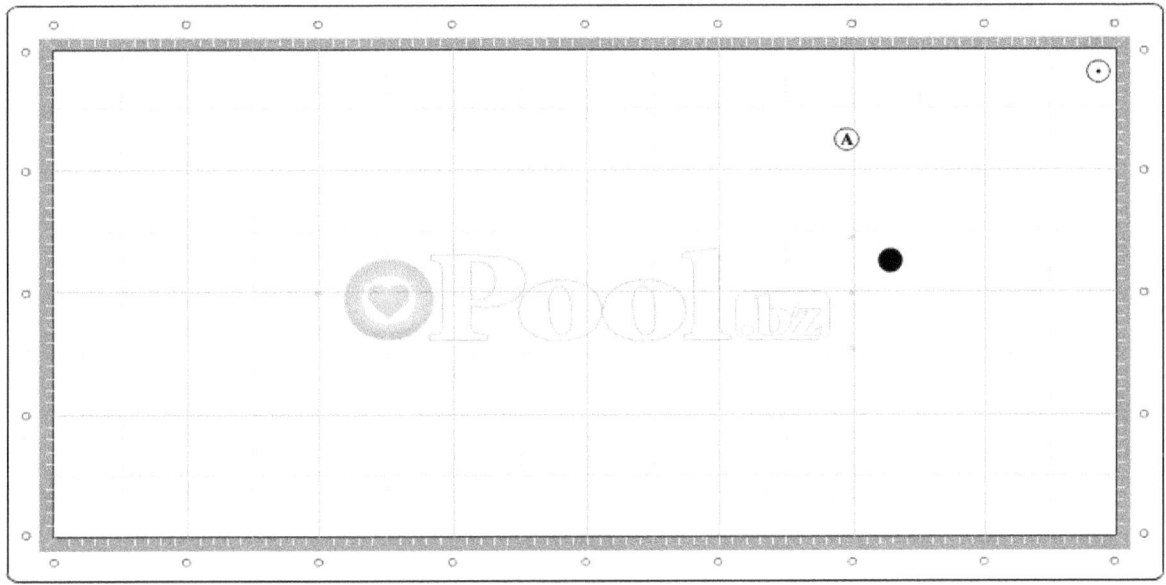

Notater og ideer:

Skudd mønster

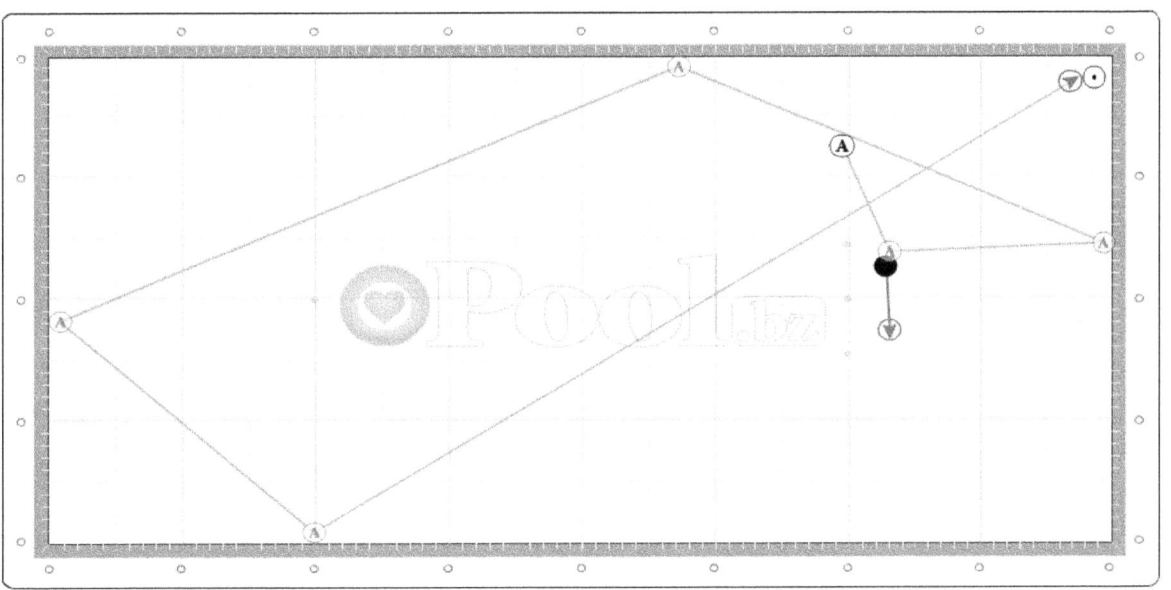

E: Fem vant (lang vant)

Den (CB) kommer av den første (OB) og inn i den lange vant. (CB) reiser inn i fem vant før den kontakter den andre (OB).

Ⓐ (CB) (biljardkule) - ⊙ (OB) (motstander billiardball) - ● (OB) (rød biljardball)

E: Gruppe 1

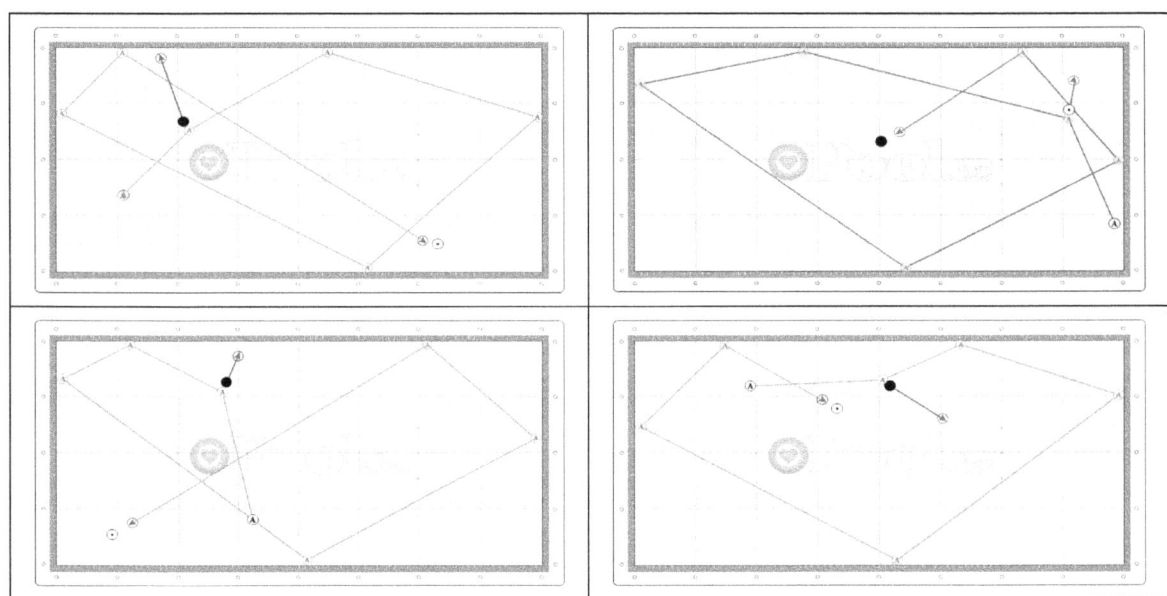

Analyse:

E:1a. _____

E:1b. _____

E:1c. _____

E:1d. _____

E:1a – Setup

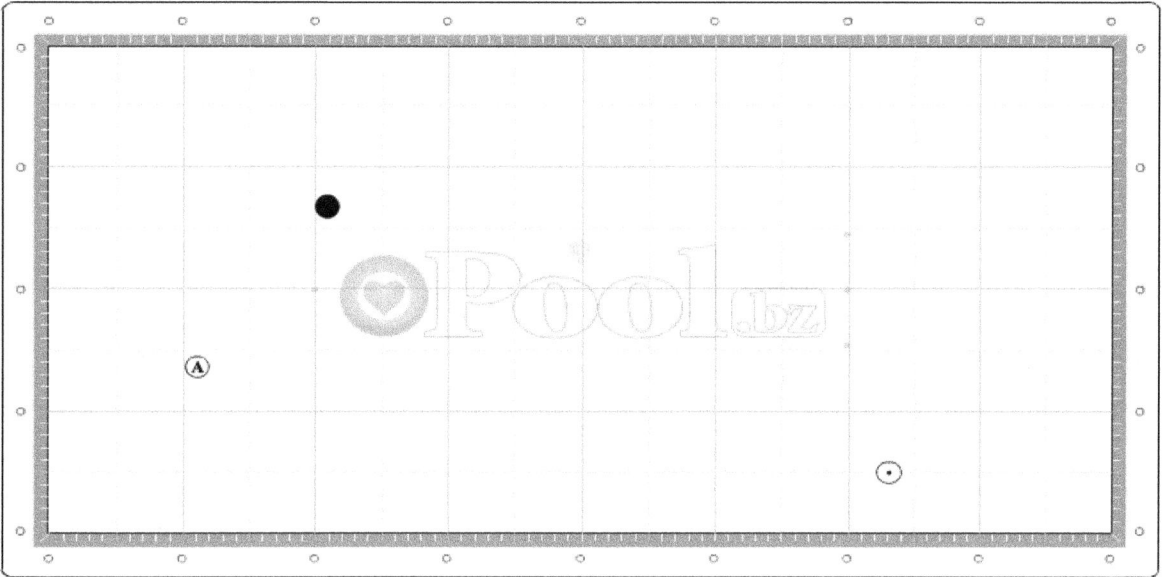

Notater og ideer:

Skudd mønster

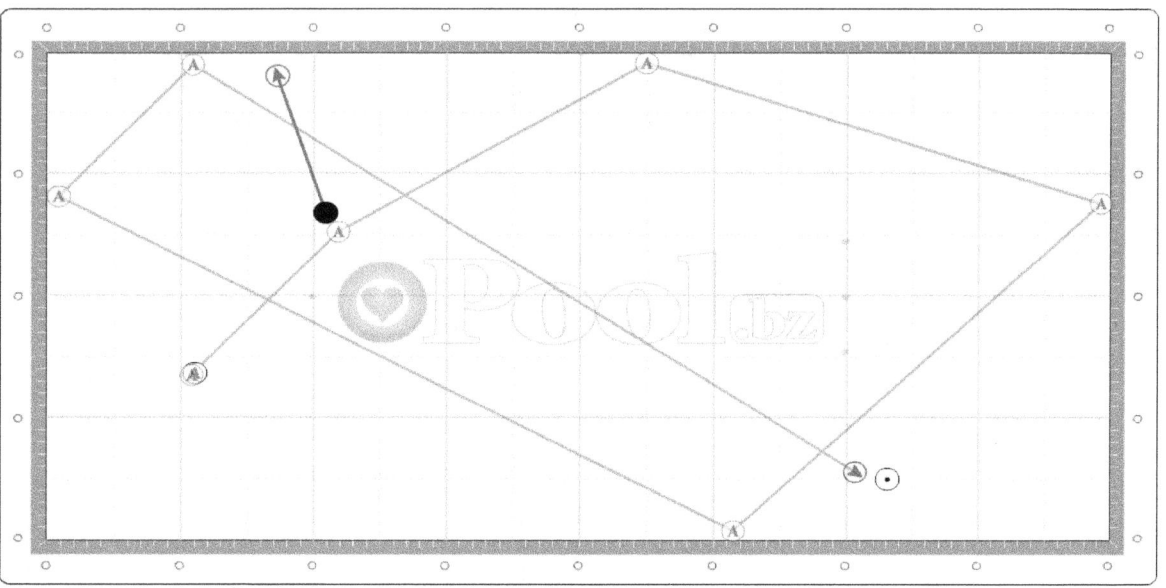

E:1b – Setup

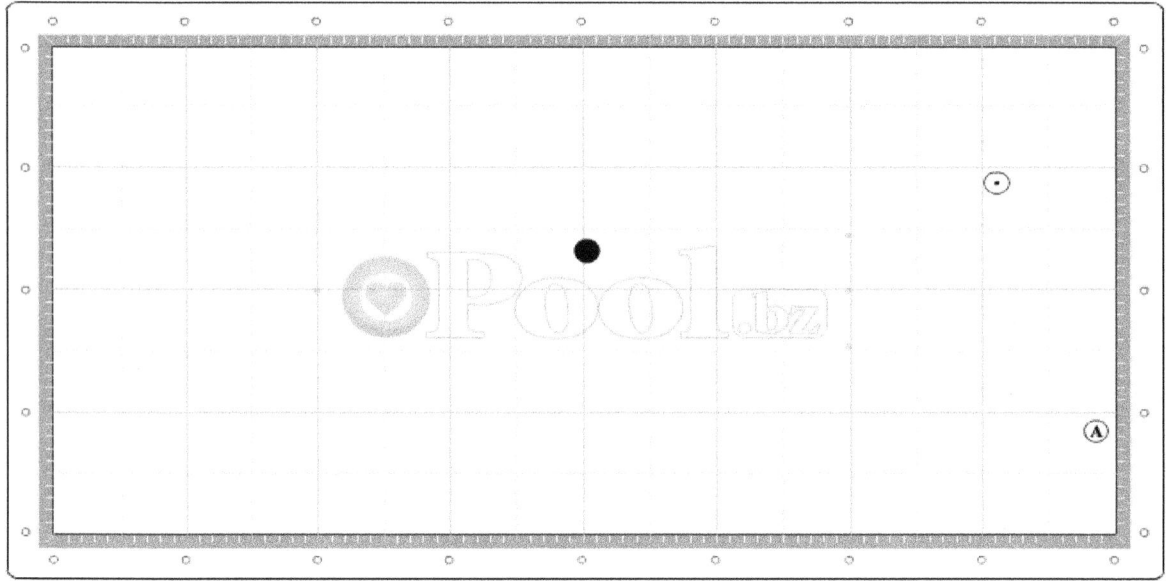

Notater og ideer:

Skudd mønster

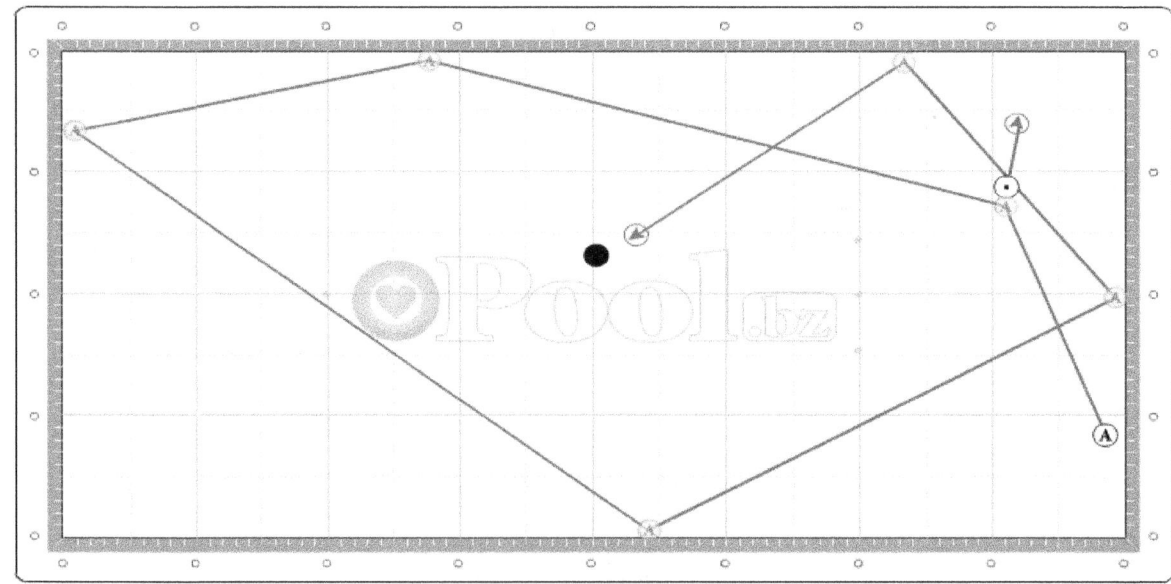

E:1c – Setup

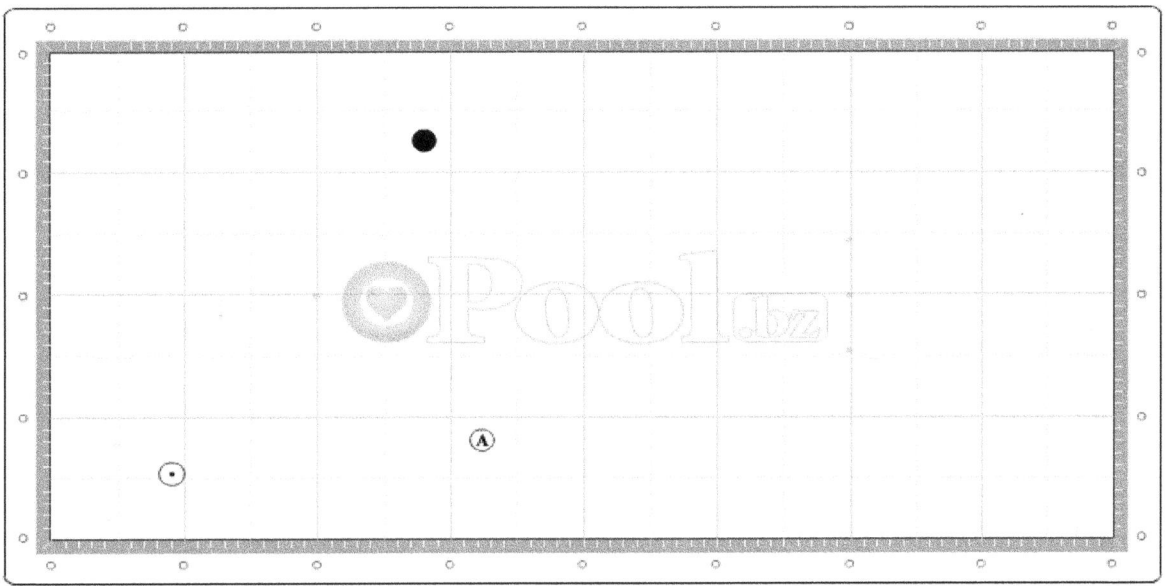

Notater og ideer:

Skudd mønster

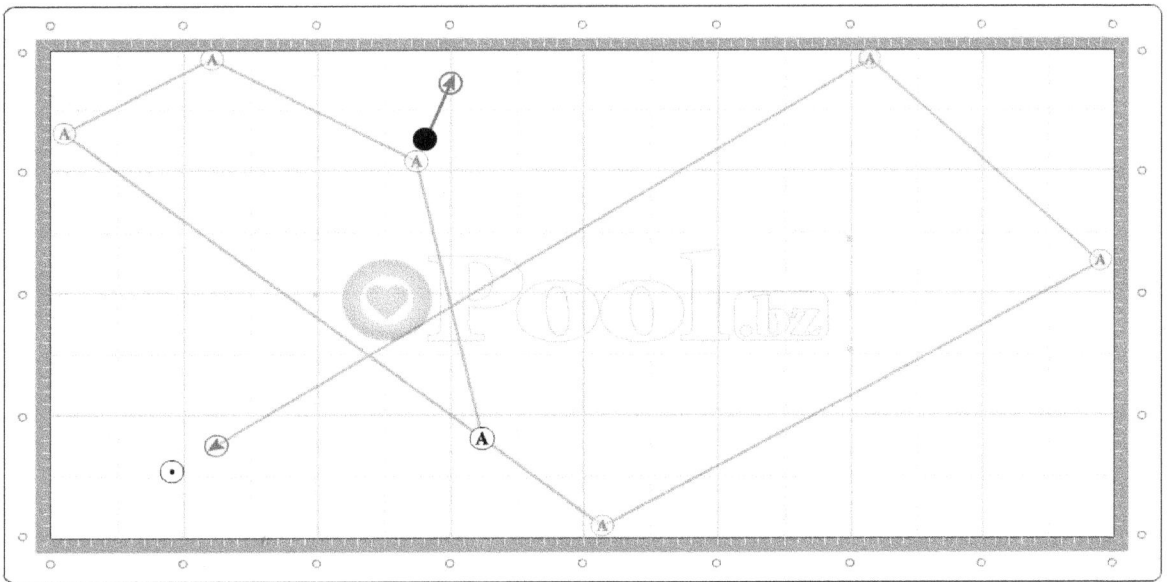

E:1d – Setup

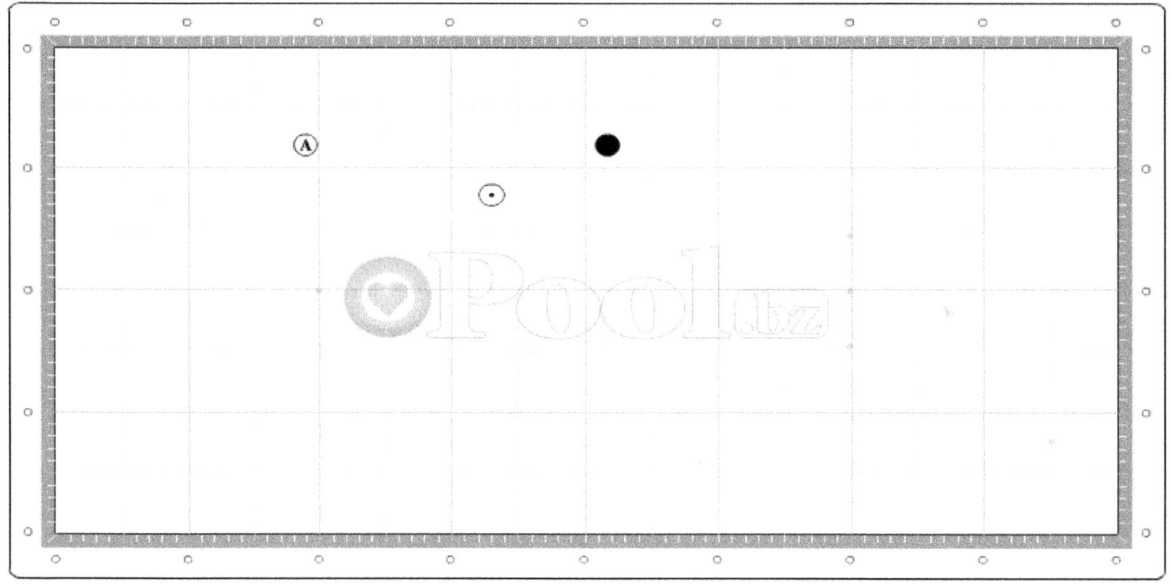

Notater og ideer:

Skudd mønster

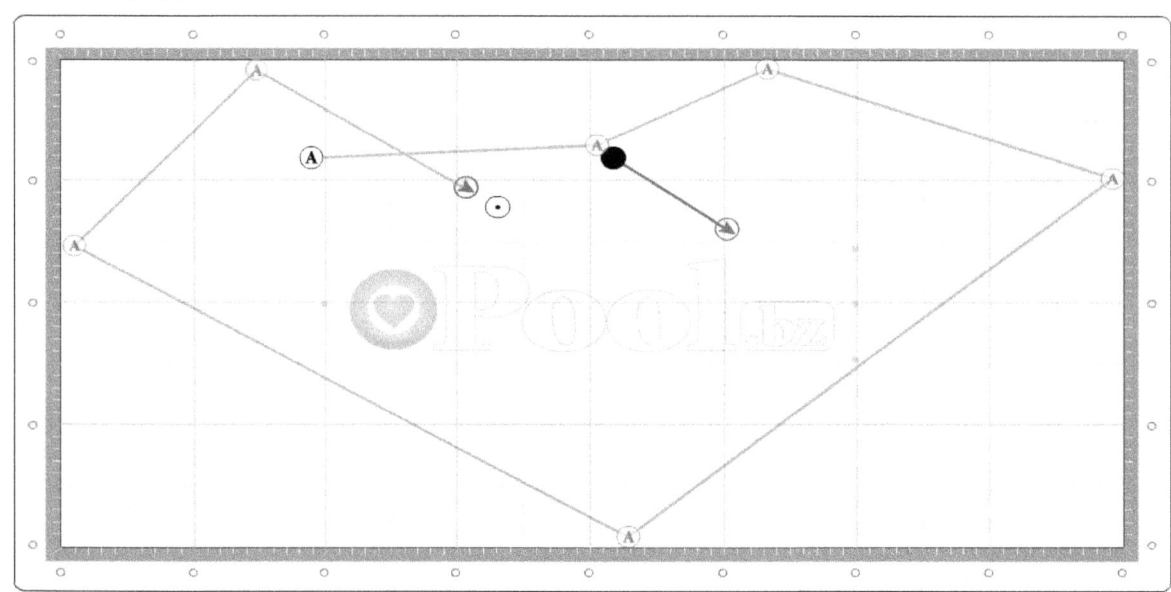

E: Gruppe 2

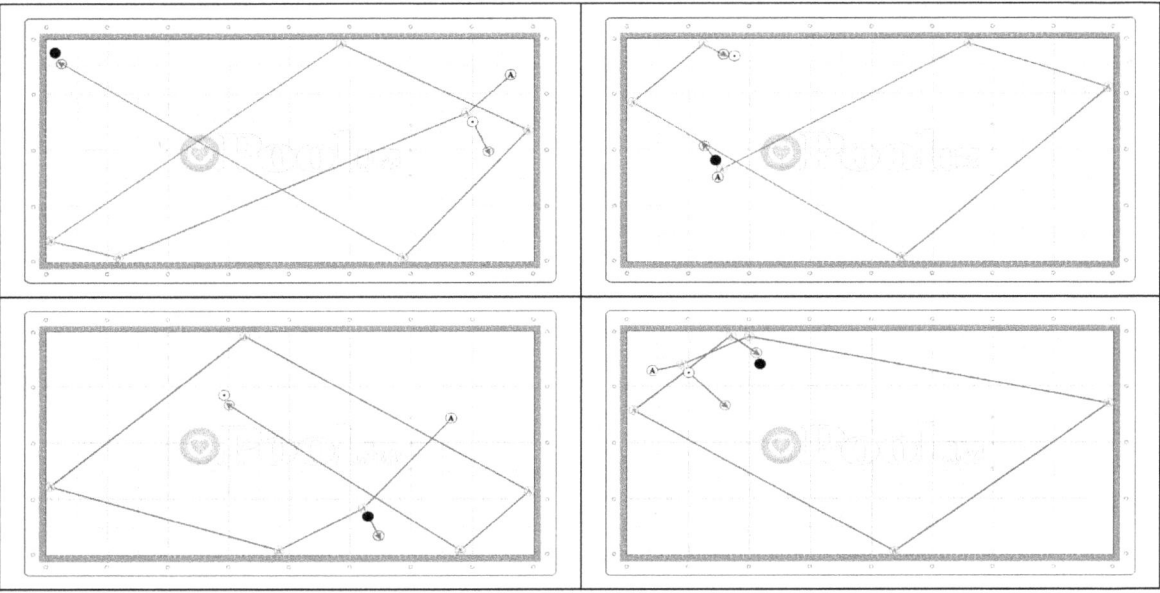

Analyse:

E:2a. _____

E:2b. _____

E:2c. _____

E:2d. _____

E:2a – Setup

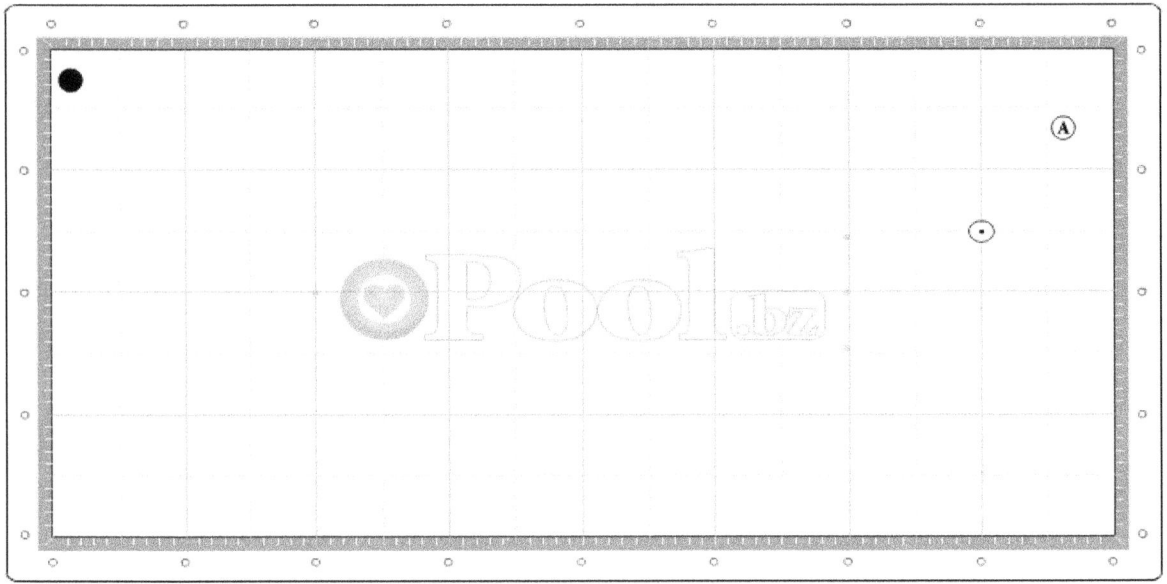

Notater og ideer:

Skudd mønster

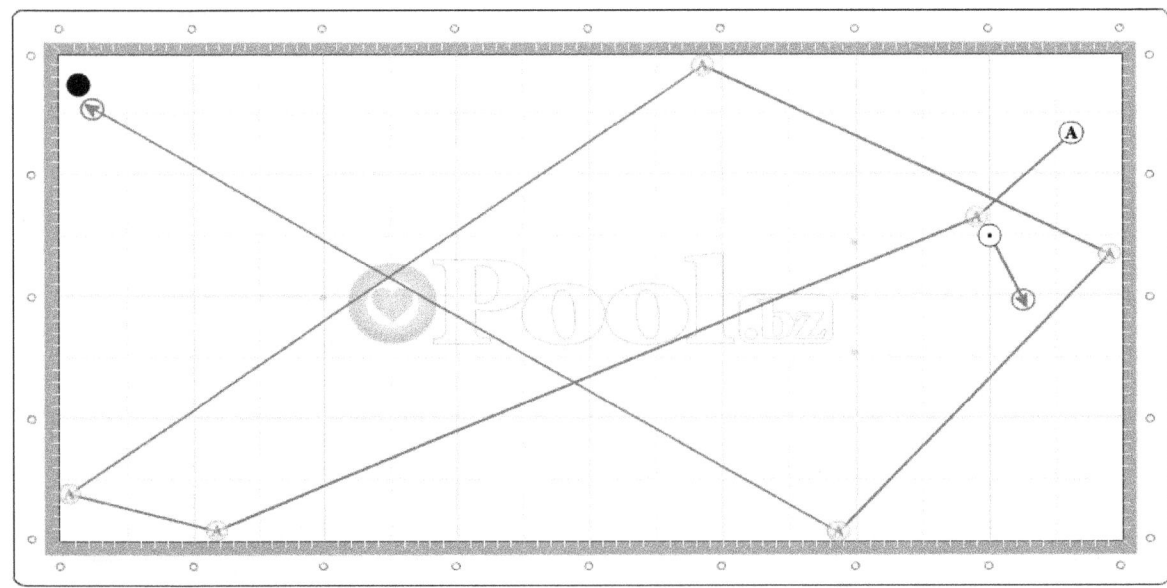

E:2b – Setup

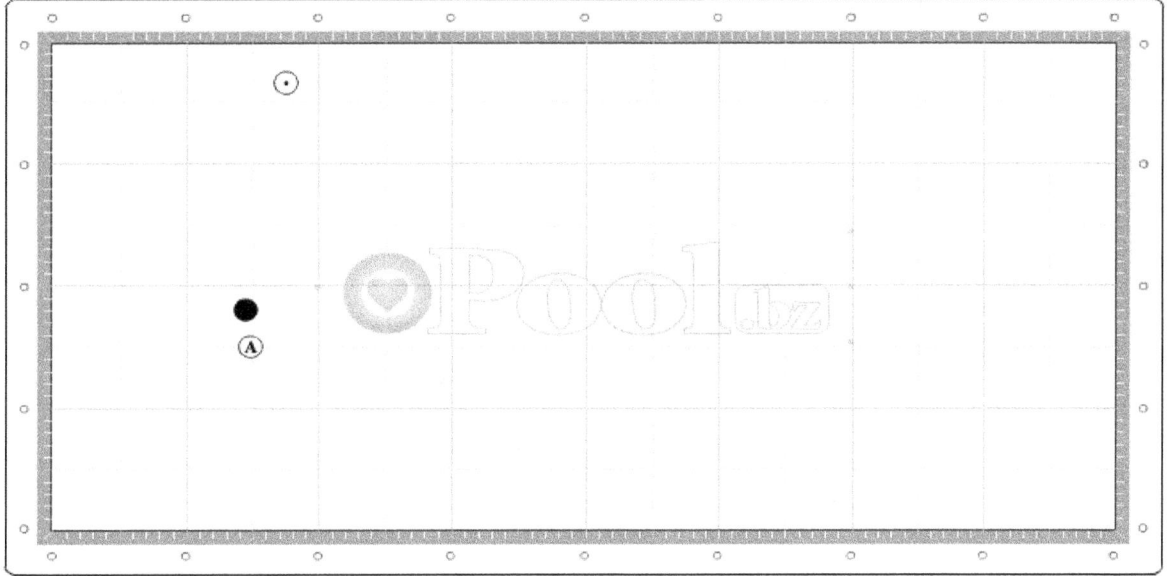

Notater og ideer:

Skudd mønster

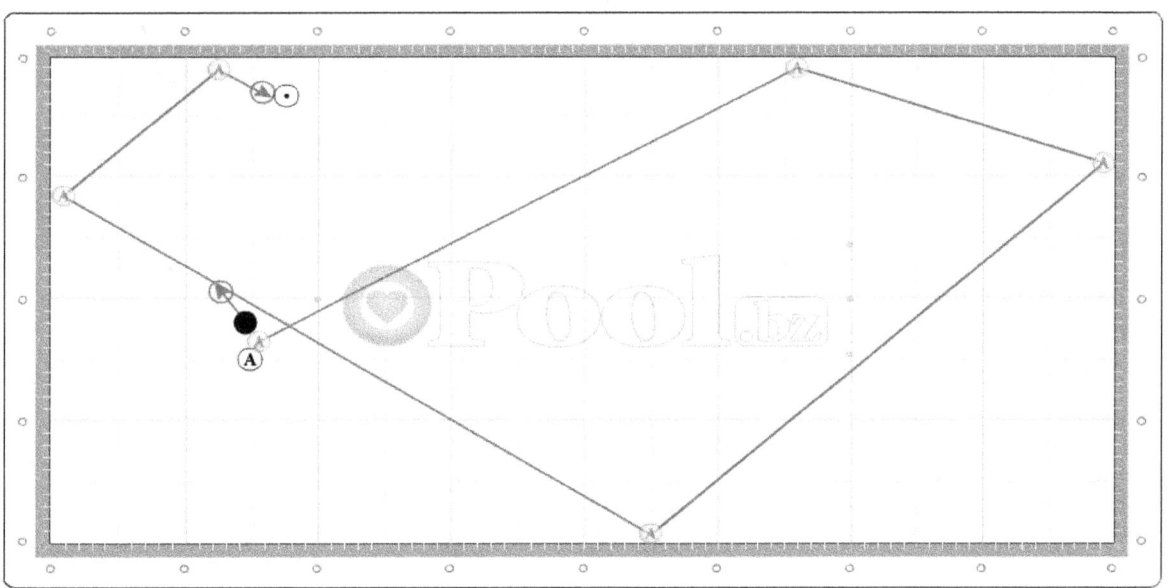

E:2c – Setup

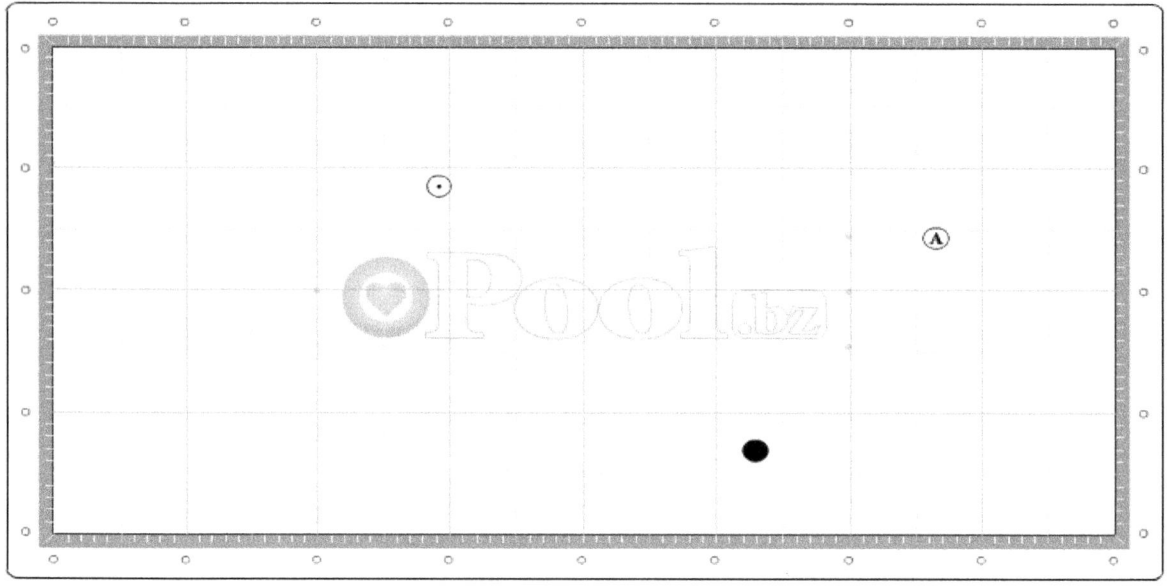

Notater og ideer:

Skudd mønster

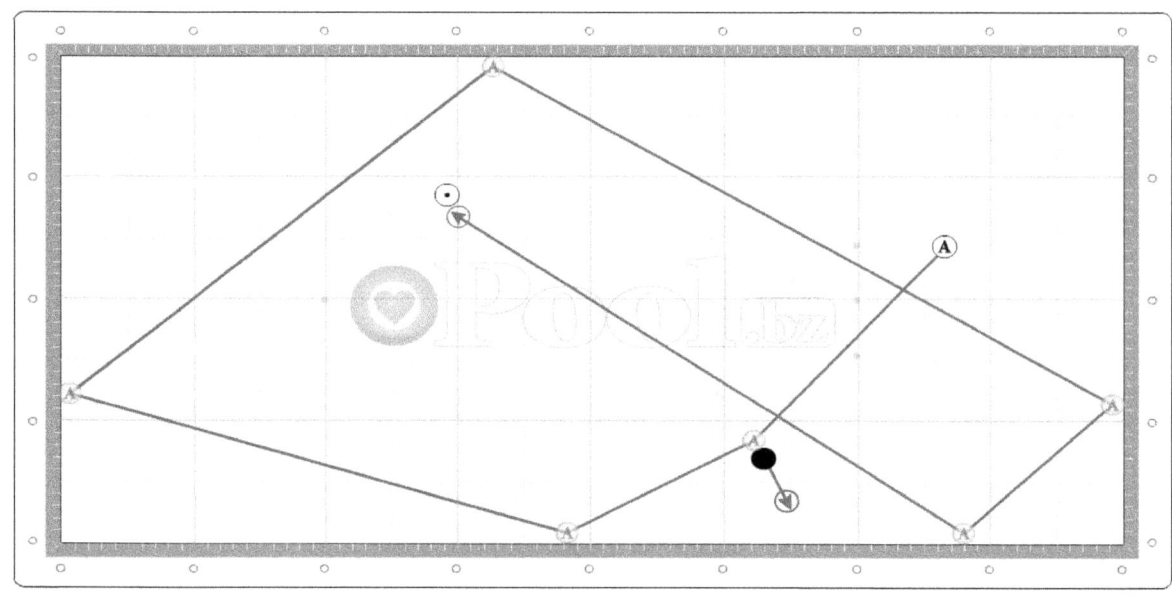

E:2d – Setup

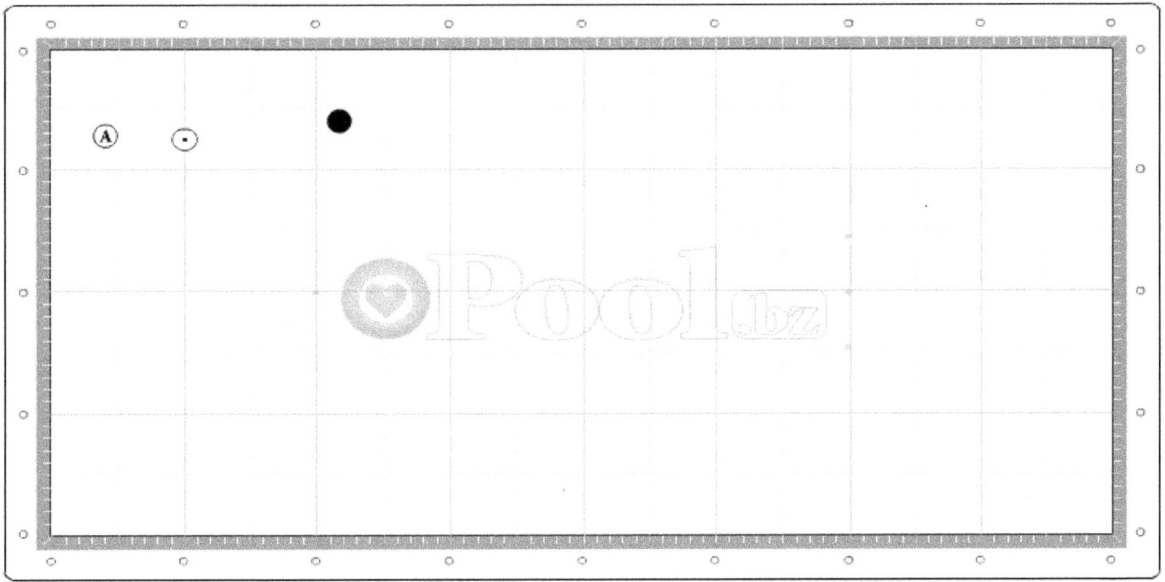

Notater og ideer:

Skudd mønster

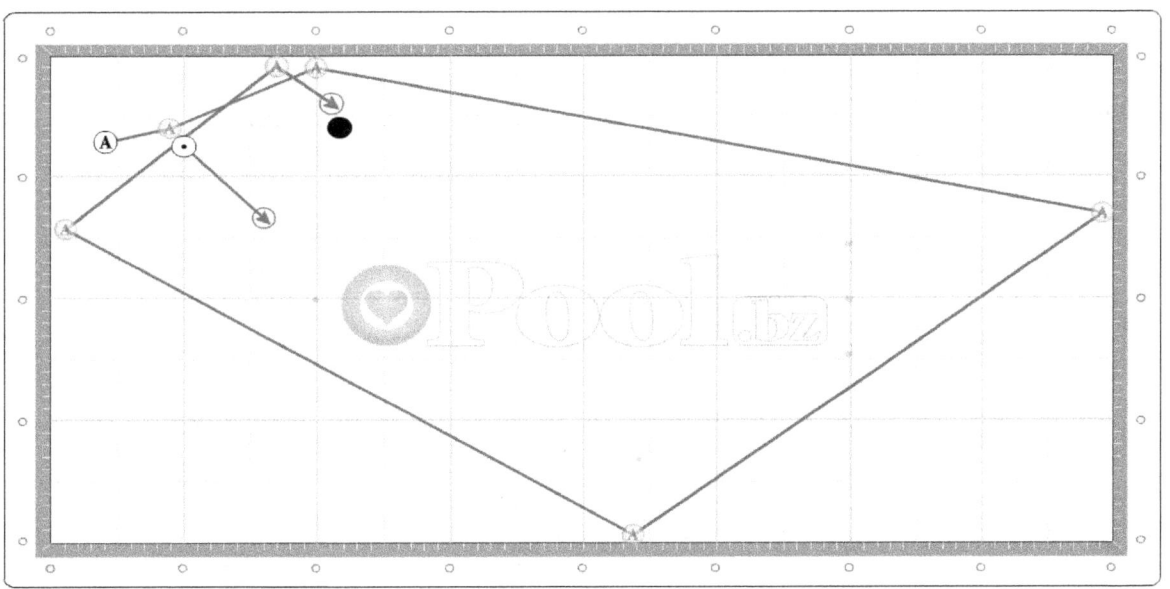

E: Gruppe 3

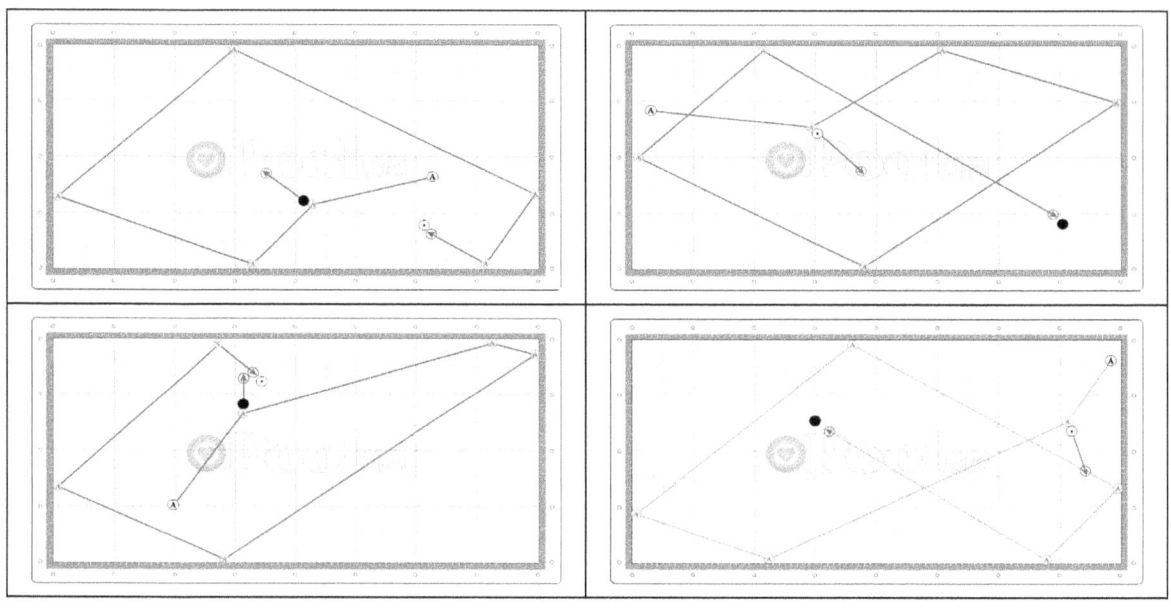

Analyse:

E:3a. _____

E:3b. _____

E:3c. _____

E:3d. _____

E:3a – Setup

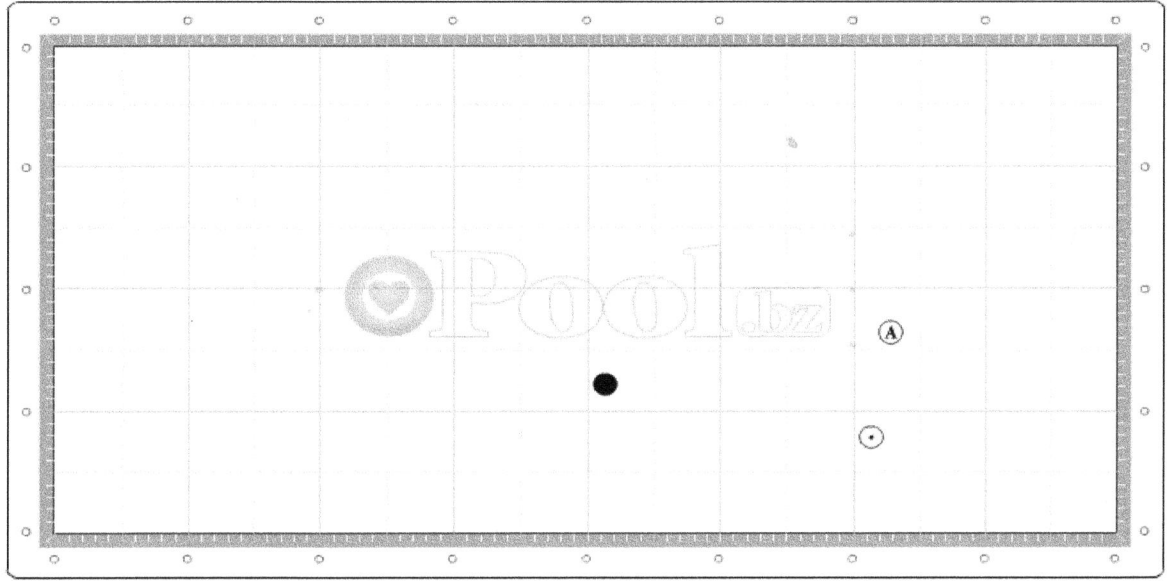

Notater og ideer:

Skudd mønster

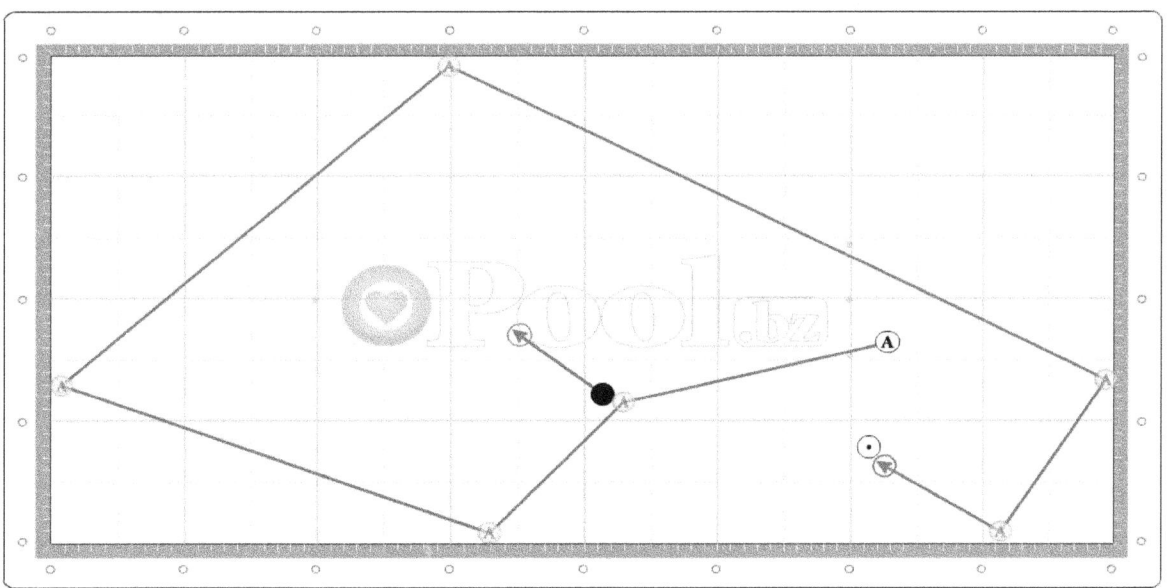

E:3b – Setup

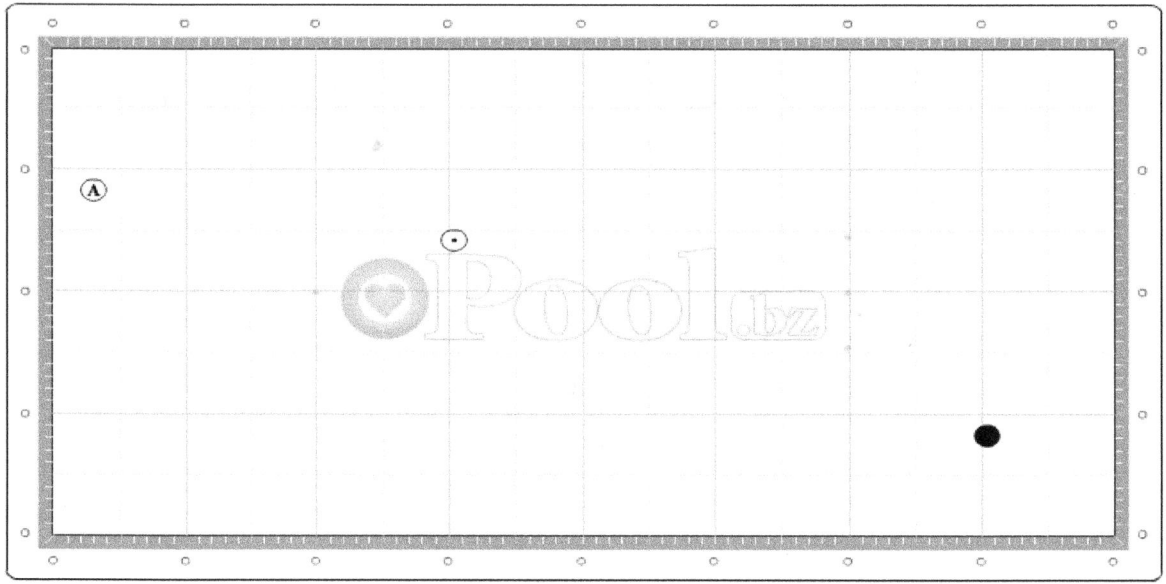

Notater og ideer:

Skudd mønster

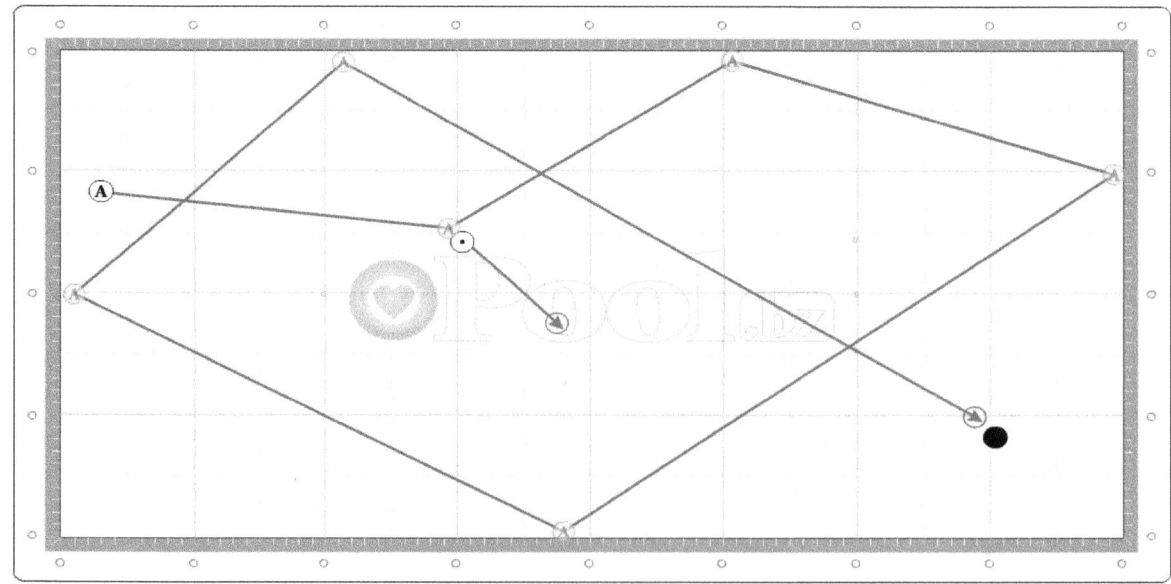

E:3c – Setup

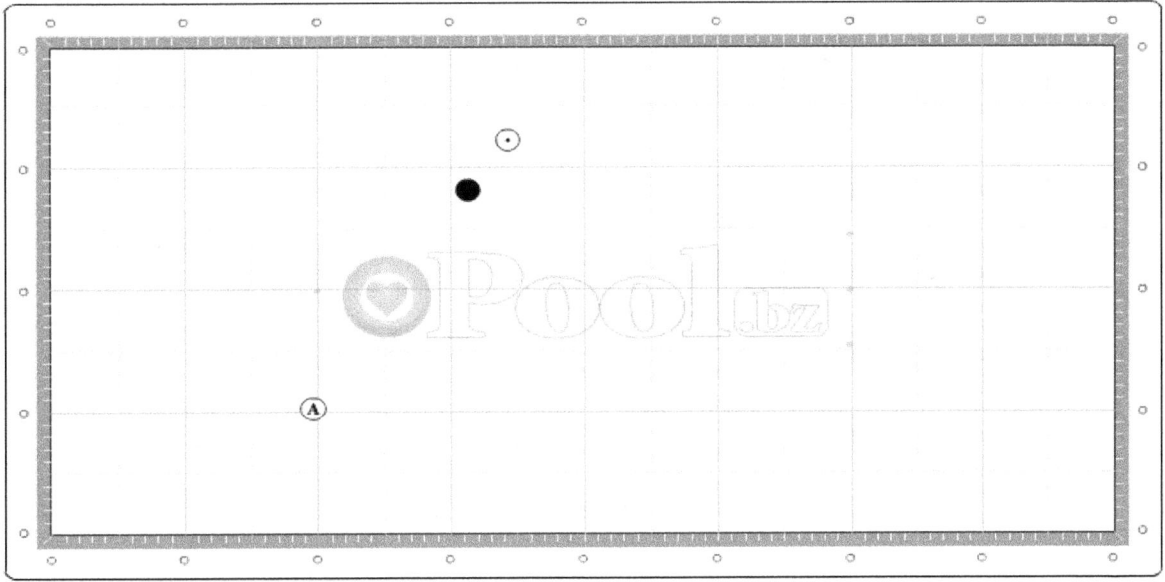

Notater og ideer:

Skudd mønster

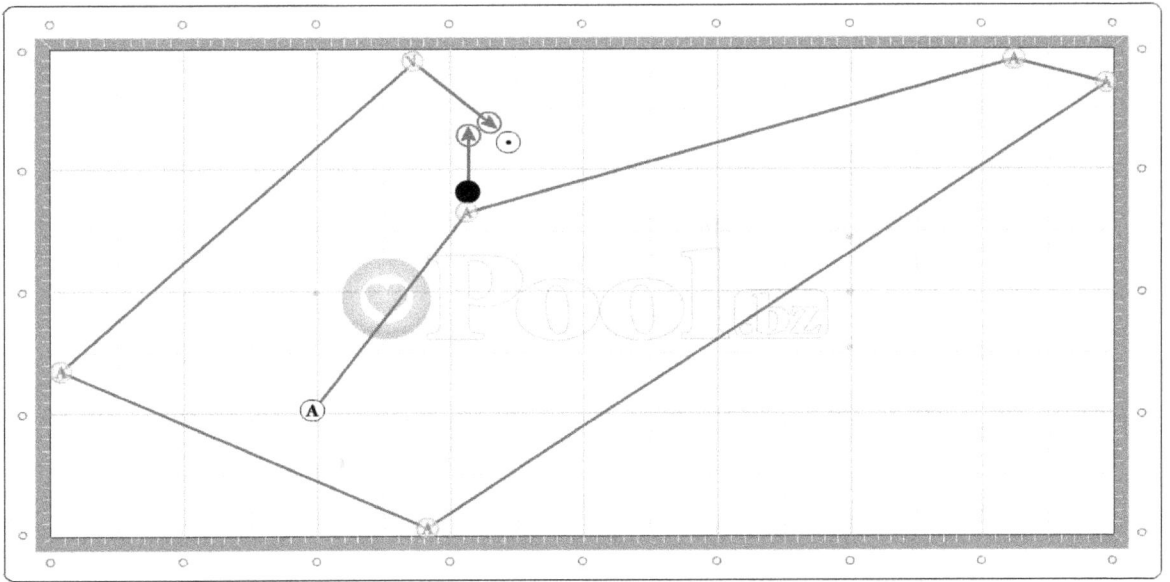

E:3d – Setup

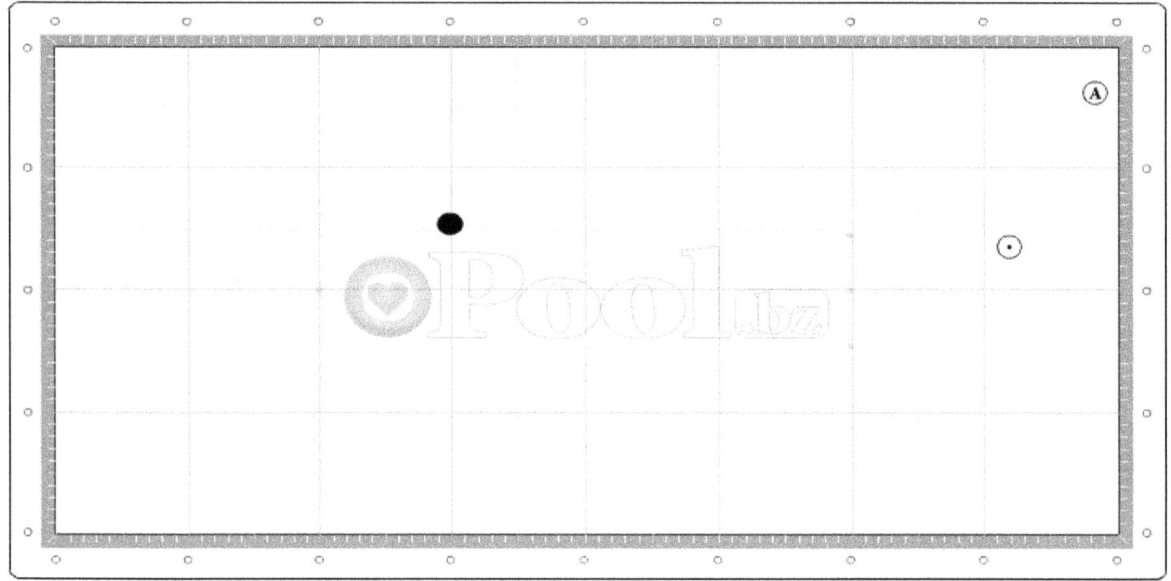

Notater og ideer:

Skudd mønster

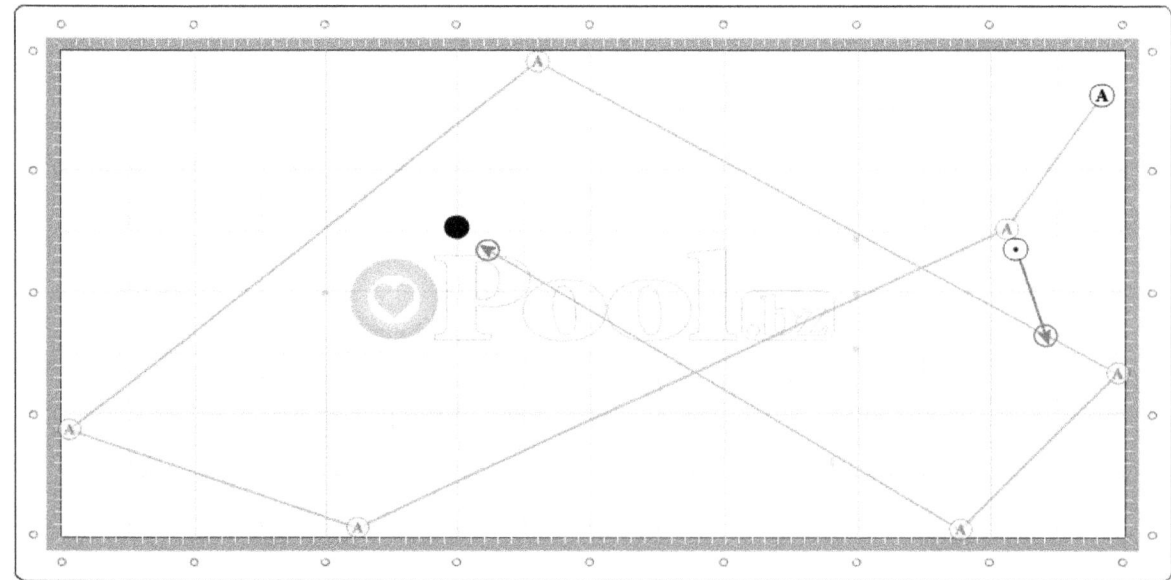

E: Gruppe 4

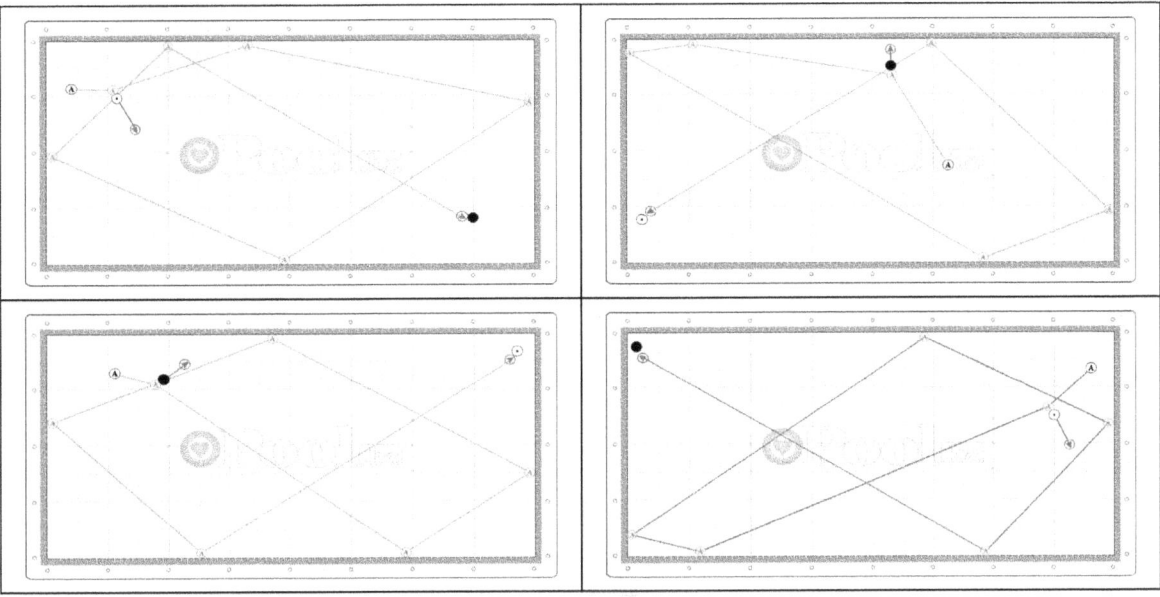

Analyse:

E:4a. _____

E:4b. _____

E:4c. _____

E:4d. _____

E:4a – Setup

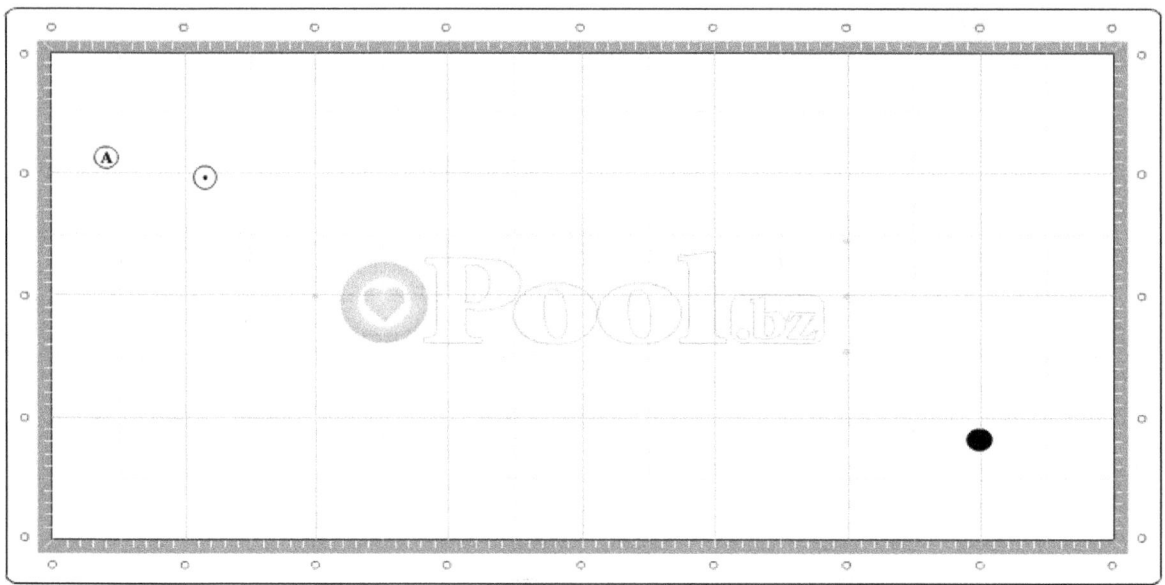

Notater og ideer:

Skudd mønster

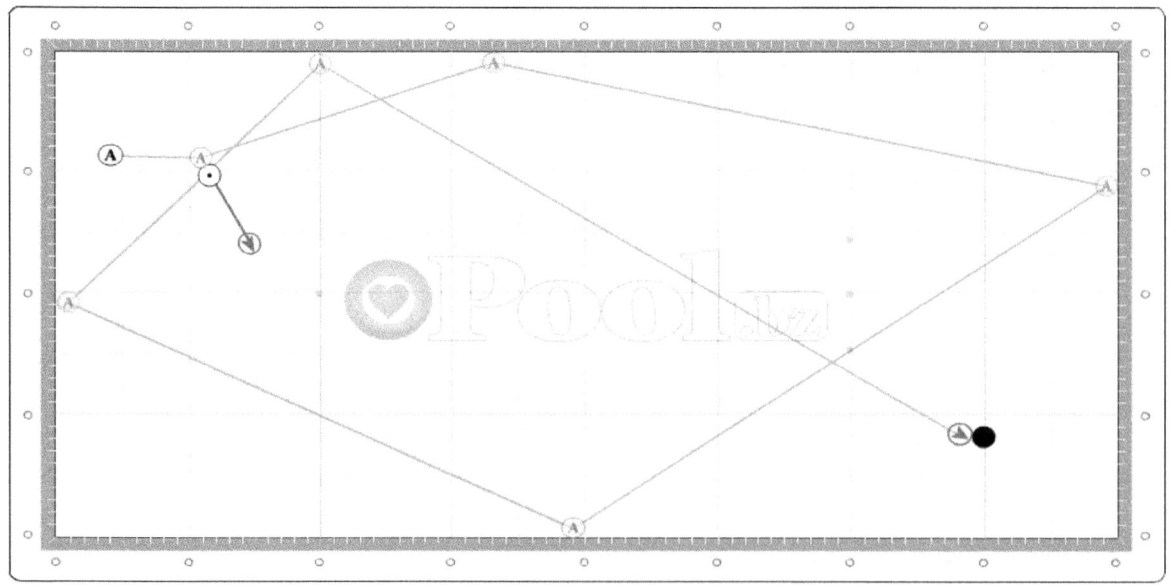

E:4b – Setup

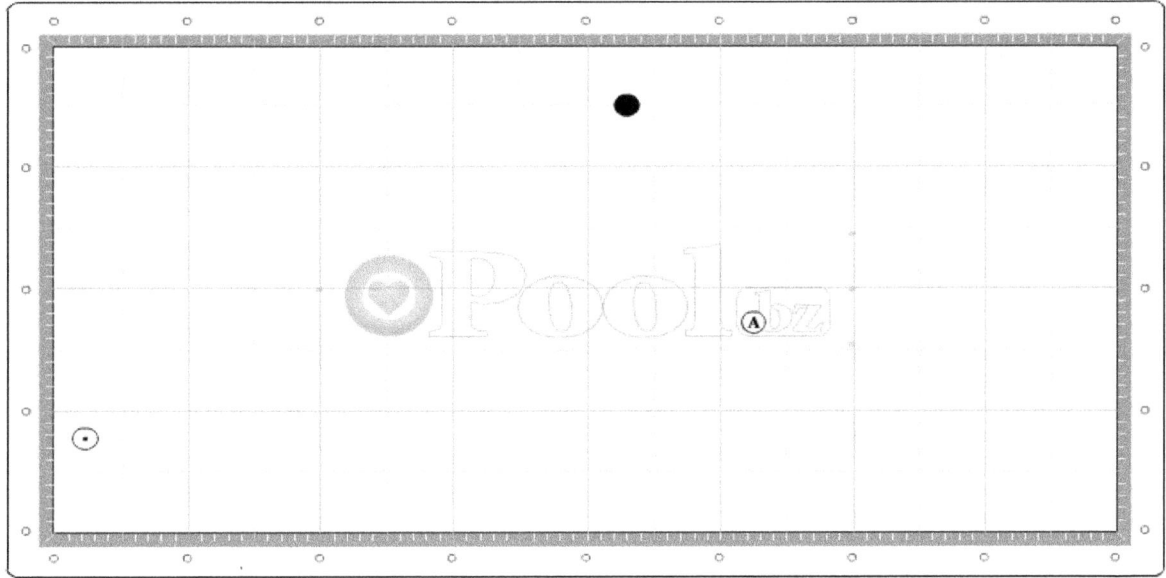

Notater og ideer:

Skudd mønster

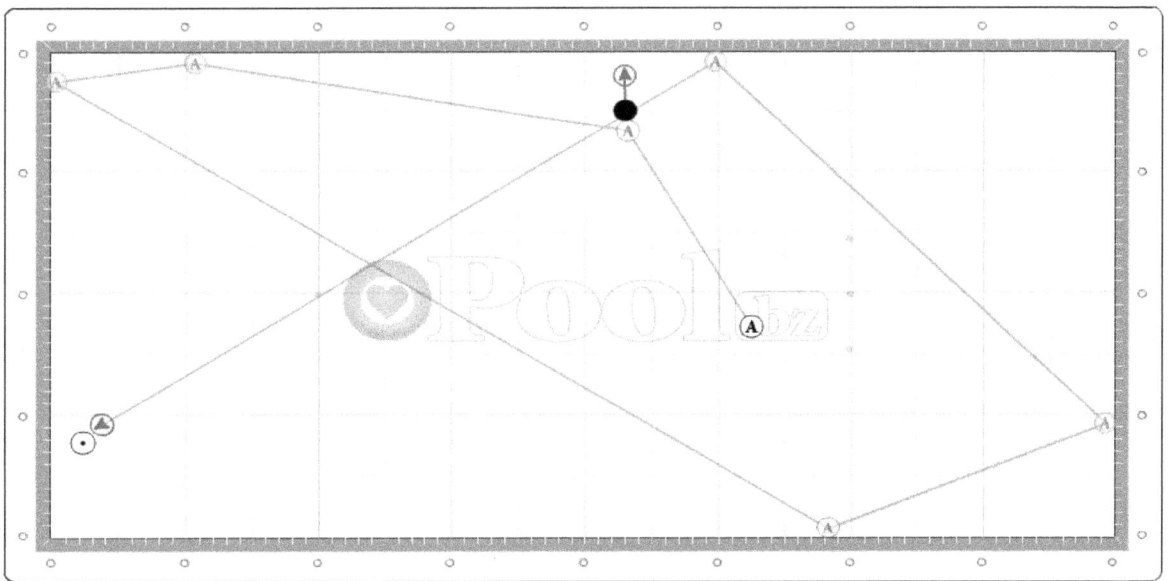

E:4c – Setup

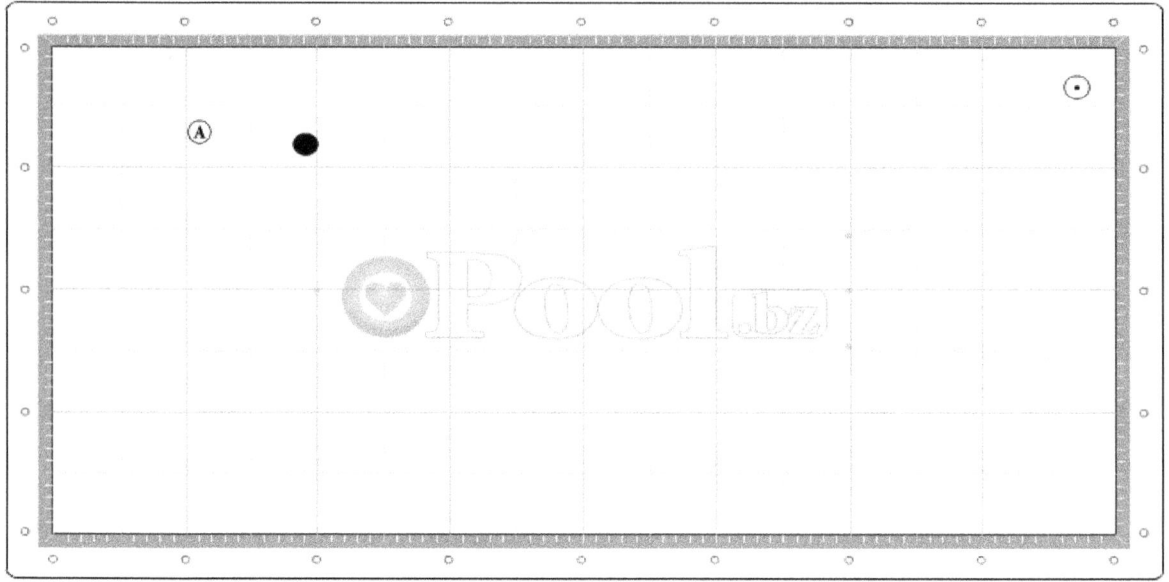

Notater og ideer:

Skudd mønster

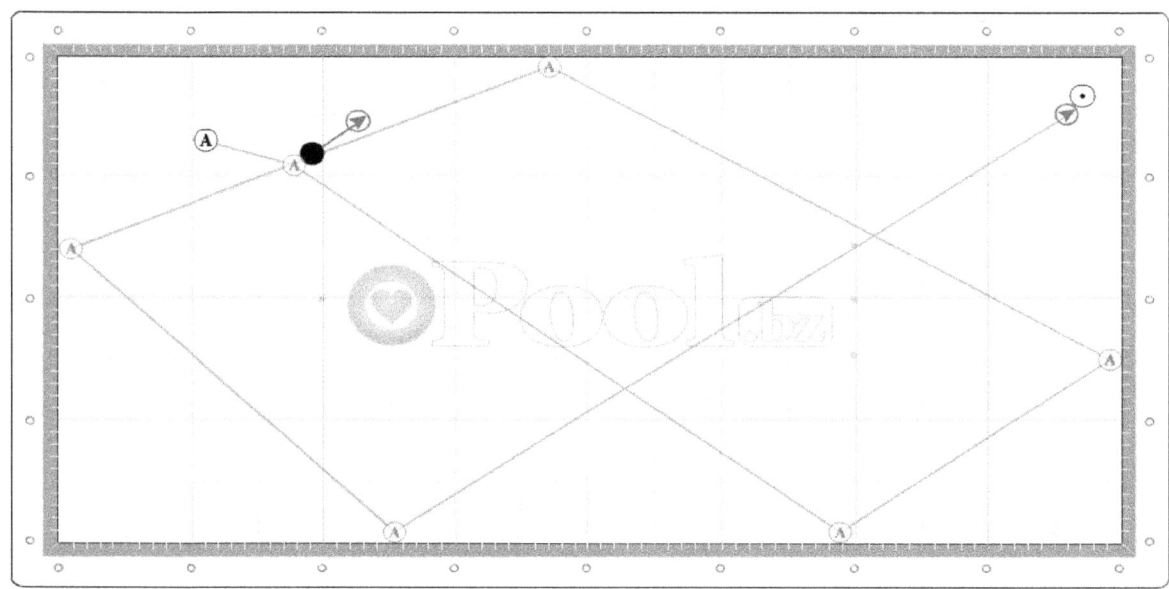

E:4d – Setup

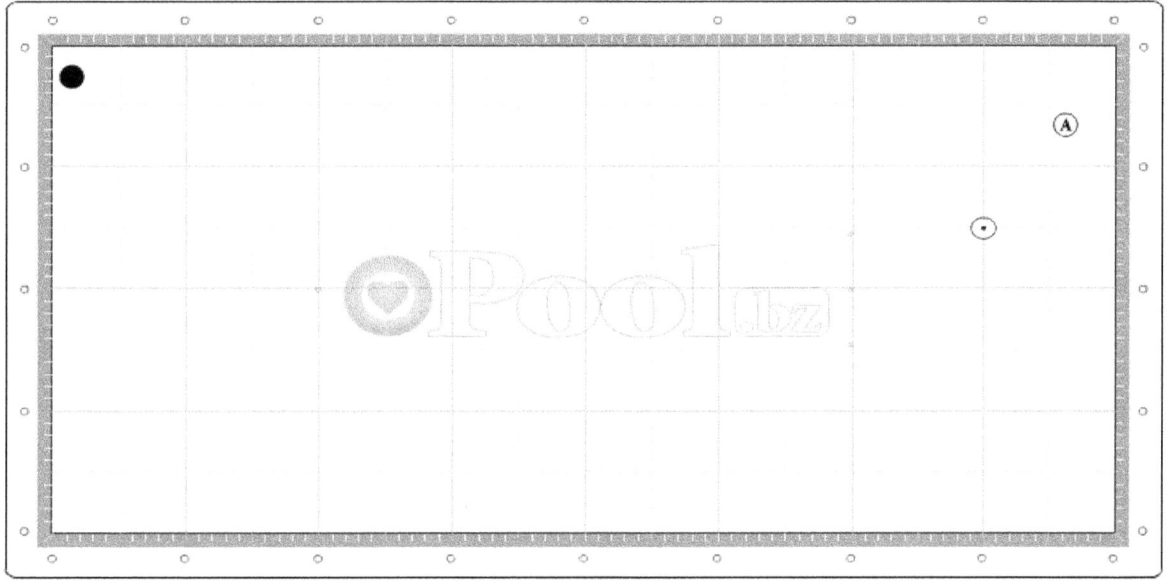

Notater og ideer:

Skudd mønster

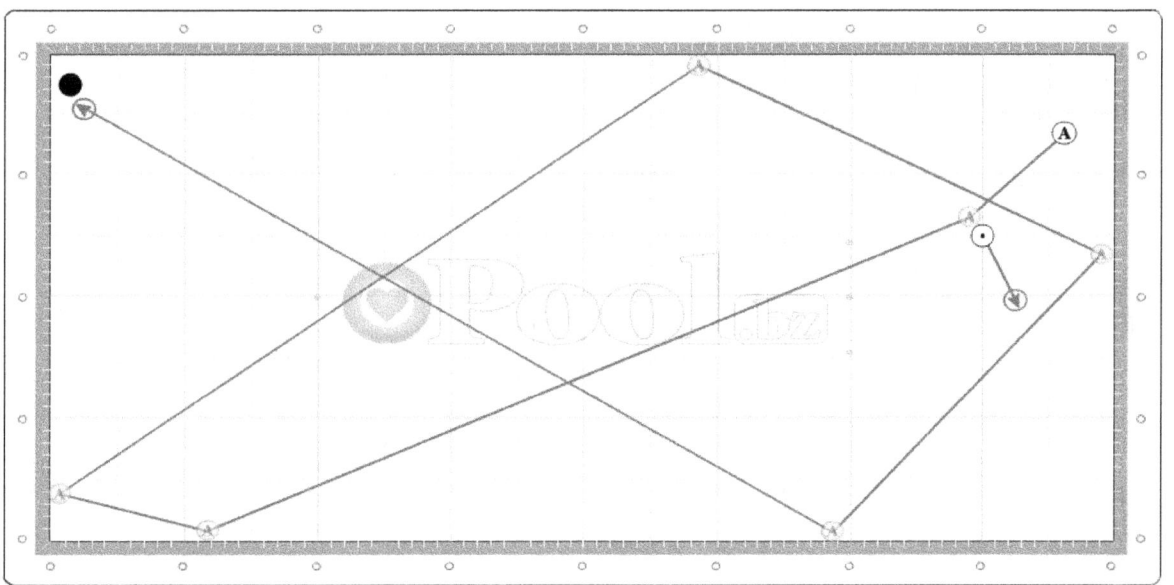

E: Gruppe 5

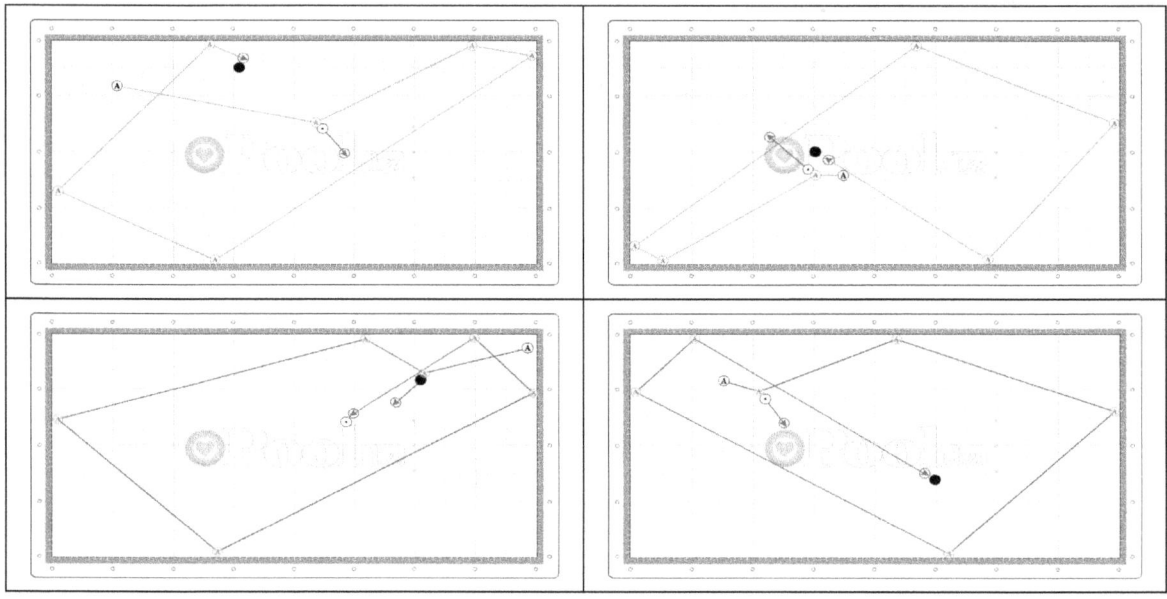

Analyse:

E:5a. _____

E:5b. _____

E:5c. _____

E:5d. _____

E:5a – Setup

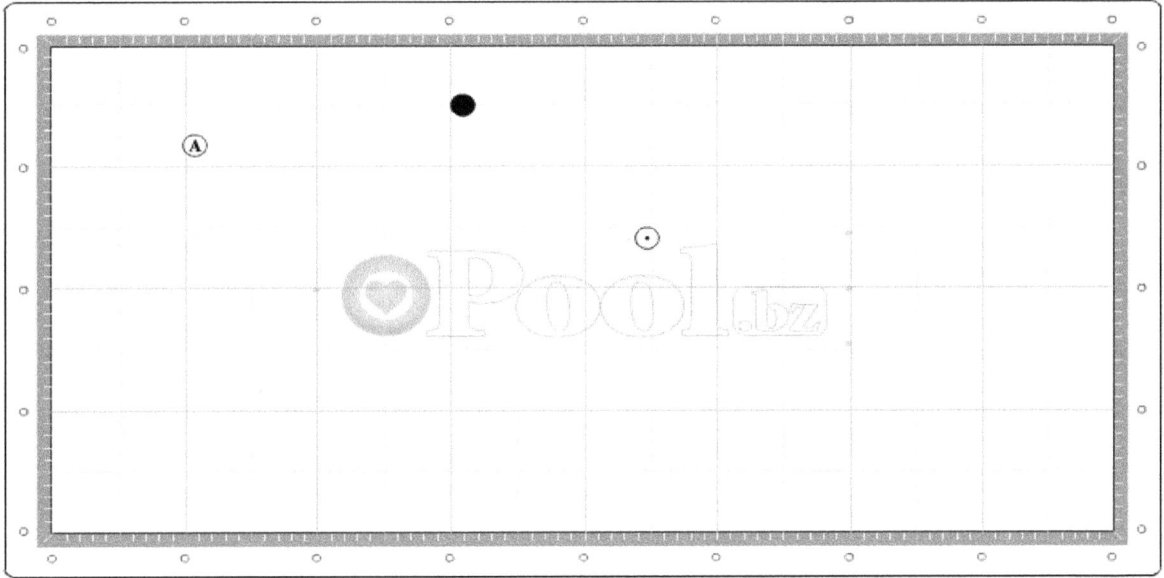

Notater og ideer:

Skudd mønster

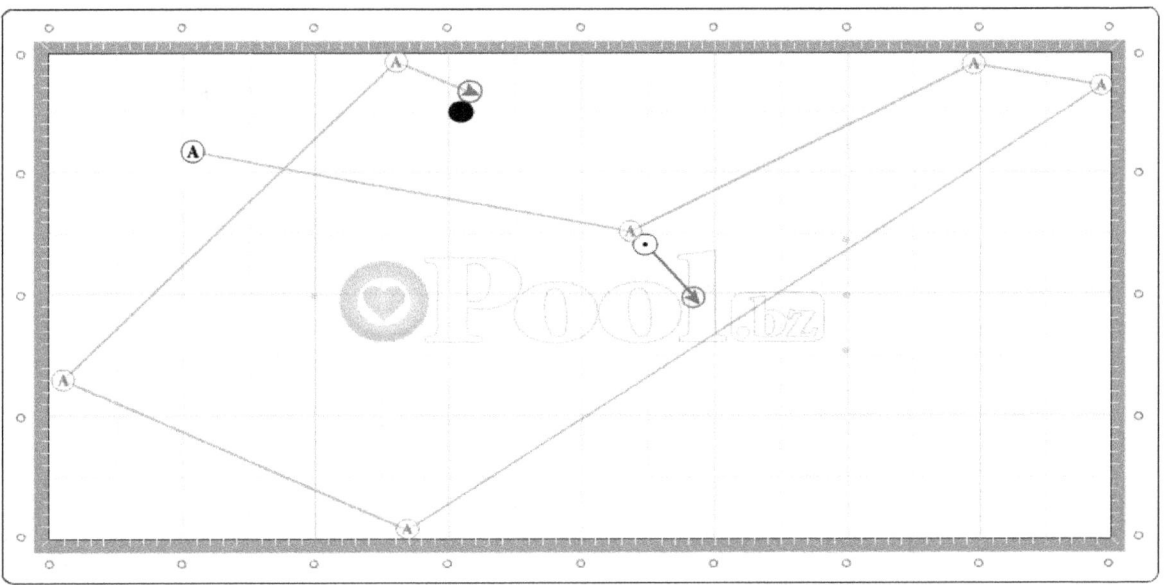

E:5b – Setup

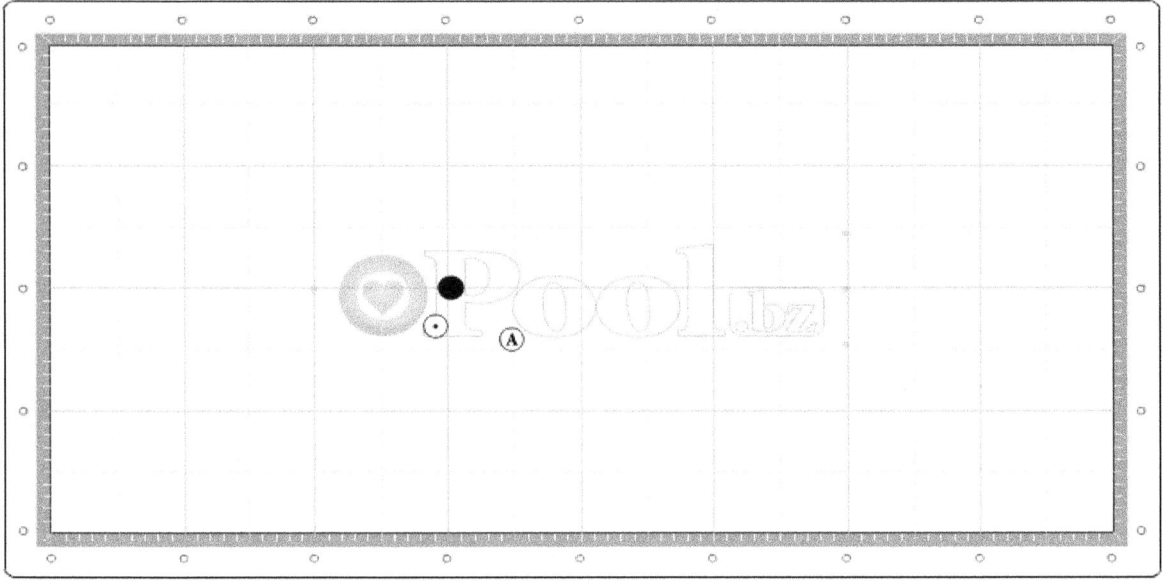

Notater og ideer:

Skudd mønster

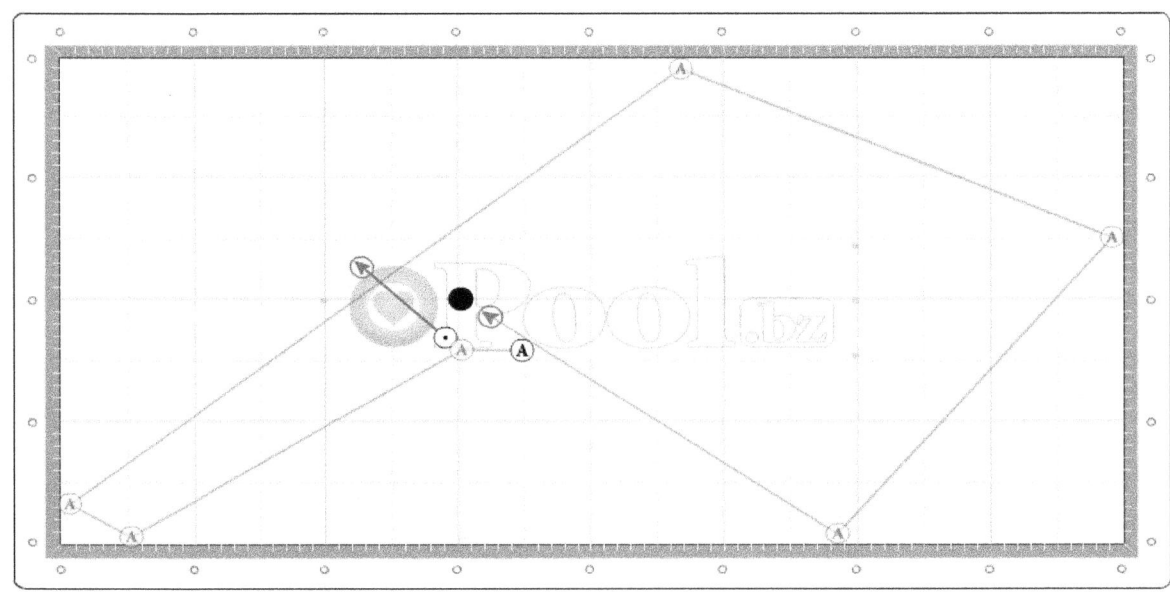

E:5c – Setup

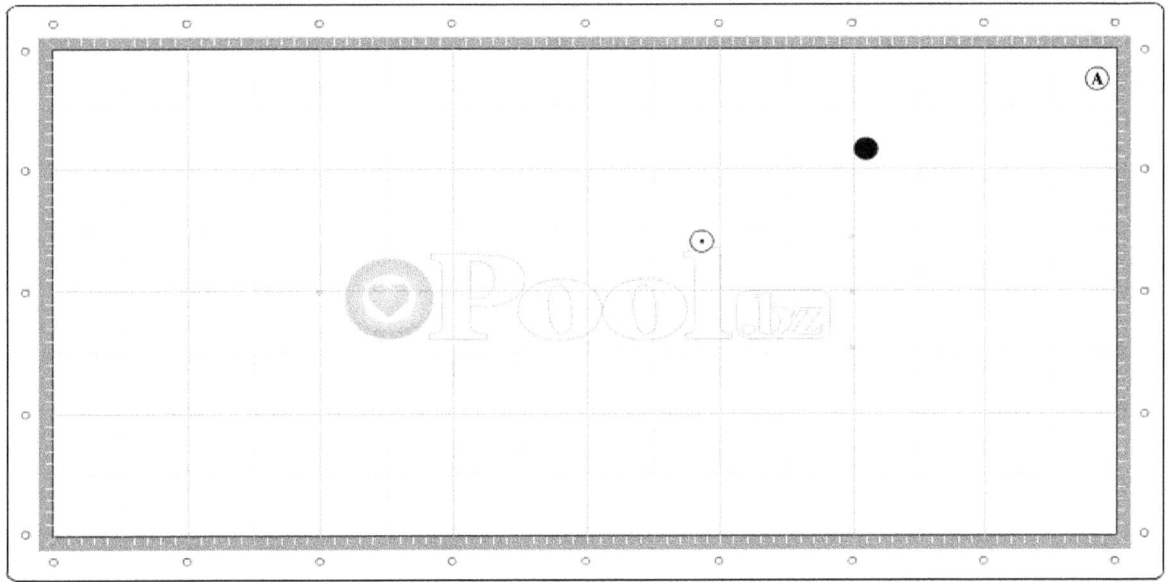

Notater og ideer:

Skudd mønster

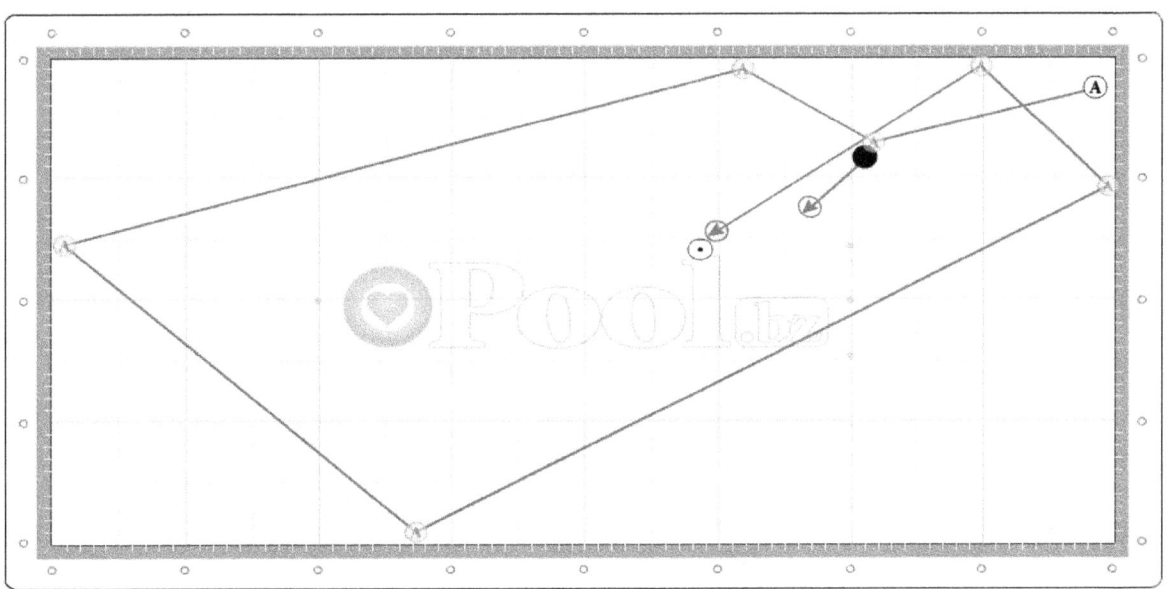

E:5d – Setup

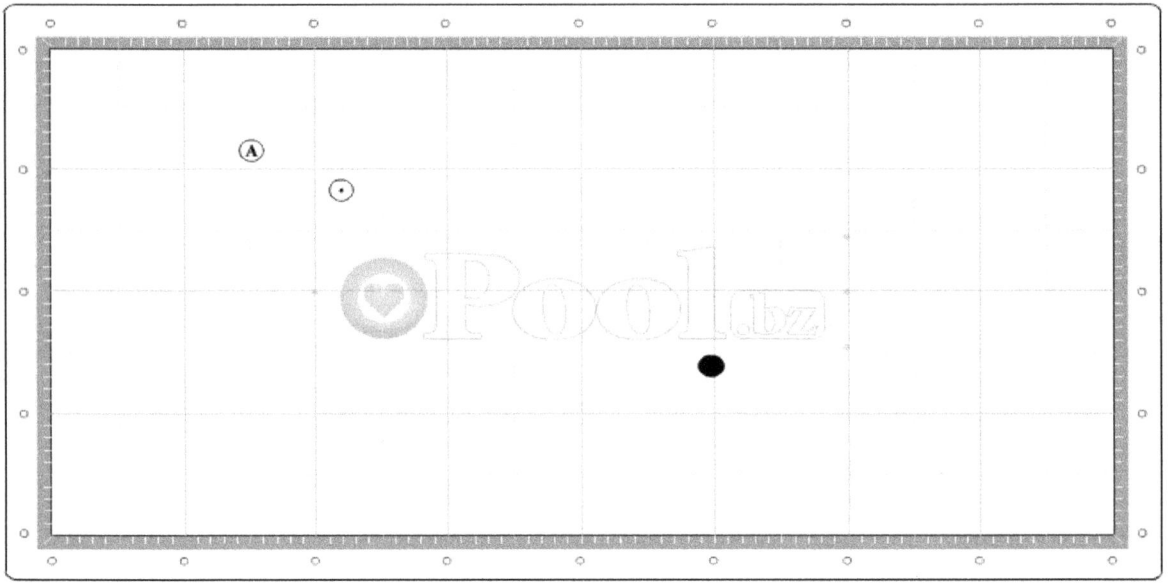

Notater og ideer:

Skudd mønster

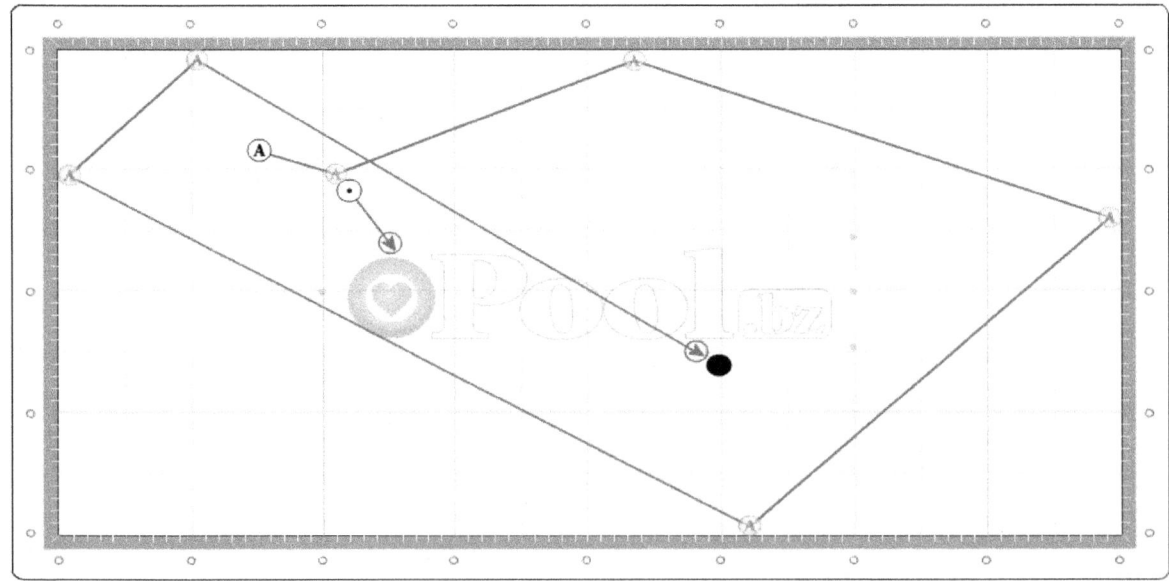

F: Fem vant (kort vant)

Den (CB) kommer av den første (OB) og inn i den korte vant. Den beveger seg rundt bordet i fem påfølgende vant. Først da kobler (CB) seg til den andre (OB).

Ⓐ (CB) (biljardkule) - ◉ (OB) (motstander billiardball) - ● (OB) (rød biljardball)

F: Gruppe 1

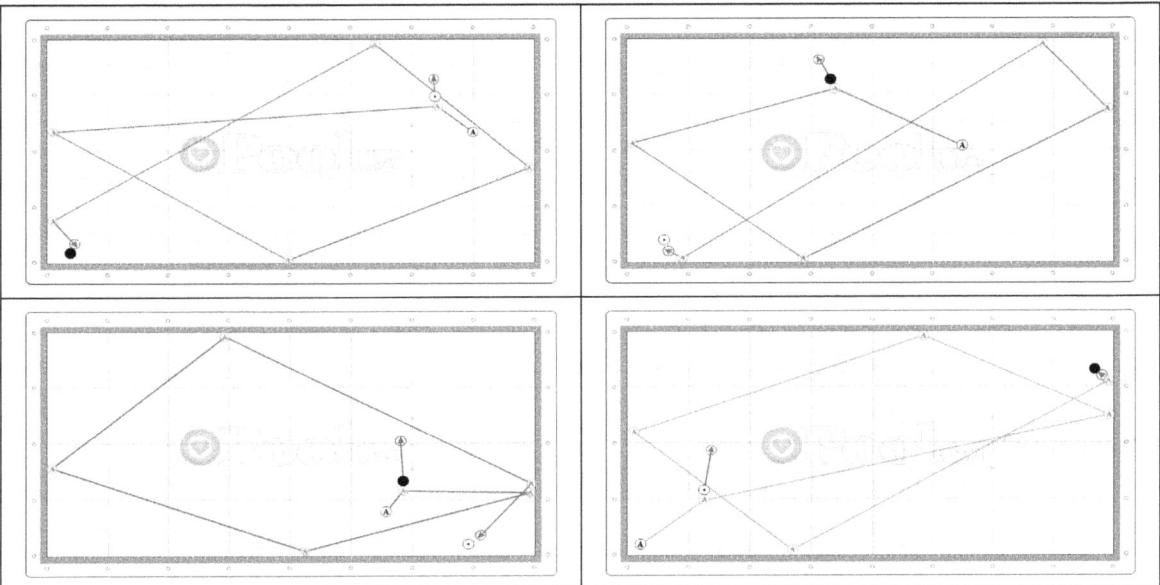

Analyse:

F:1a. _____

F:1b. _____

F:1c. _____

F:1d. _____

F:1a – Setup

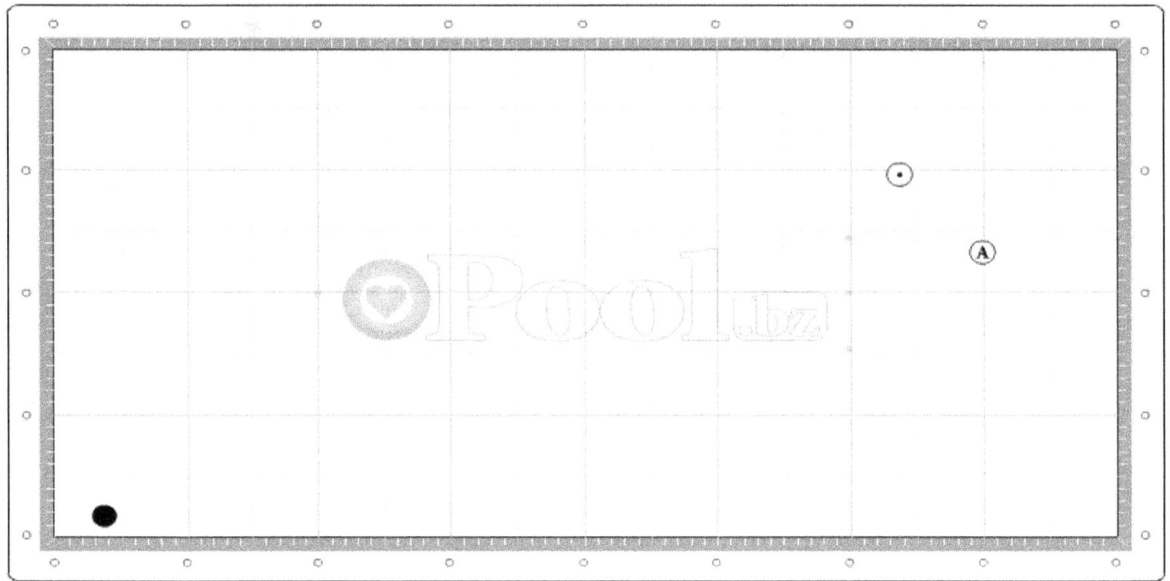

Notater og ideer:

Skudd mønster

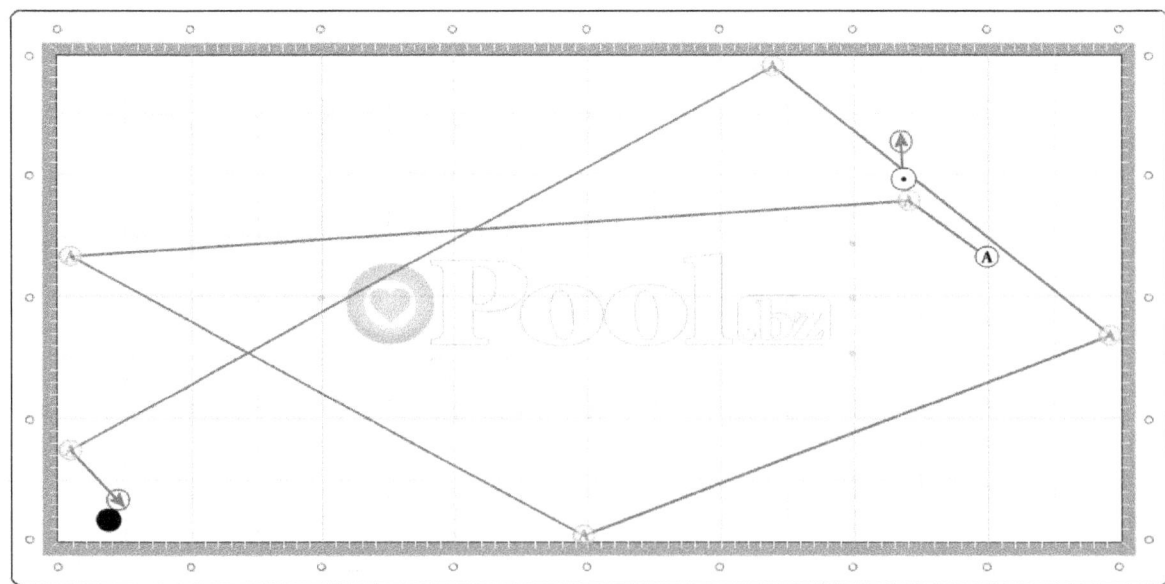

F:1b – Setup

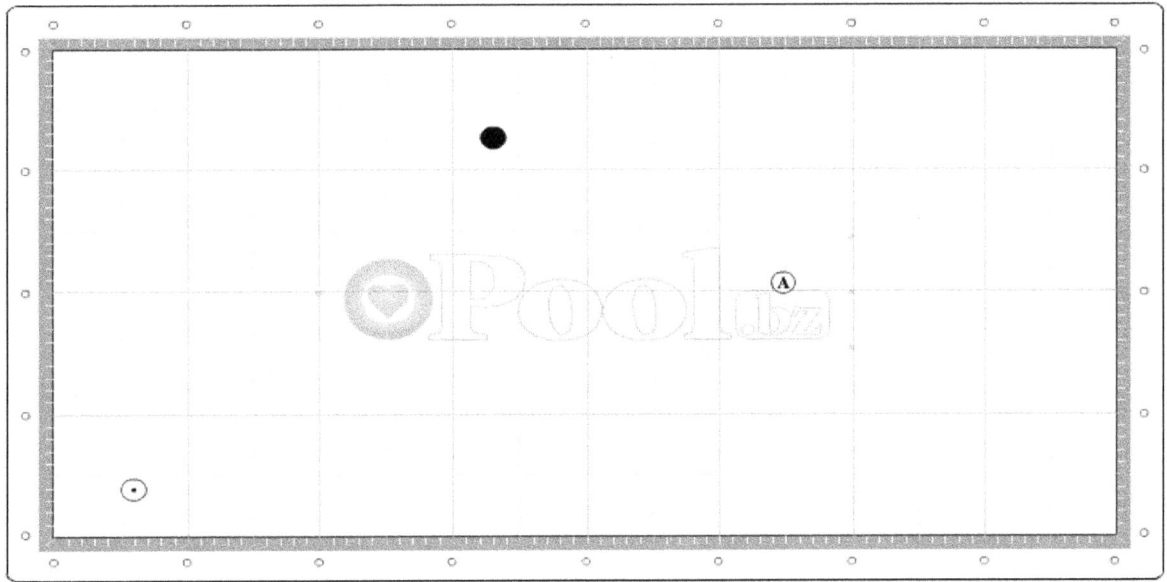

Notater og ideer:

Skudd mønster

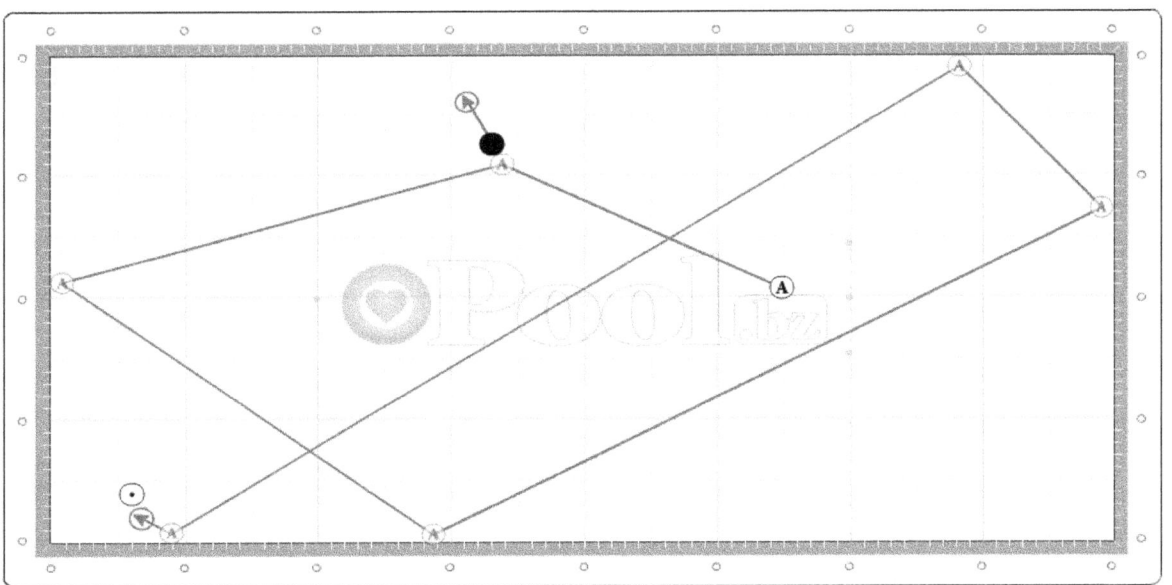

F:1c – Setup

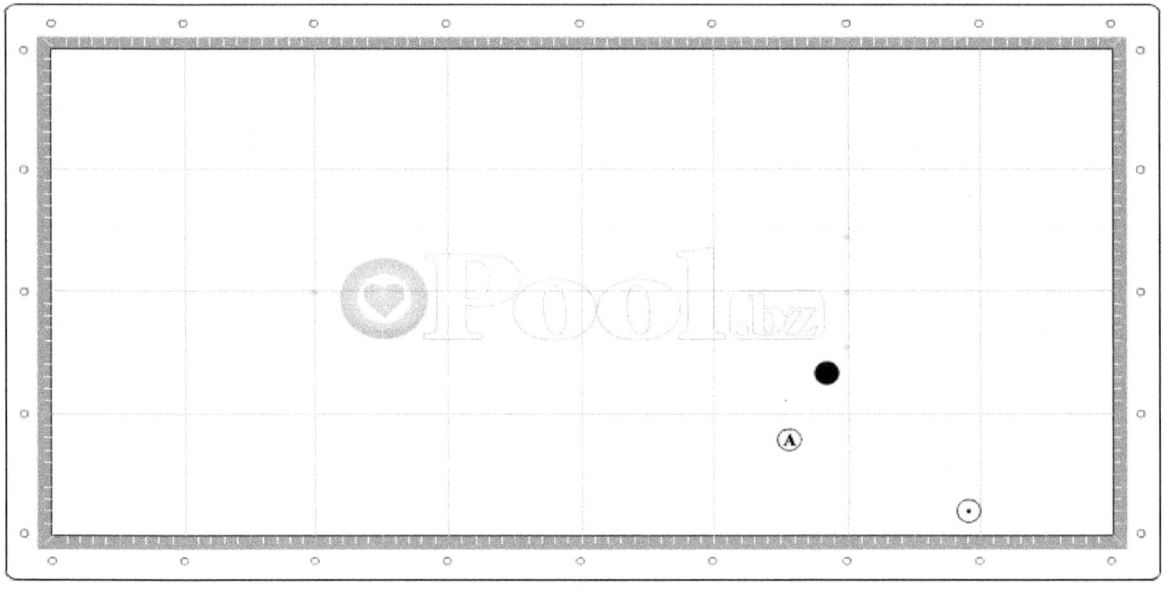

Notater og ideer:

Skudd mønster

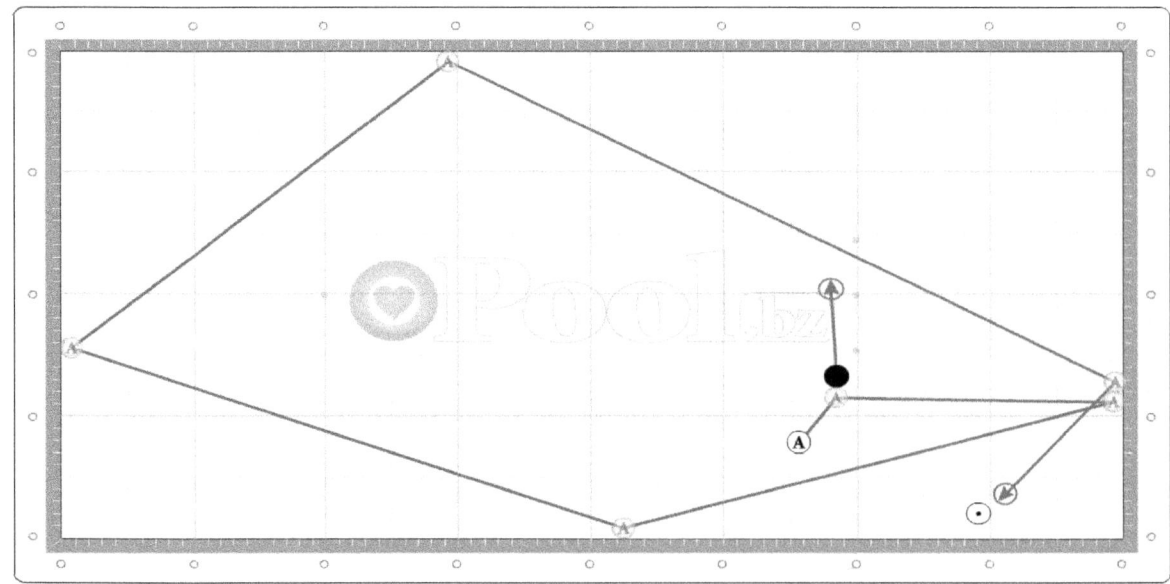

F:1d – Setup

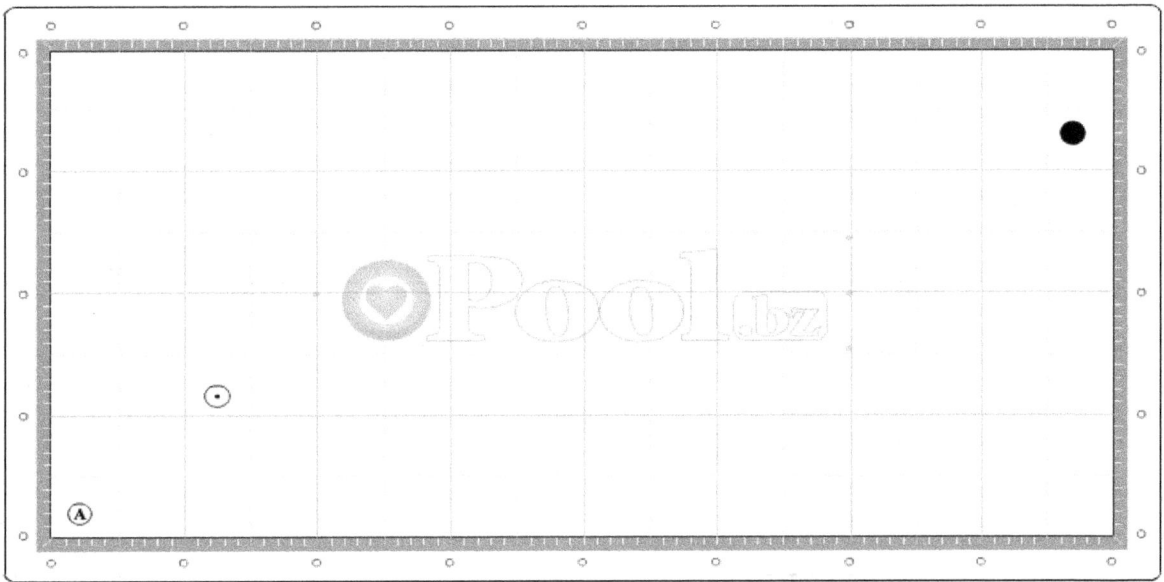

Notater og ideer:

Skudd mønster

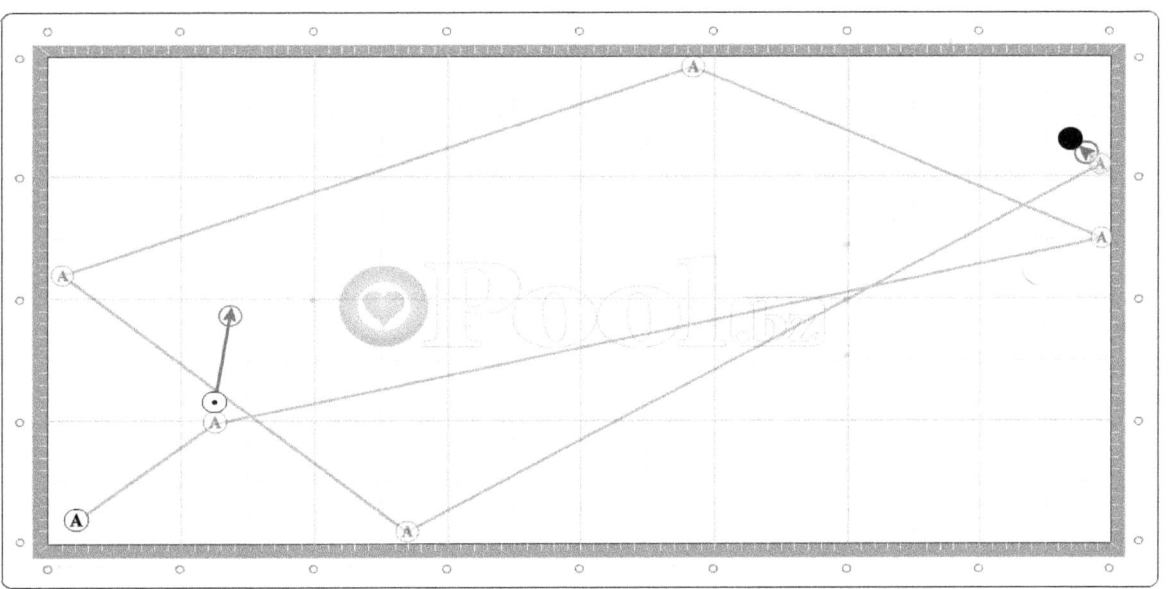

F: Gruppe 2

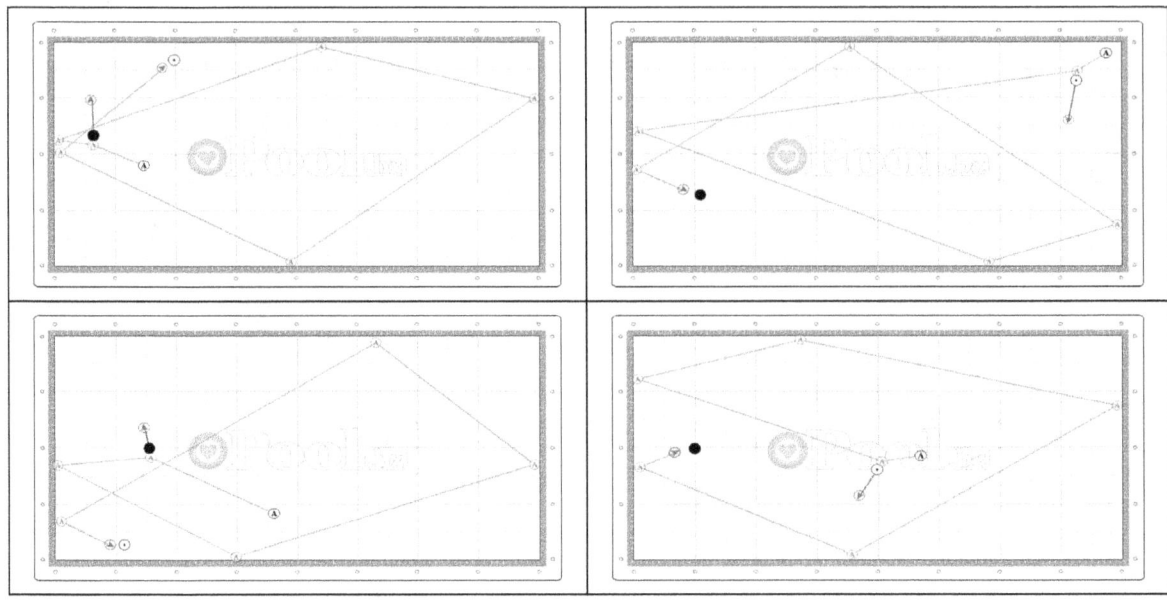

Analyse:

F:2a. _____

F:2b. _____

F:2c. _____

F:2d. _____

F:2a – Setup

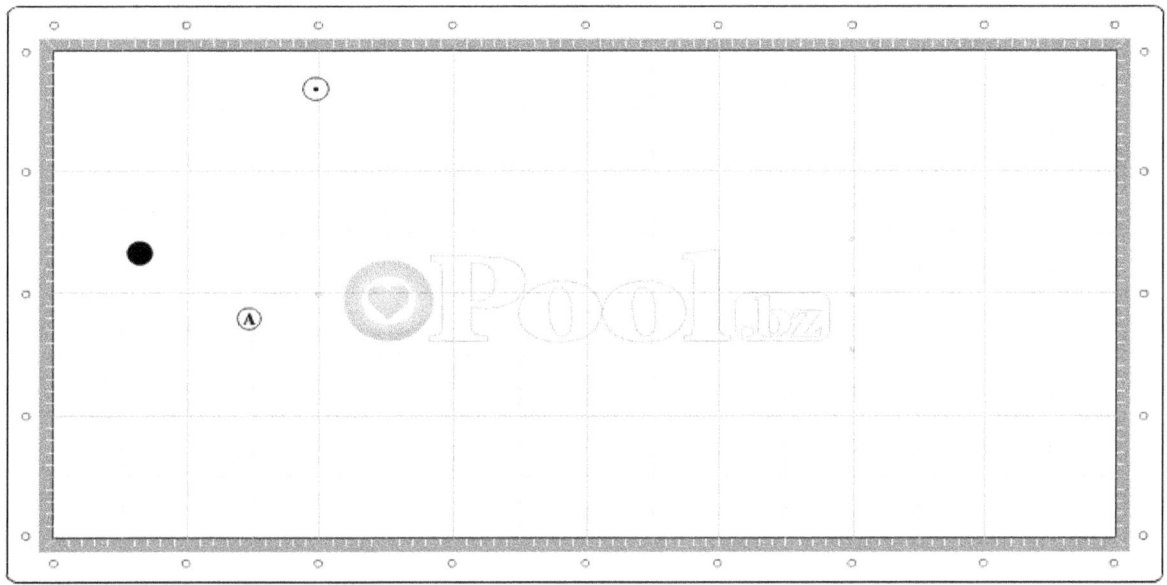

Notater og ideer:

Skudd mønster

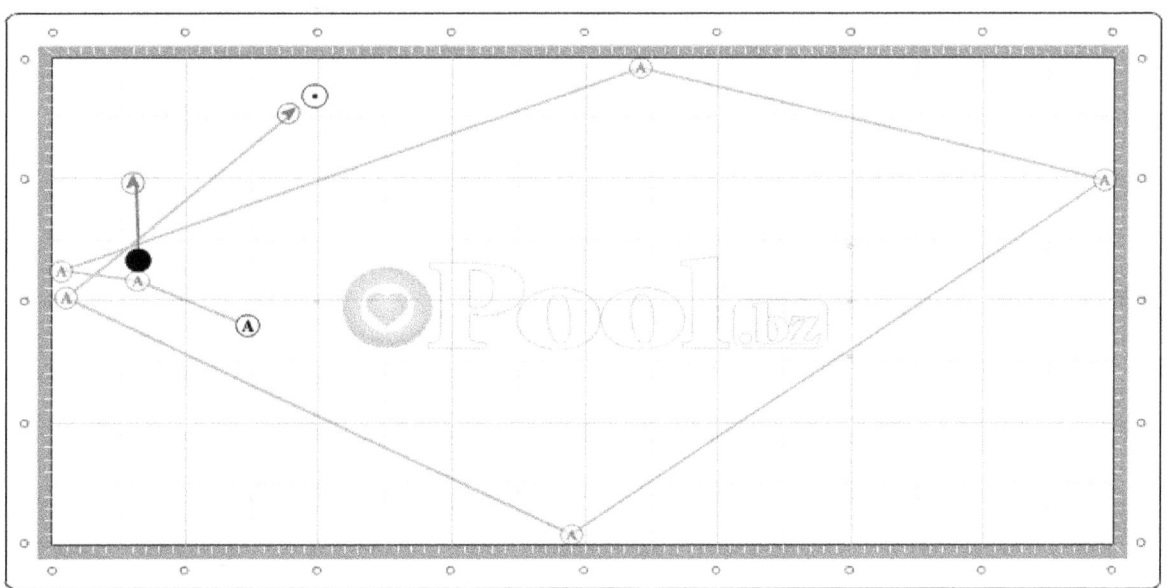

F:2b – Setup

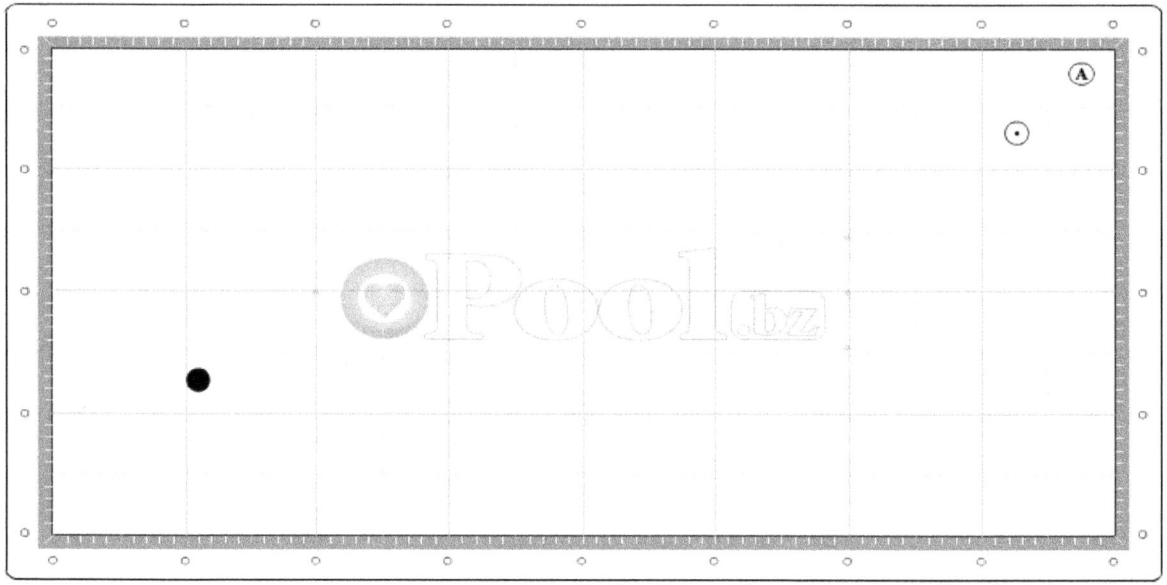

Notater og ideer:

Skudd mønster

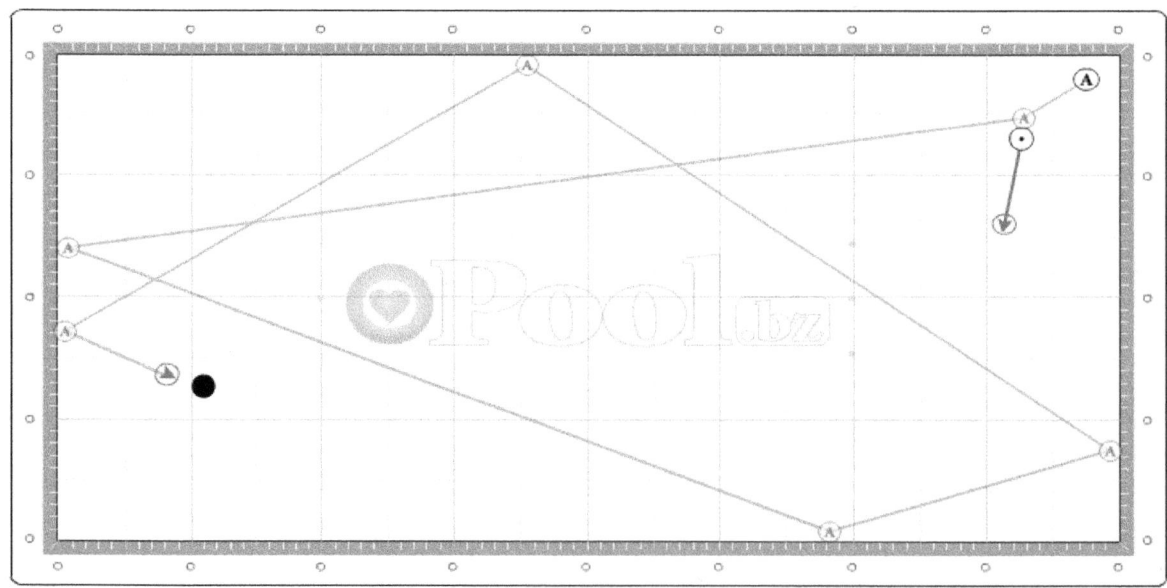

F:2c – Setup

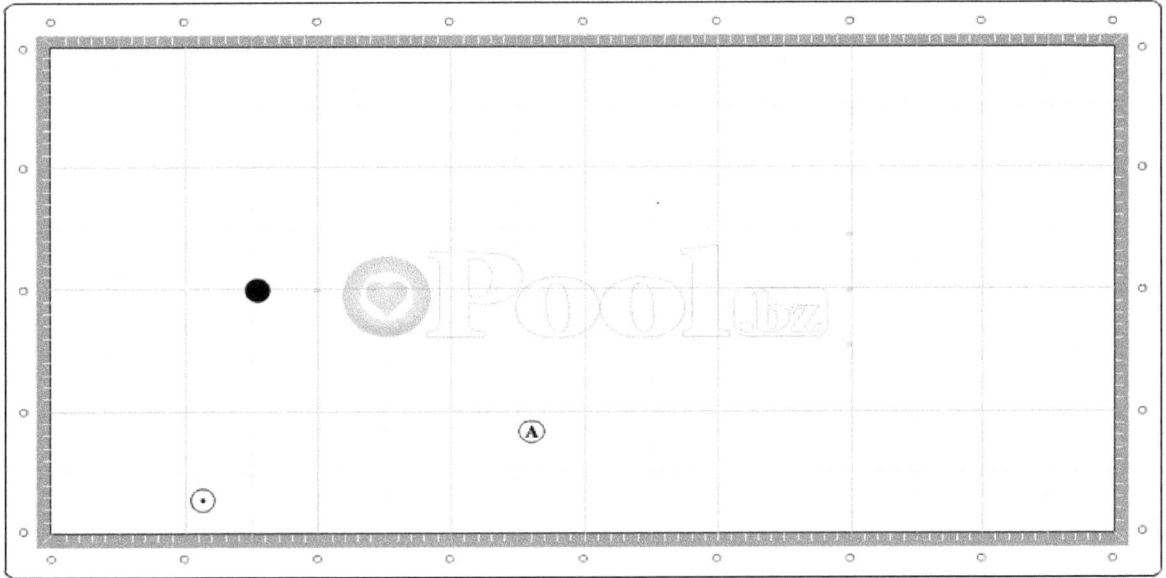

Notater og ideer:

Skudd mønster

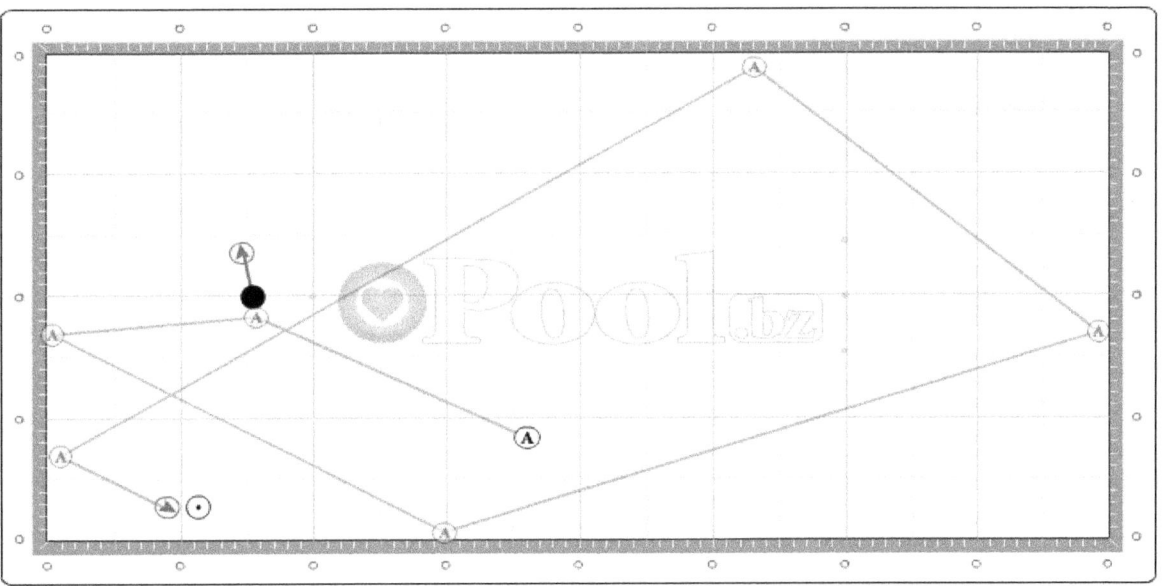

F:2d – Setup

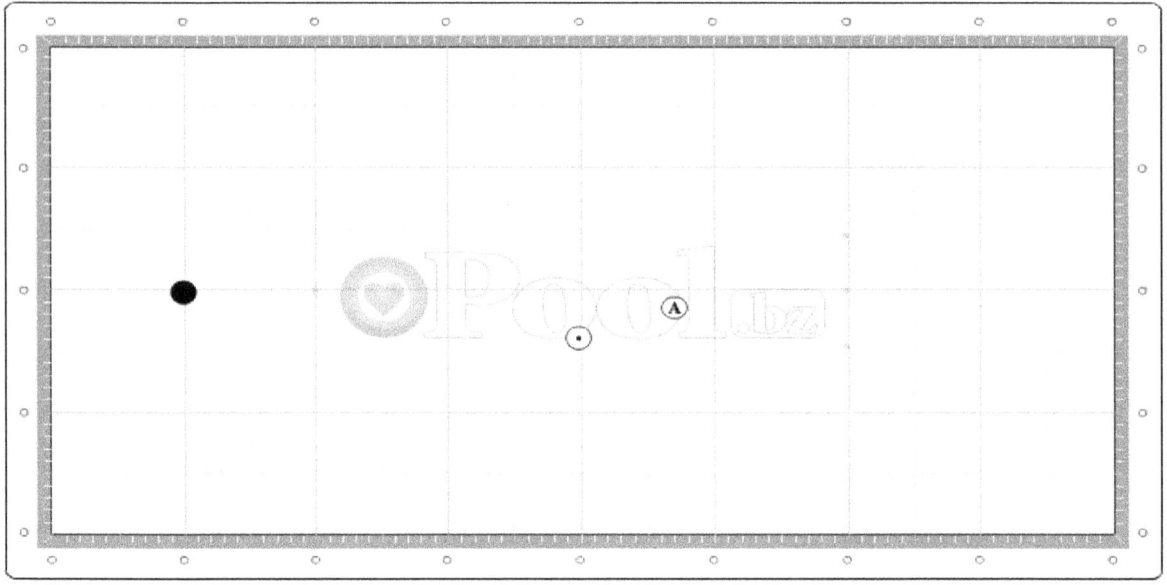

Notater og ideer:

Skudd mønster

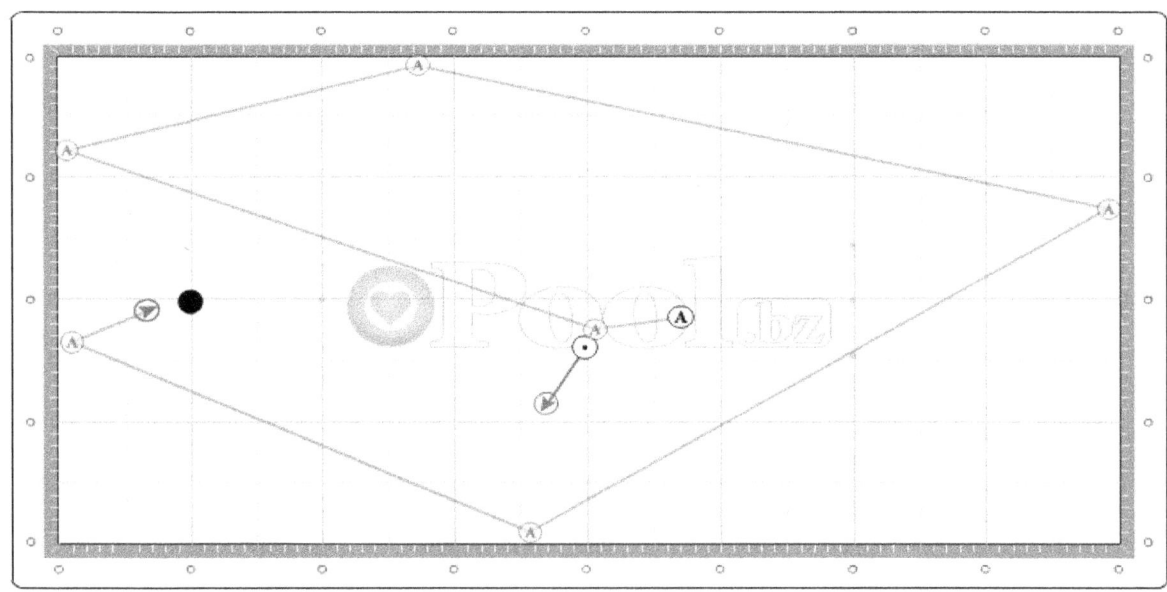

G: 6+ vant (lang vant)

Den (CB) kommer av den første (OB) og inn i den lange vant. Den reiser da rundt bordet i minst seks vant (noen ganger syv).

Ⓐ (CB) (biljardkule) - ⊙ (OB) (motstander billiardball) - ● (OB) (rød biljardball)

G: Gruppe 1

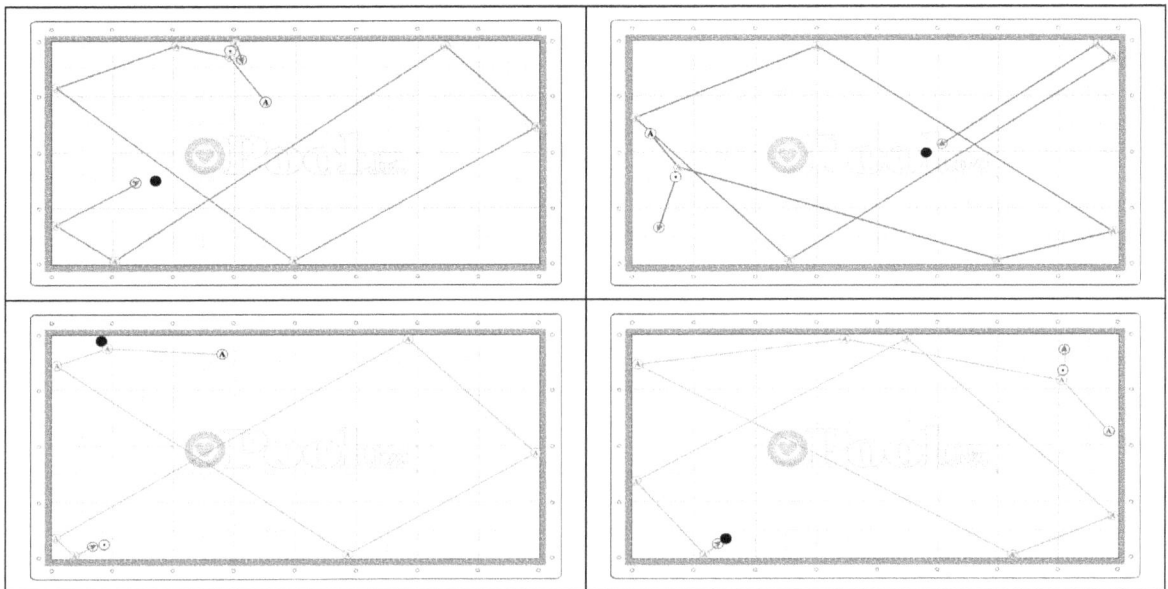

Analyse:

G:1a. _____

G:1b. _____

G:1c. _____

G:1d. _____

G:1a – Setup

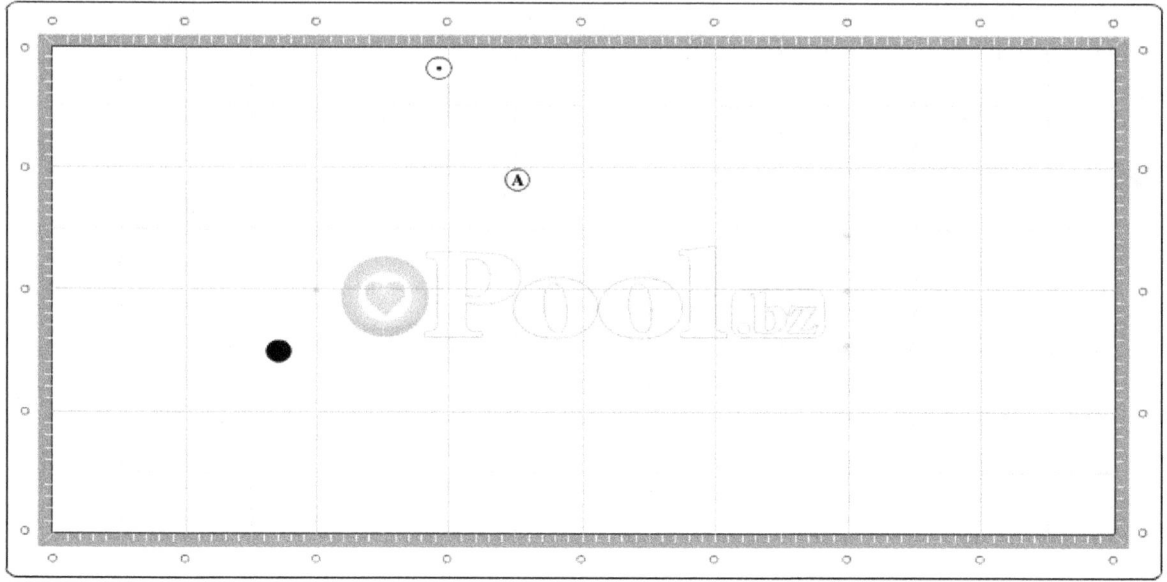

Notater og ideer:

Skudd mønster

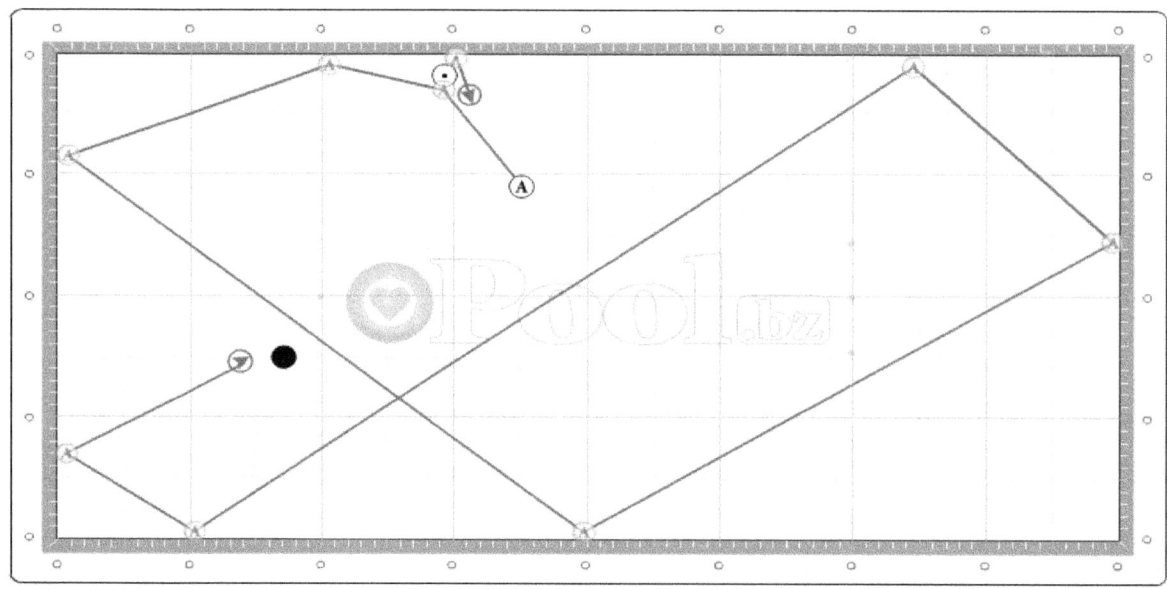

G:1b – Setup

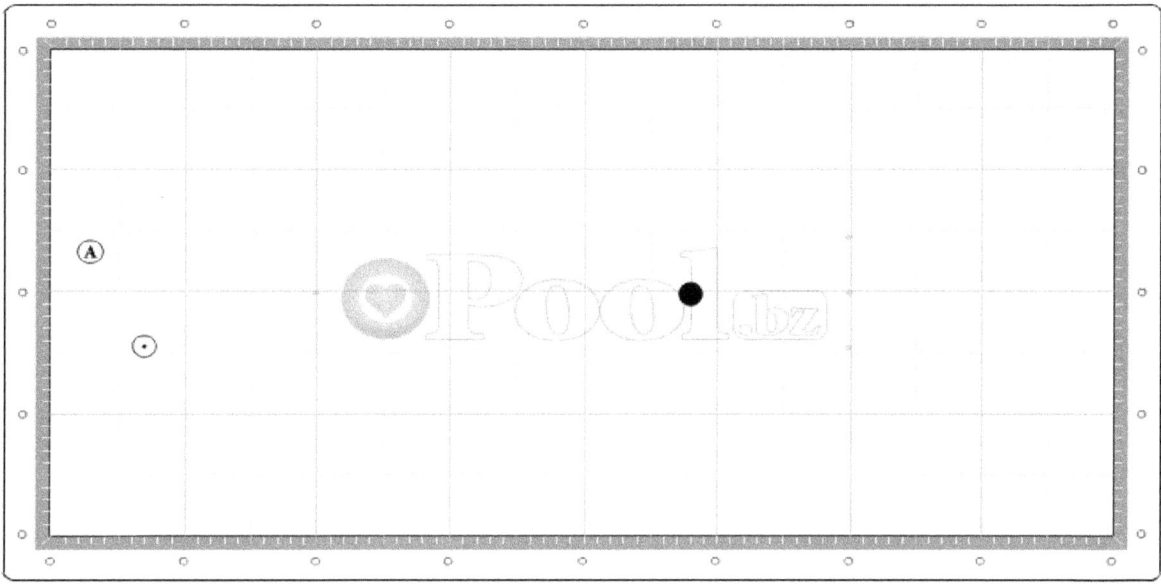

Notater og ideer:

Skudd mønster

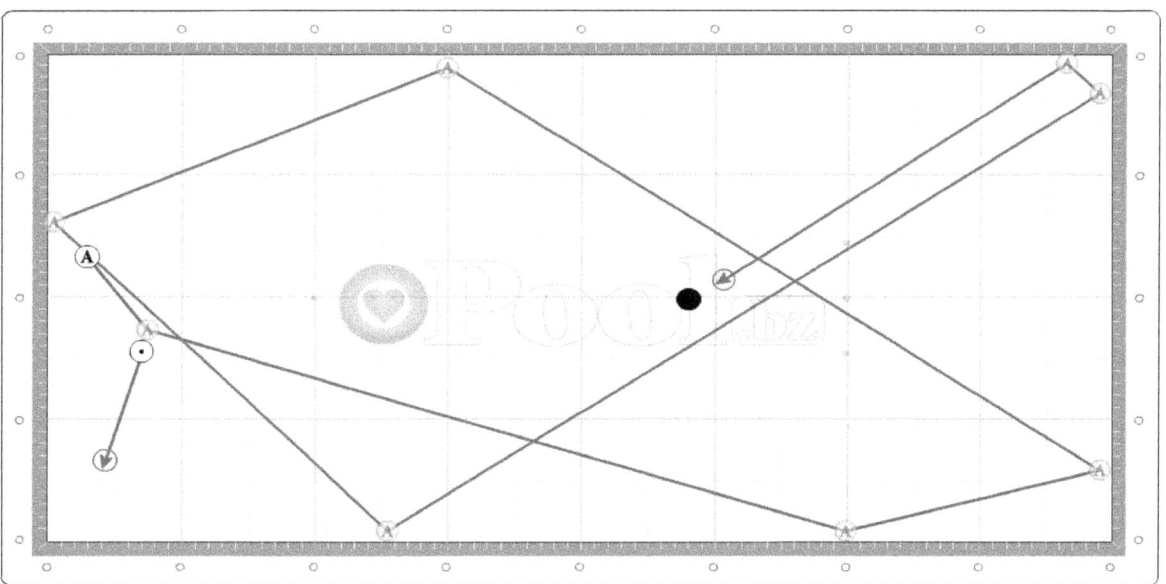

G:1c – Setup

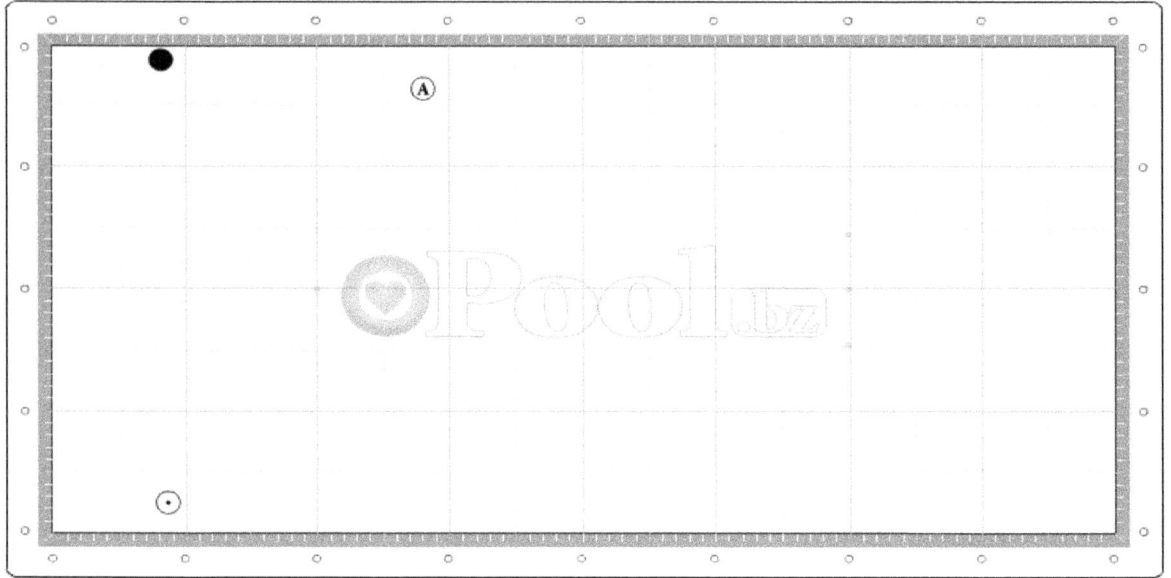

Notater og ideer:

Skudd mønster

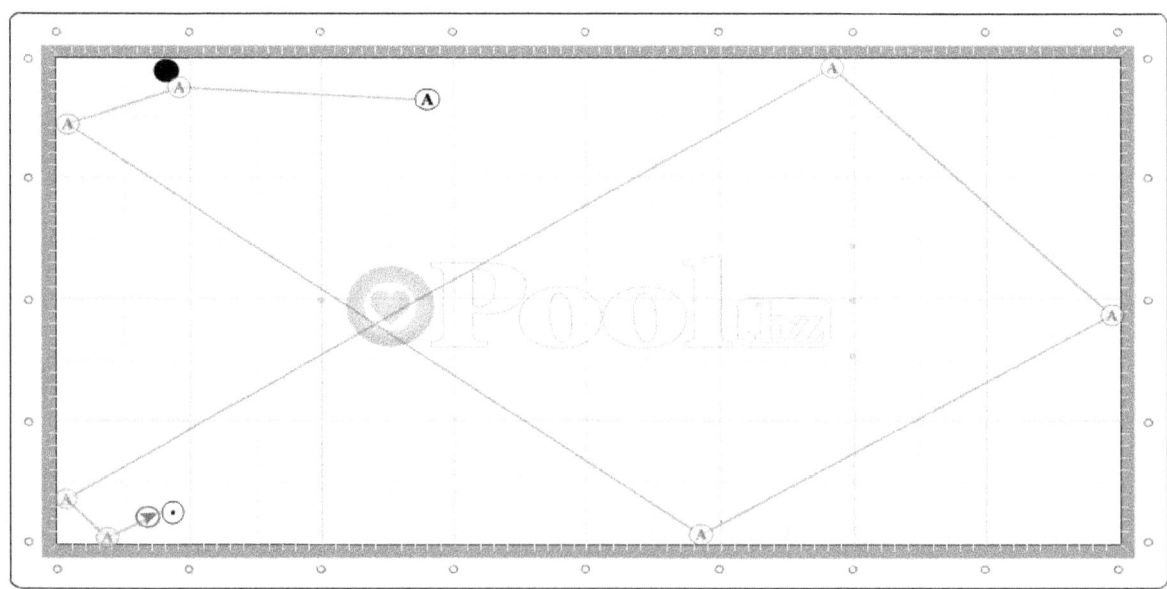

G:1d – Setup

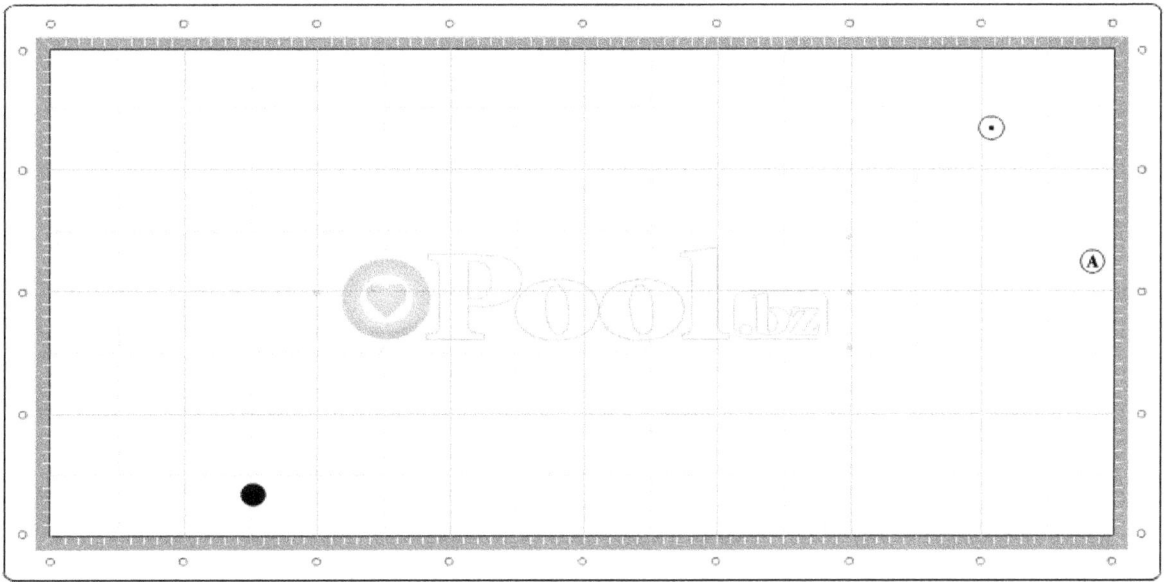

Notater og ideer:

Skudd mønster

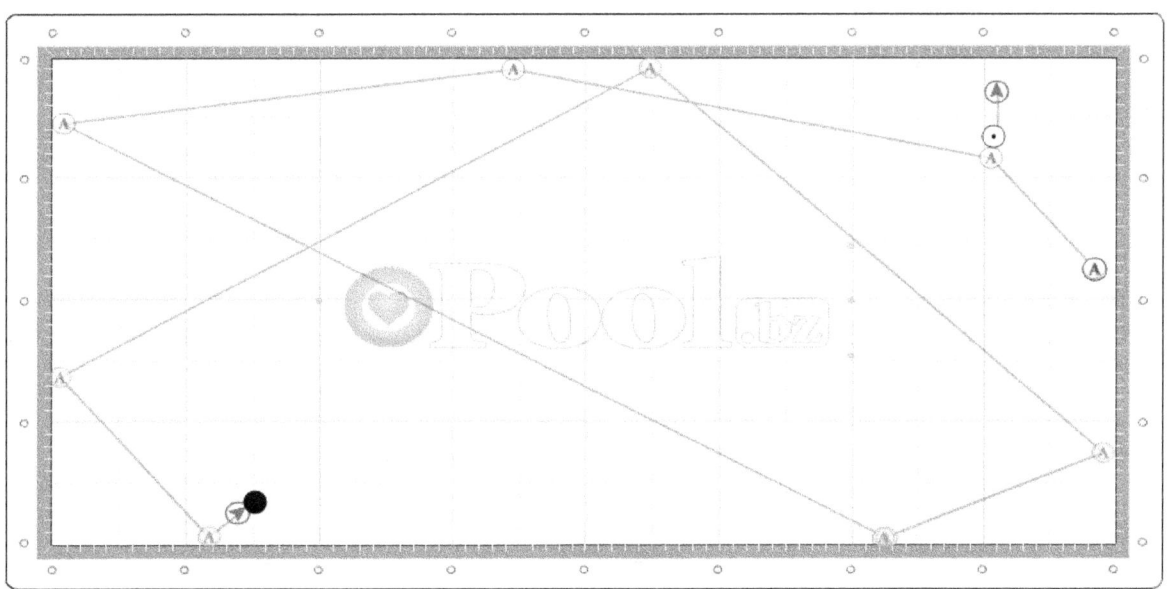

G: Gruppe 2

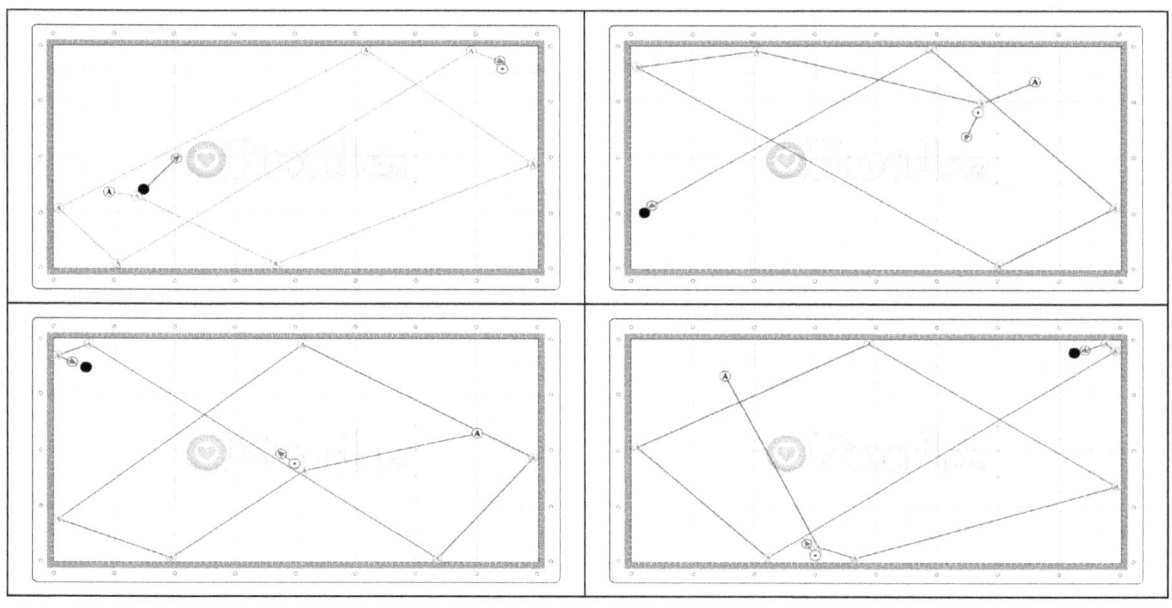

Analyse:

G:2a. _____

G:2b. _____

G:2c. _____

G:2d. _____

G:2a – Setup

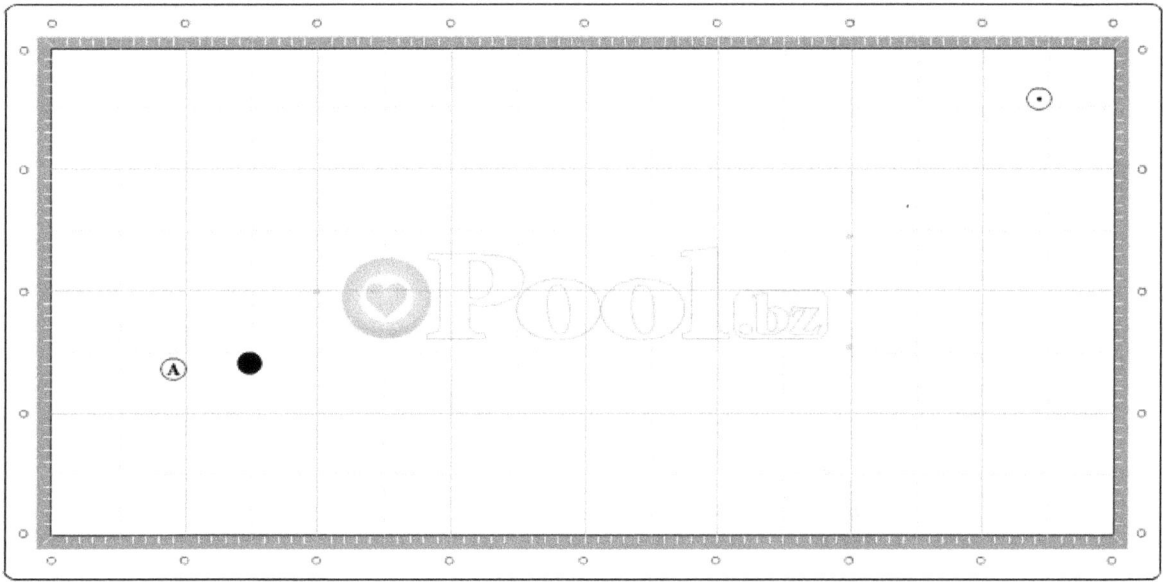

Notater og ideer:

Skudd mønster

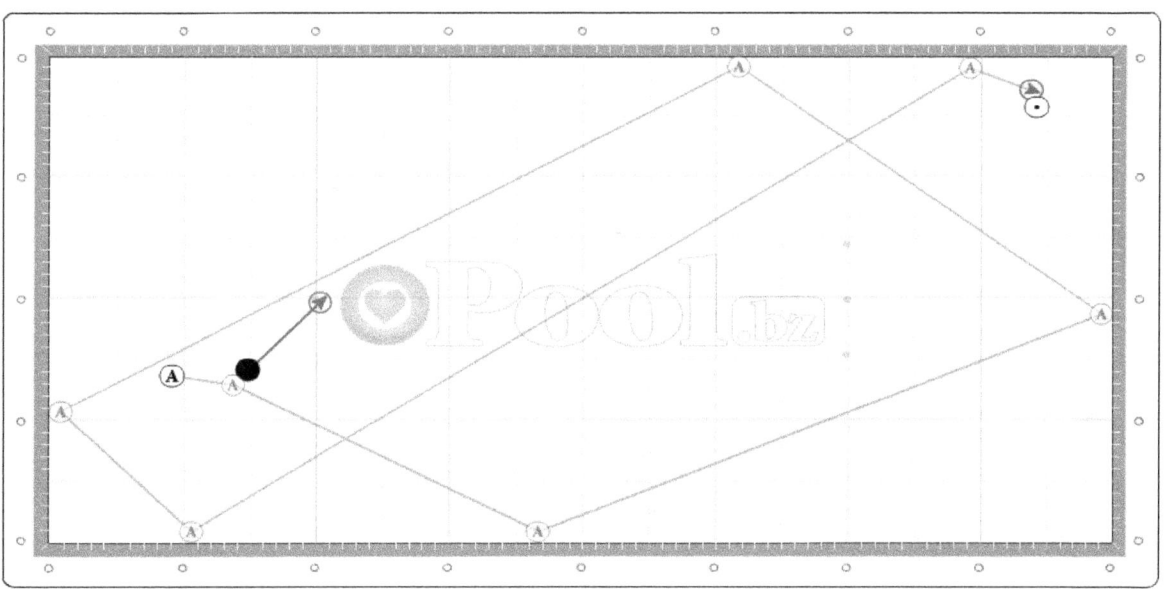

G:2b – Setup

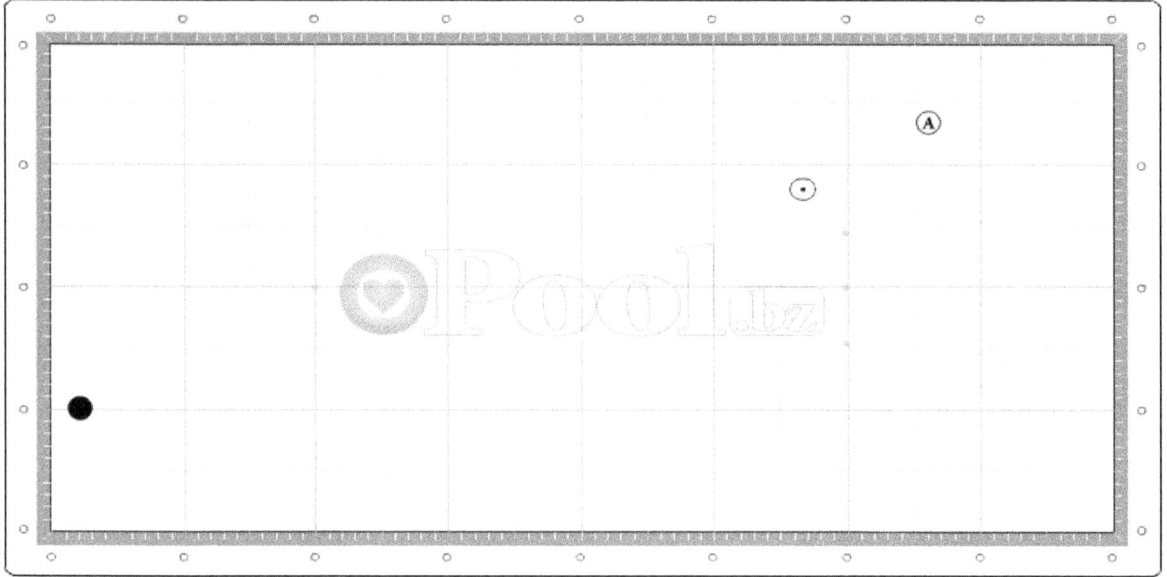

Notater og ideer:

Skudd mønster

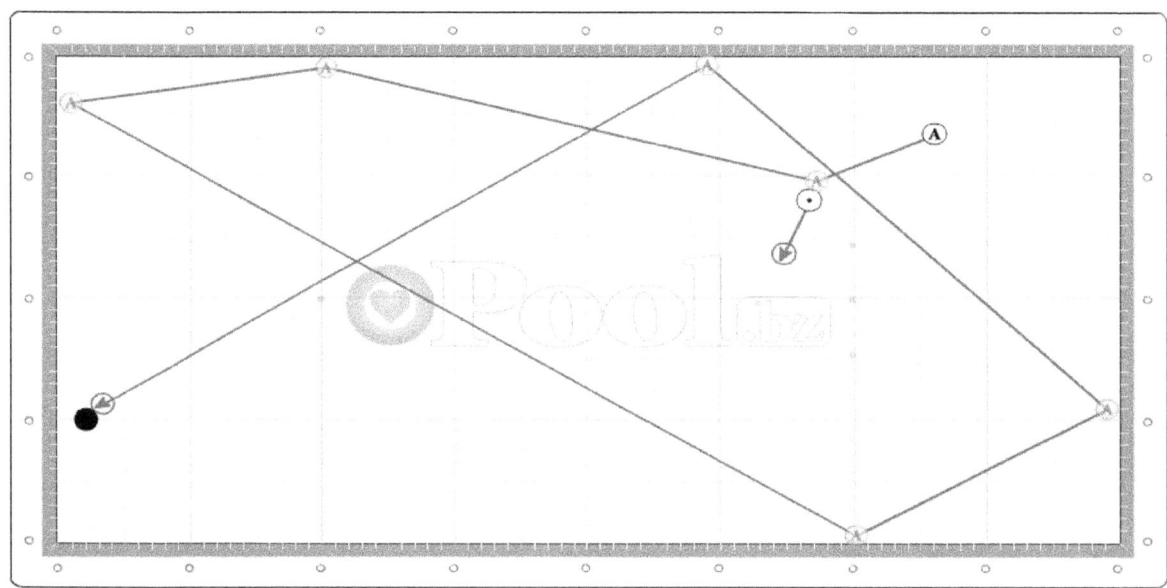

G:2c – Setup

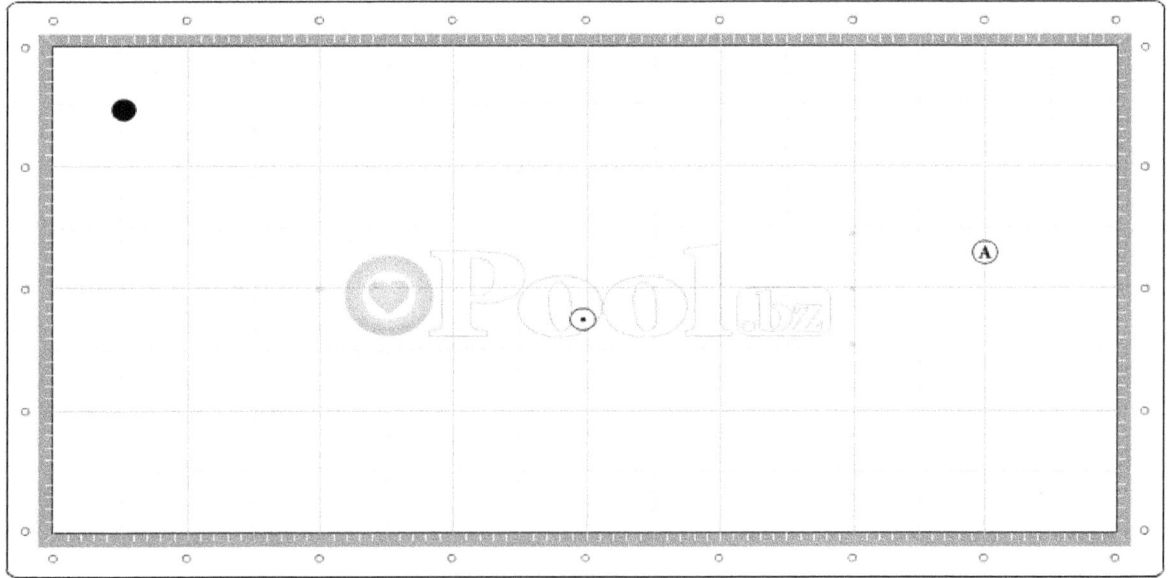

Notater og ideer:

Skudd mønster

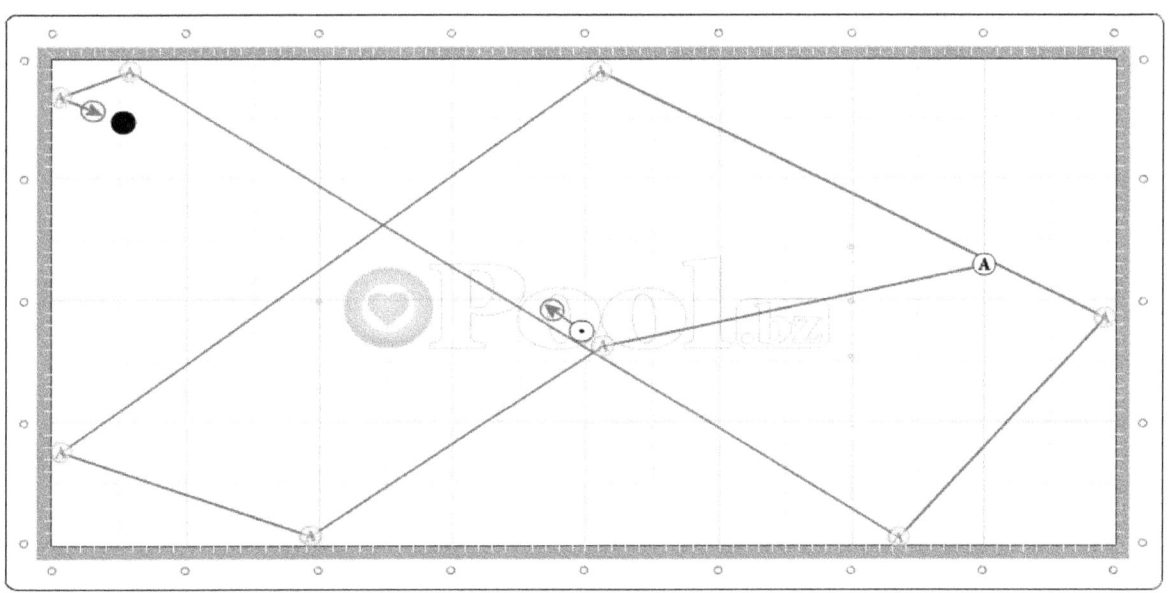

G:2d – Setup

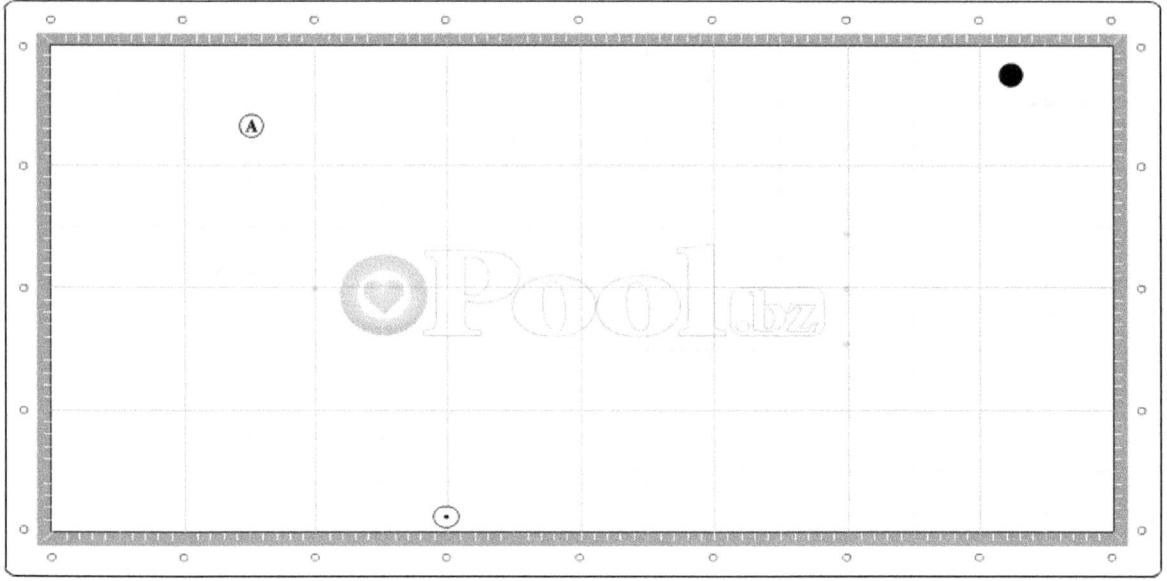

Notater og ideer:

Skudd mønster

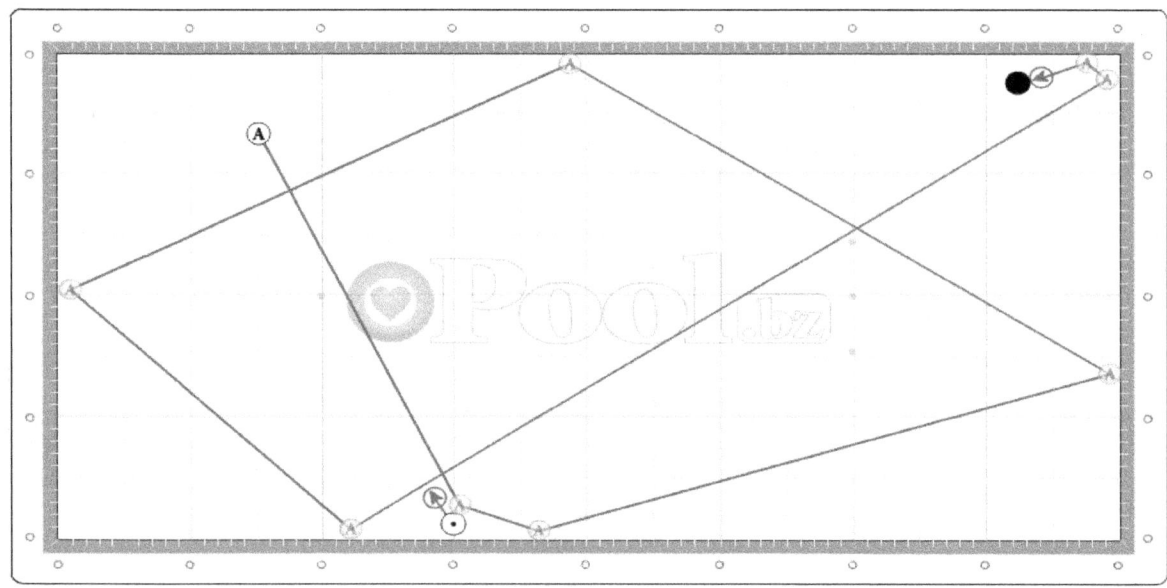

G: Gruppe 3

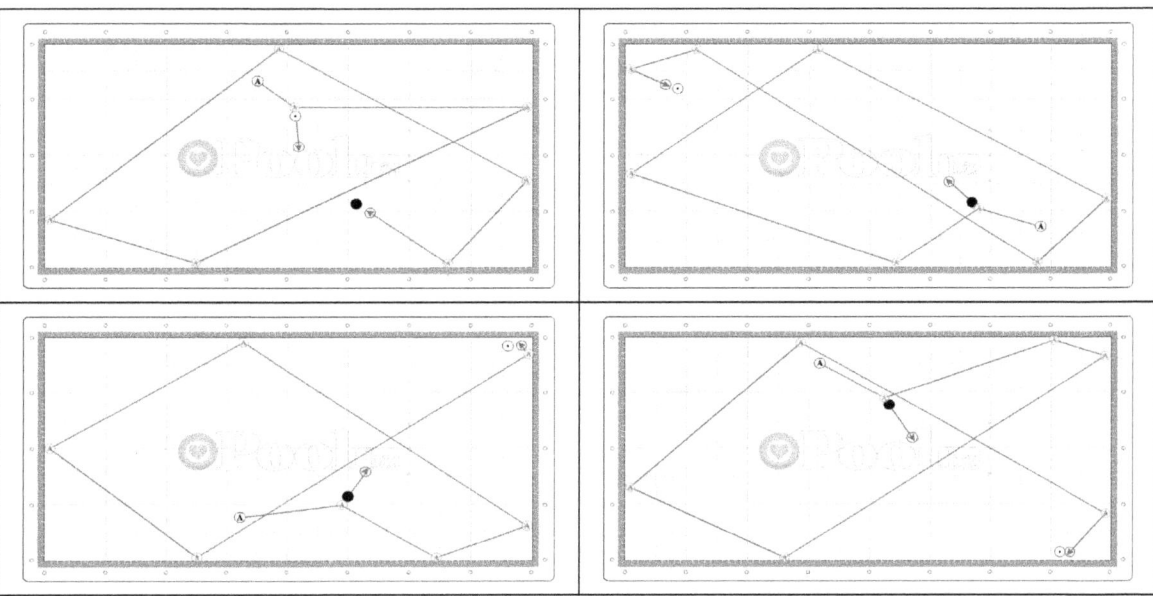

Analyse:

G:3a. _____

G:3b. _____

G:3c. _____

G:3d. _____

G:3a – Setup

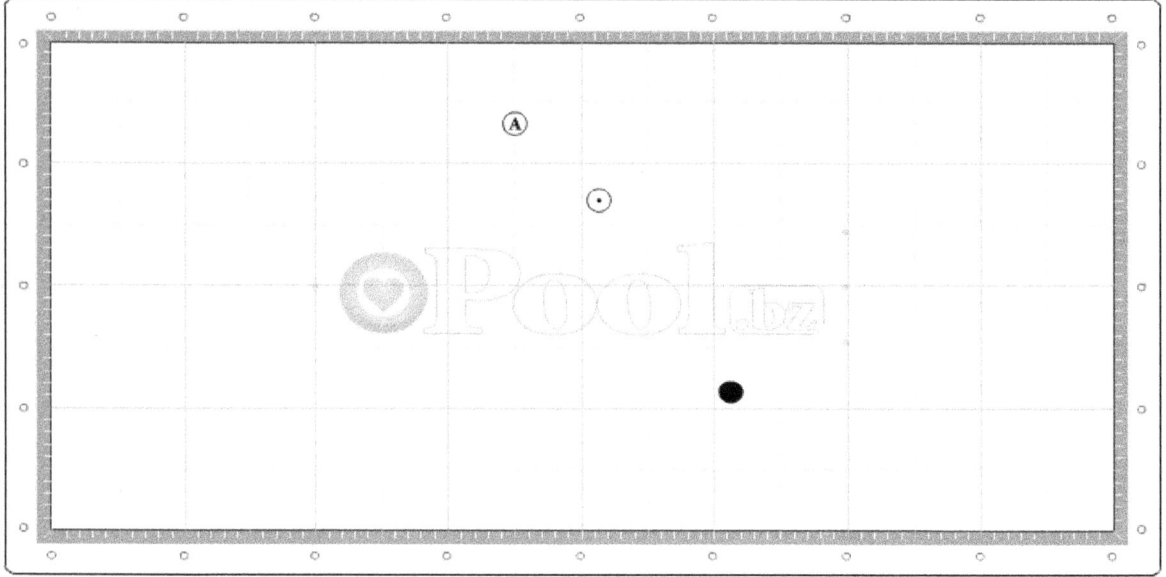

Notater og ideer:

Skudd mønster

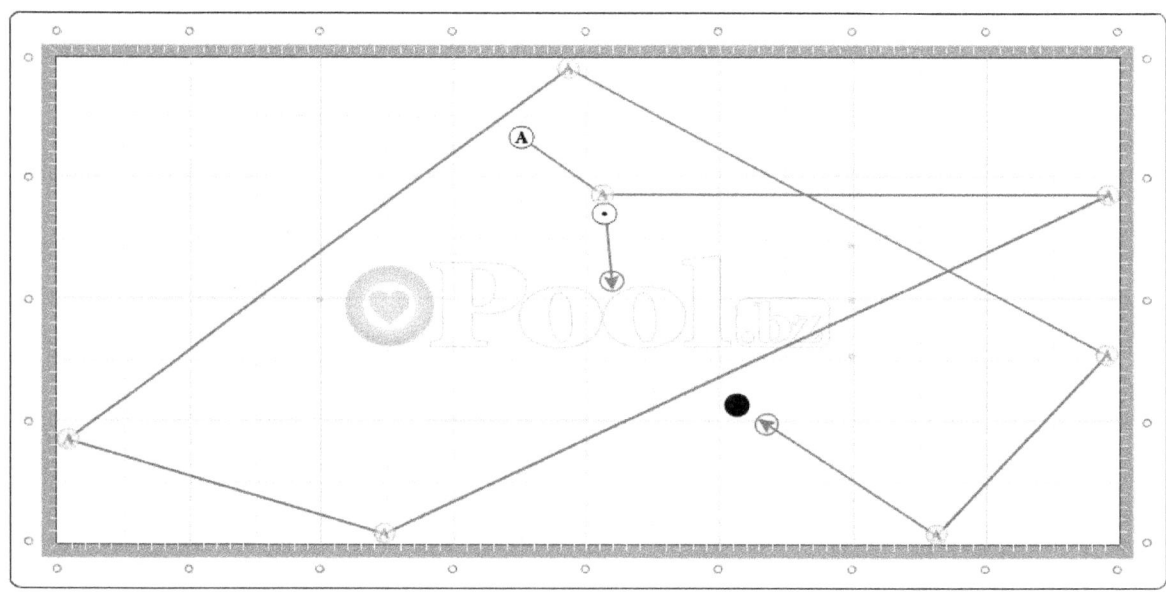

G:3b – Setup

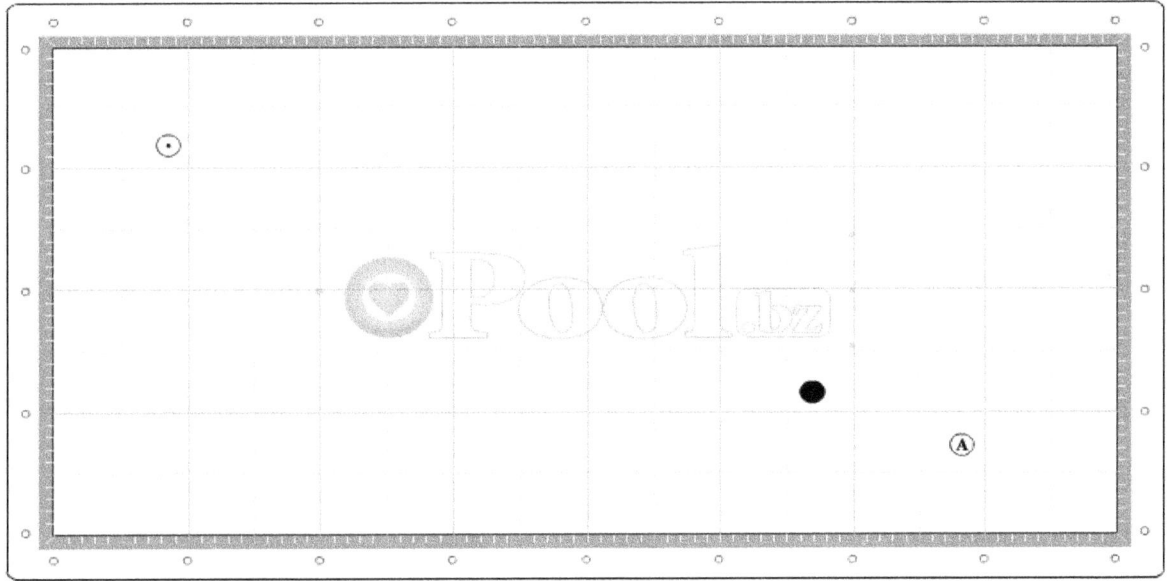

Notater og ideer:

Skudd mønster

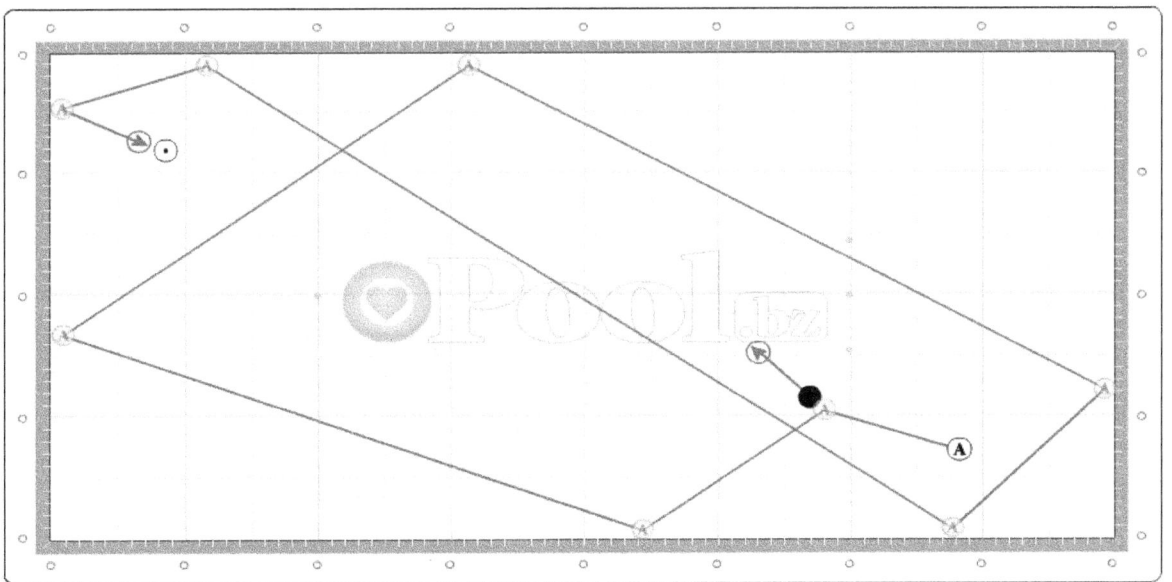

G:3c – Setup

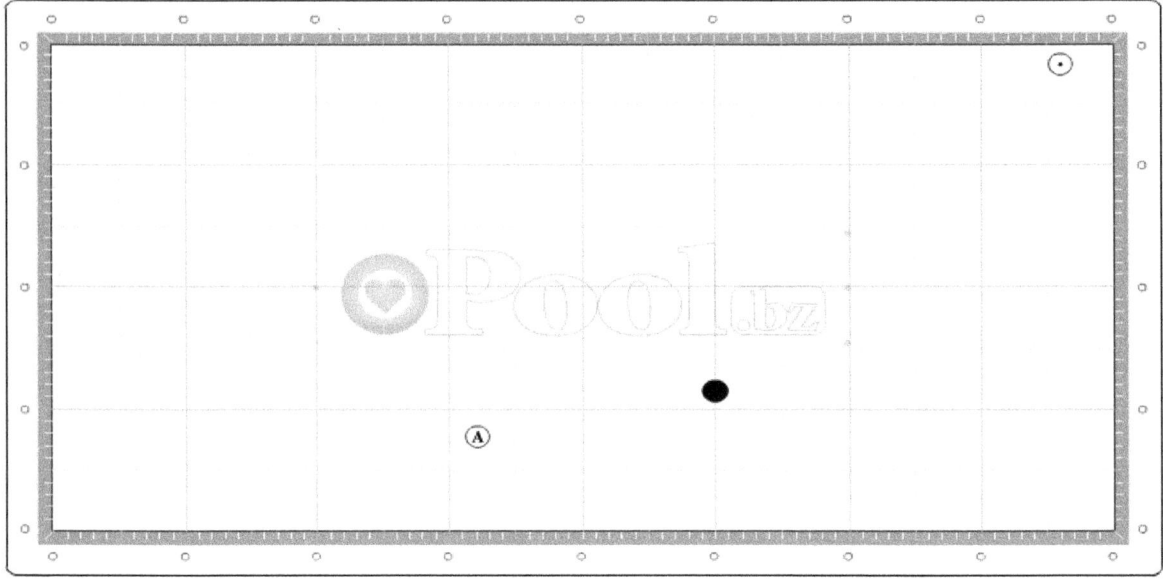

Notater og ideer:

Skudd mønster

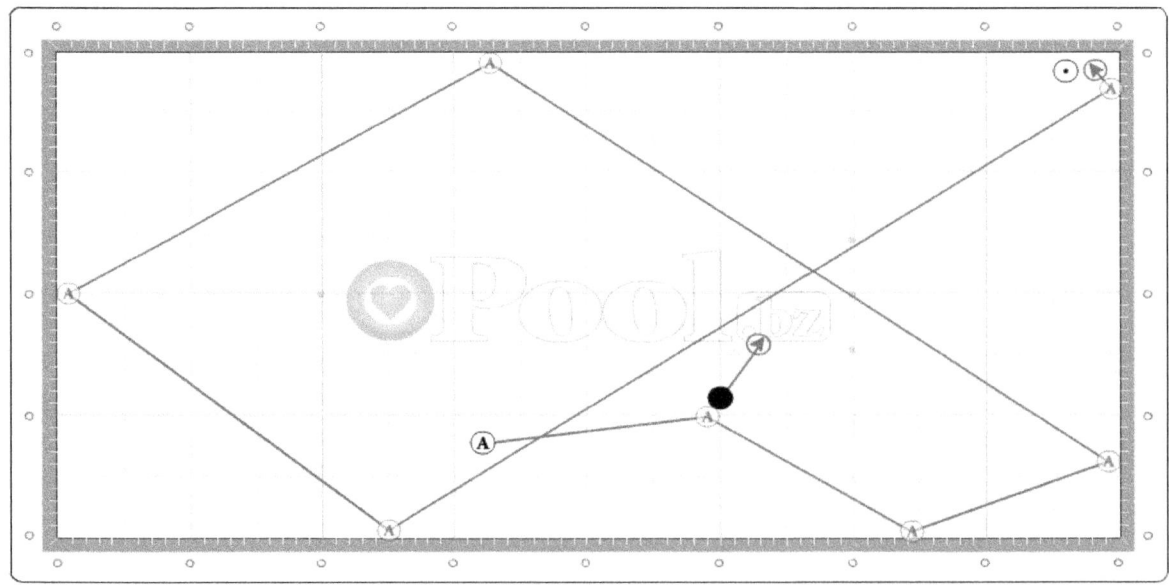

G:3d – Setup

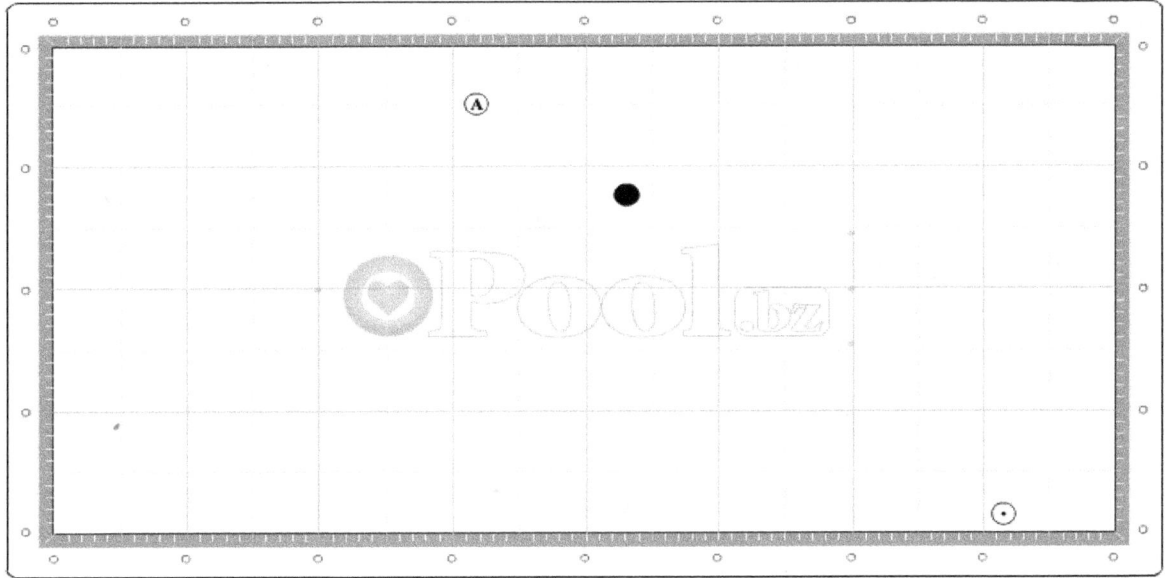

Notater og ideer:

Skudd mønster

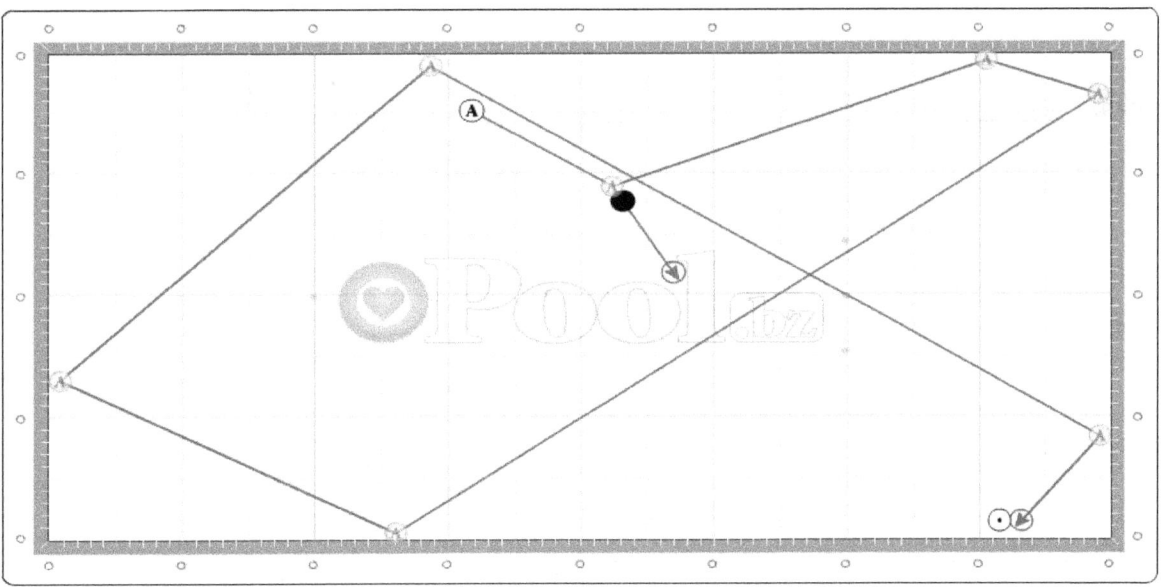

G: Gruppe 4

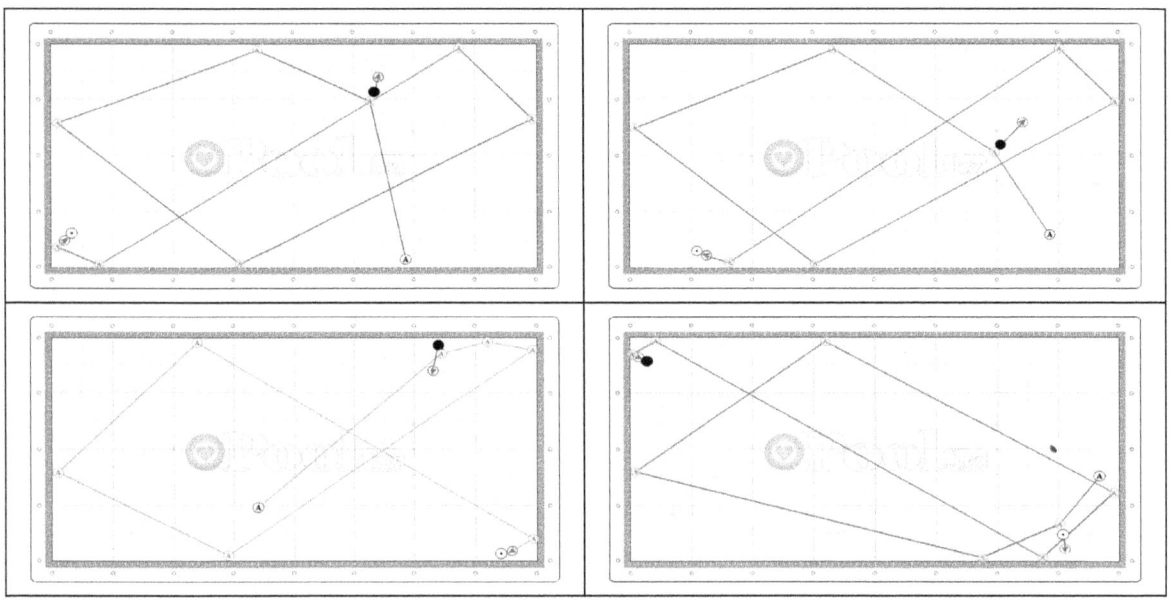

Analyse:

G:4a. _____

G:4b. _____

G:4c. _____

G:4d. _____

G:4a – Setup

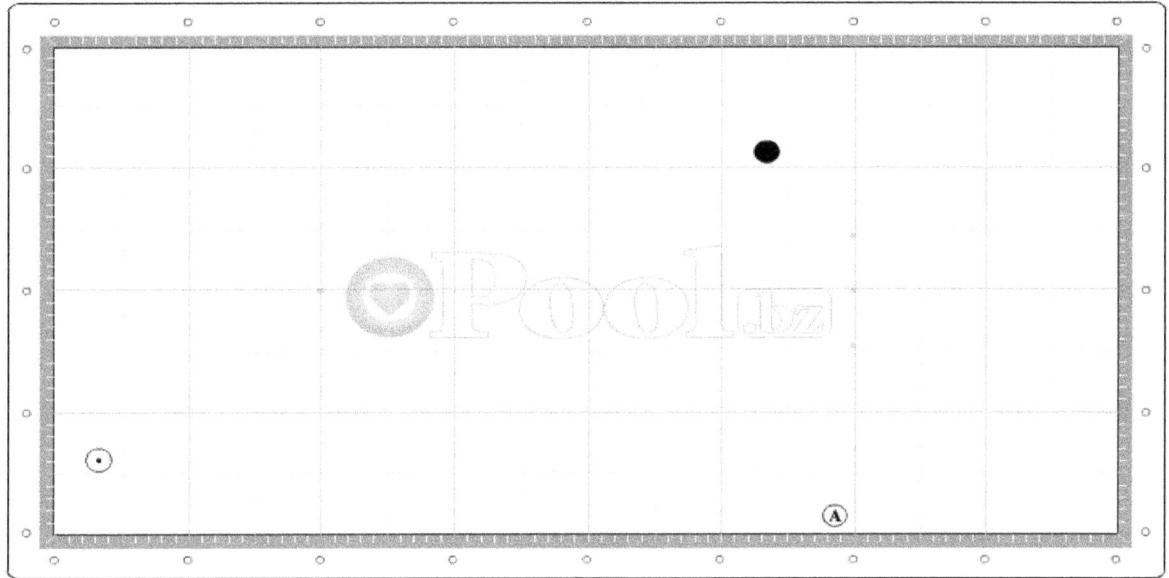

Notater og ideer:

Skudd mønster

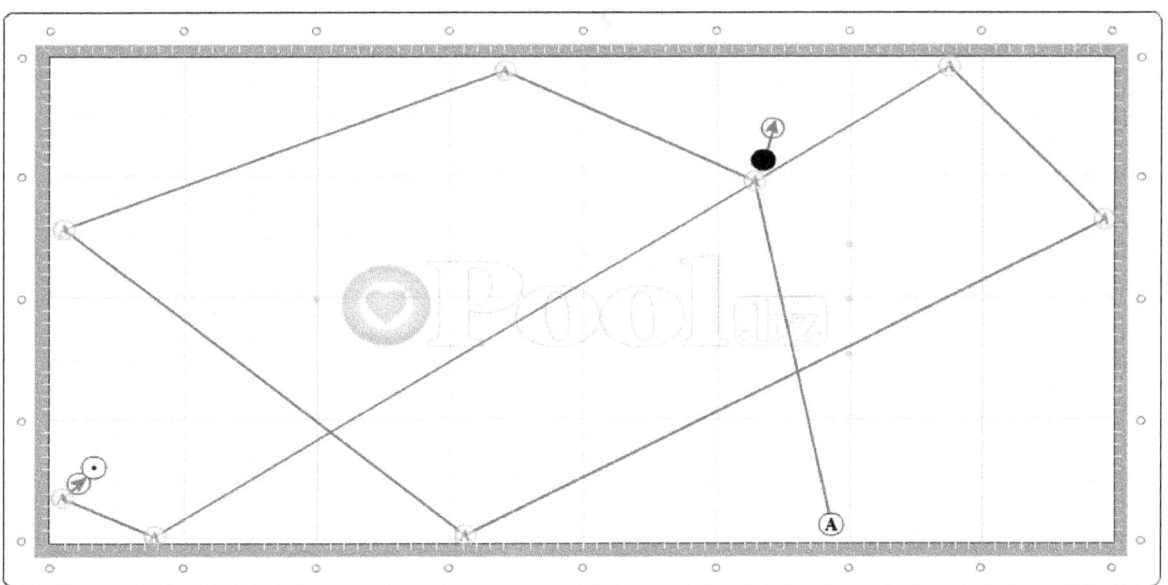

G:4b – Setup

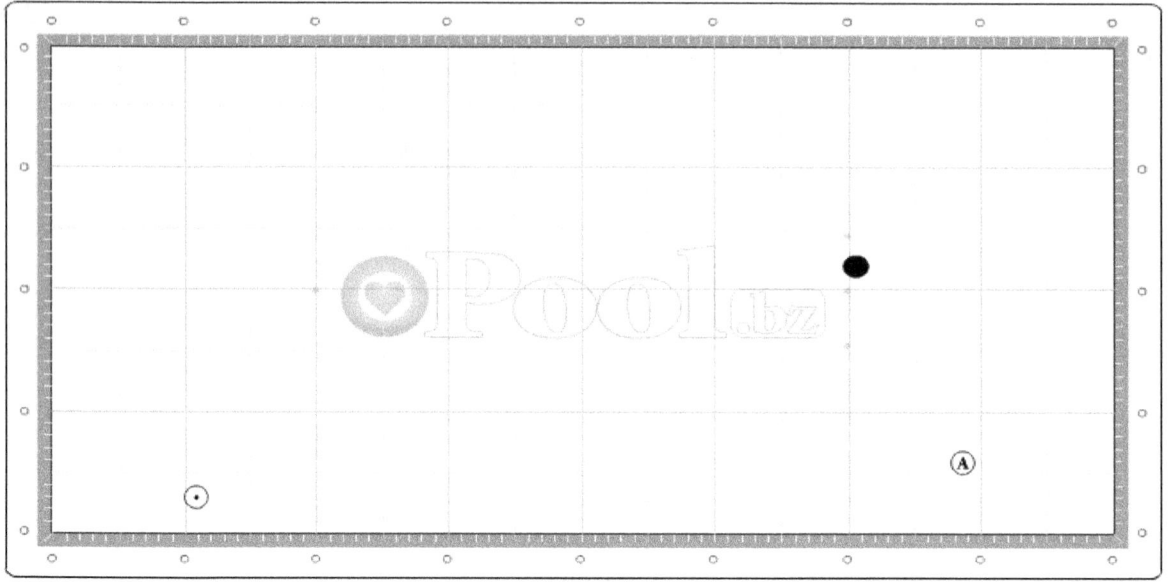

Notater og ideer:

Skudd mønster

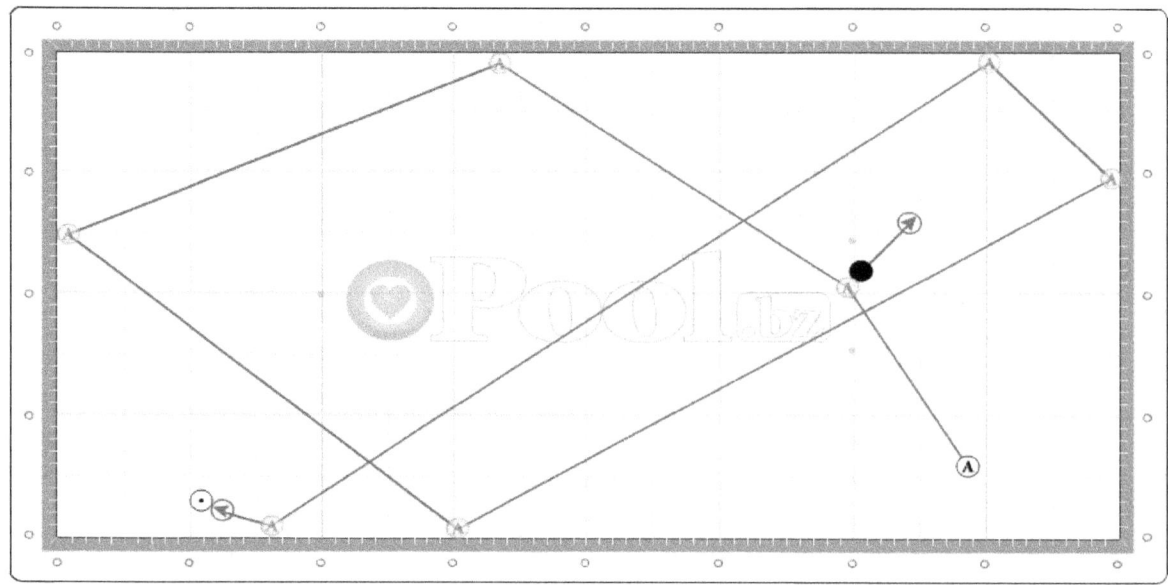

G:4c – Setup

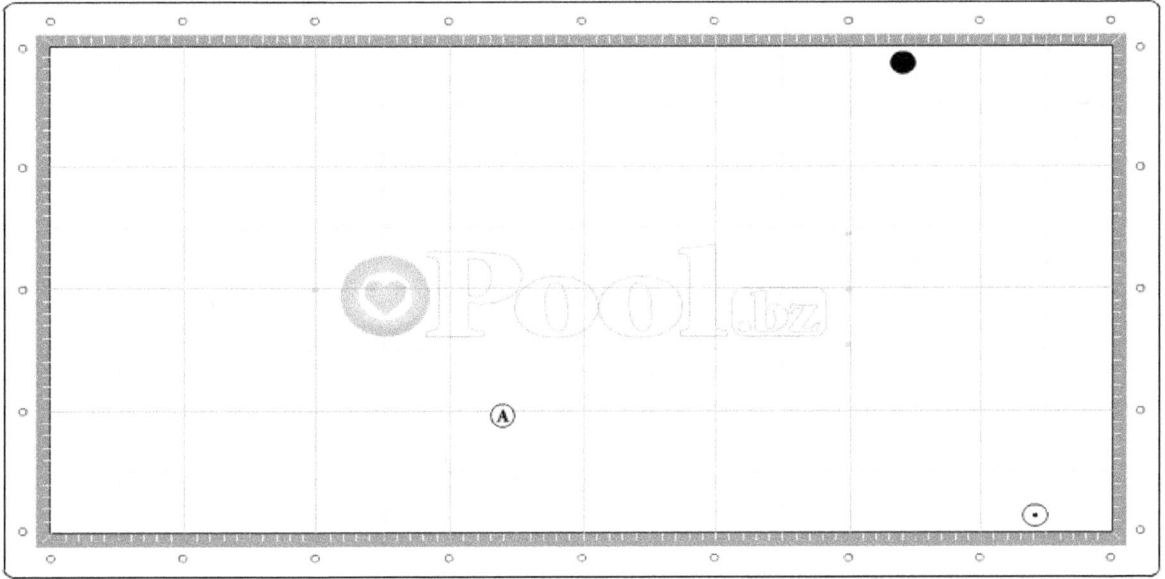

Notater og ideer:

Skudd mønster

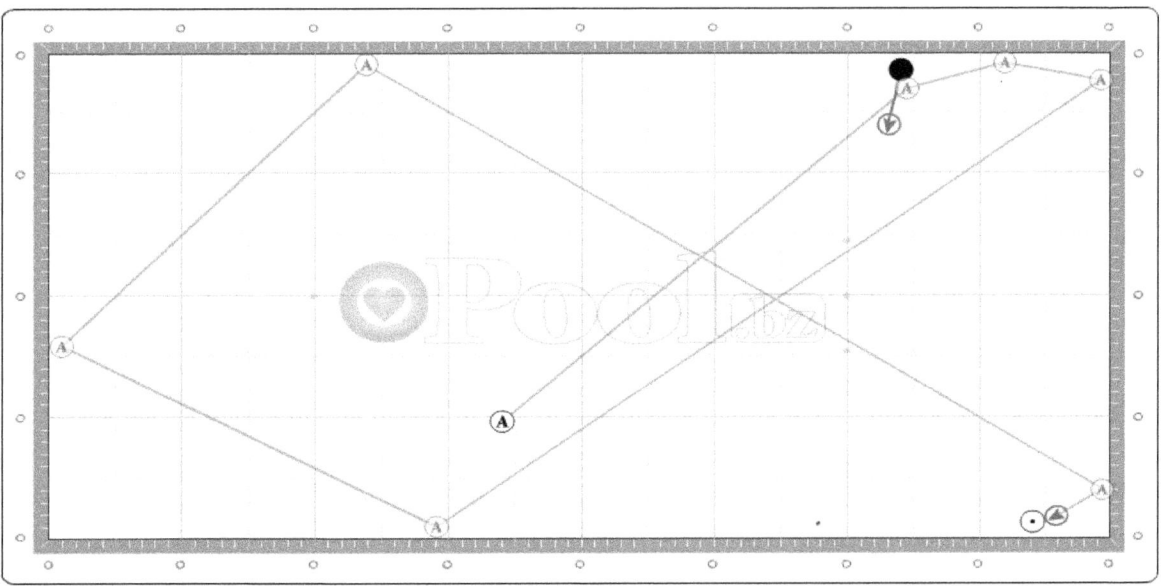

G:4d – Setup

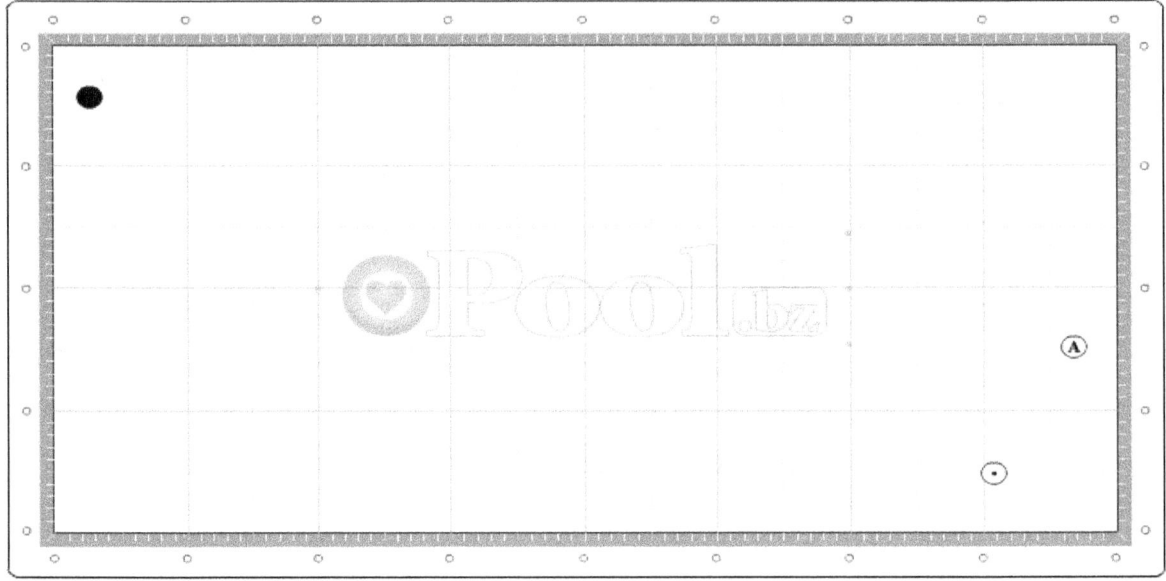

Notater og ideer:

Skudd mønster

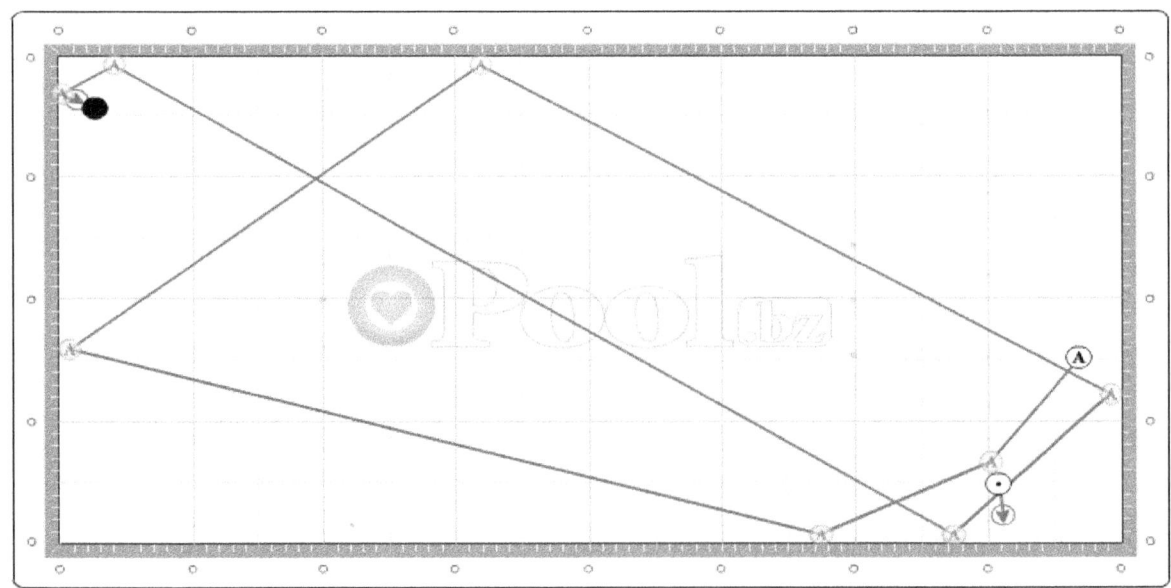

H: 6+ vant (kort vant)

Den (CB) kommer av (OB) og inn i den korte vant. (CB) fortsetter å reise rundt bordet for seks eller flere vant. Først da kontakter (CB) den andre (OB).

Ⓐ (CB) (biljardkule) - ⊙ (OB) (motstander billiardball) - ● (OB) (rød biljardball)

H: Gruppe 1

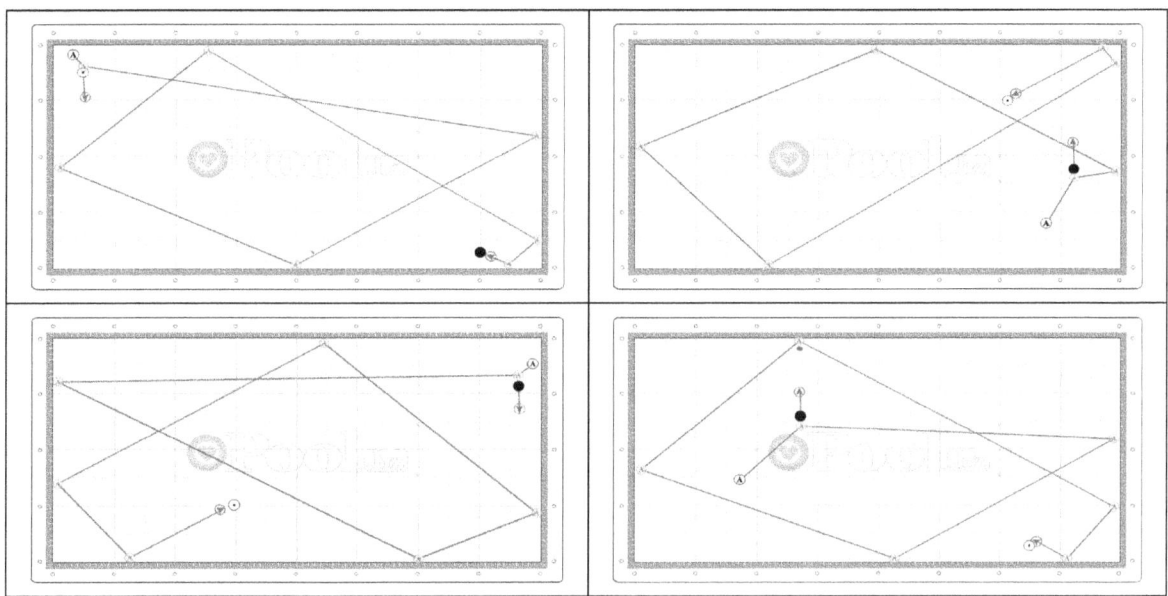

Analyse:

H:1a. _____

H:1b. _____

H:1c. _____

H:1d. _____

H:1a – Setup

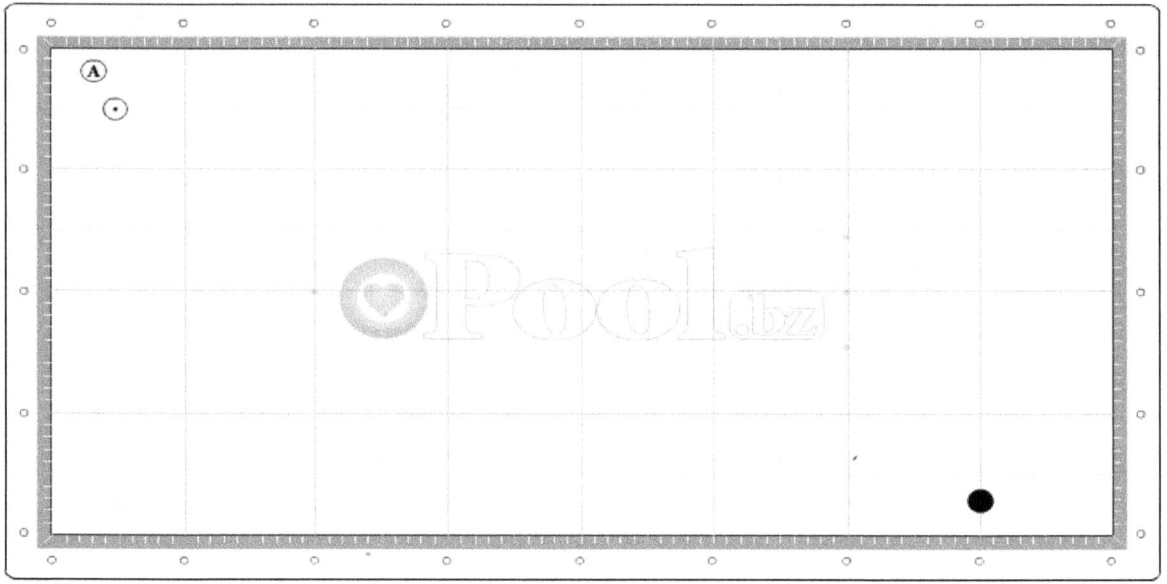

Notater og ideer:

Skudd mønster

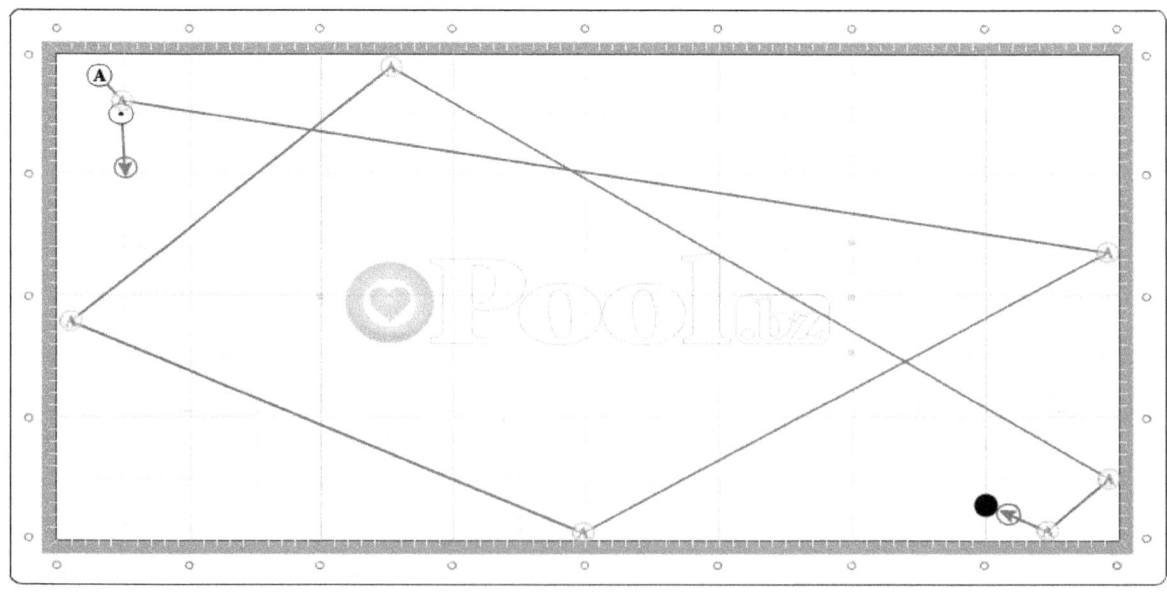

H:1b – Setup

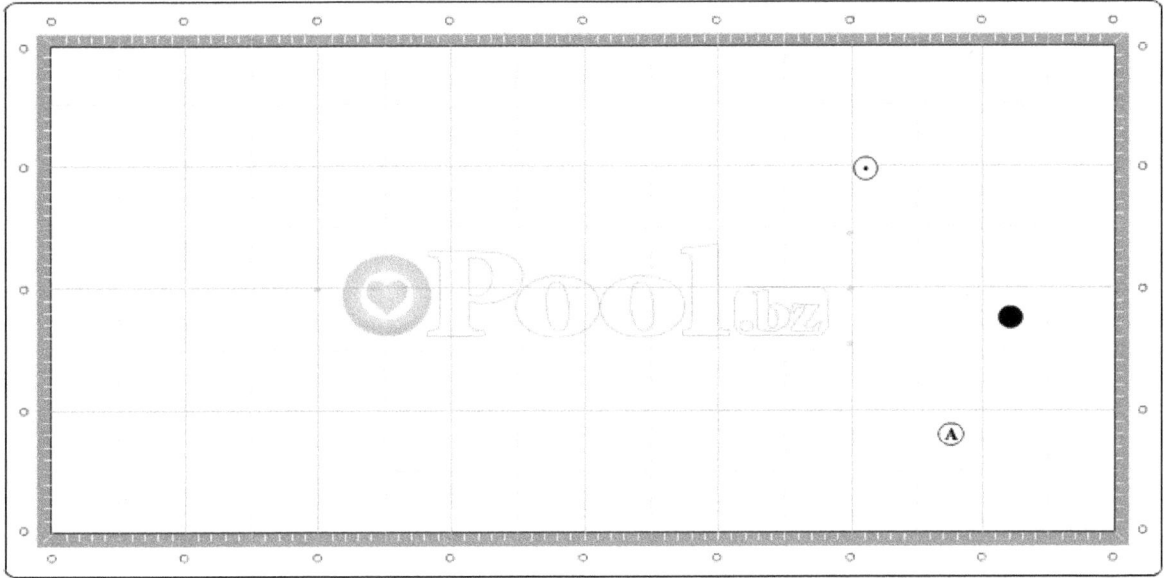

Notater og ideer:

Skudd mønster

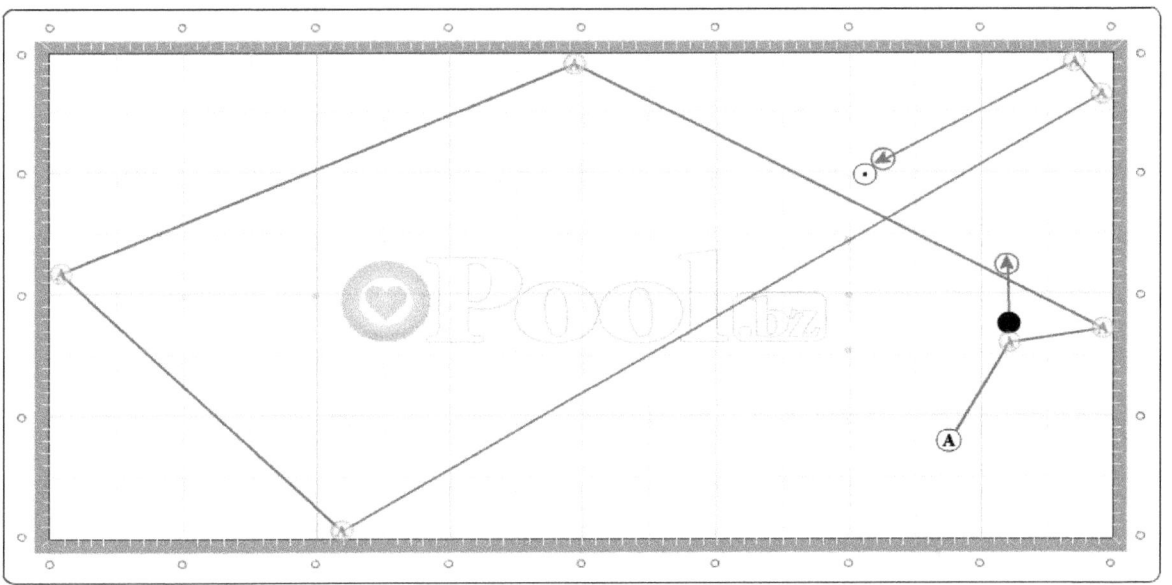

H:1c – Setup

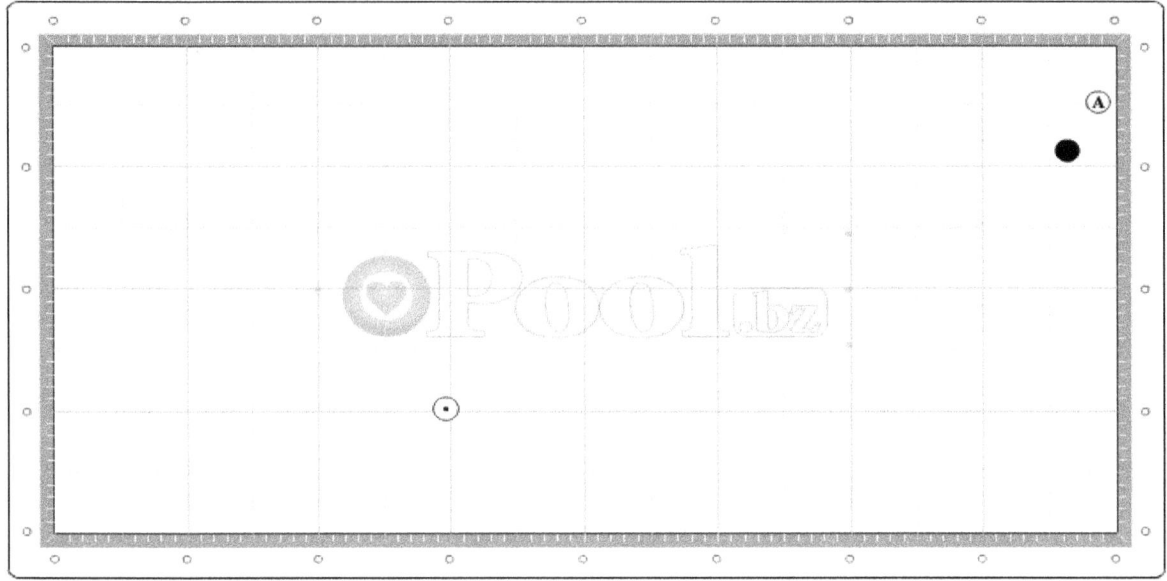

Notater og ideer:

Skudd mønster

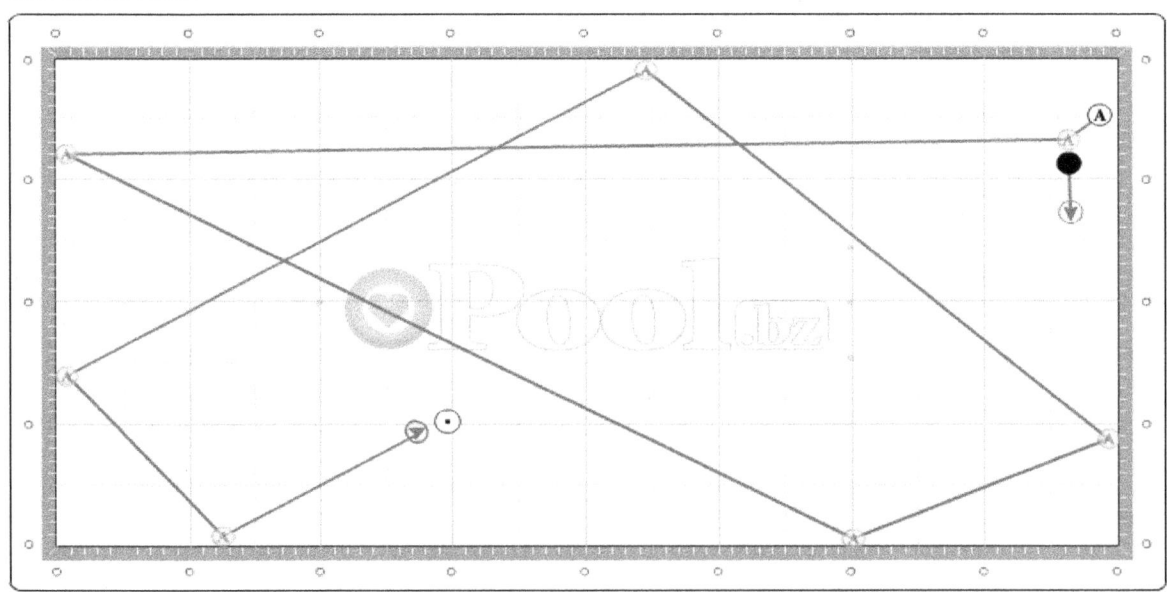

H:1d – Setup

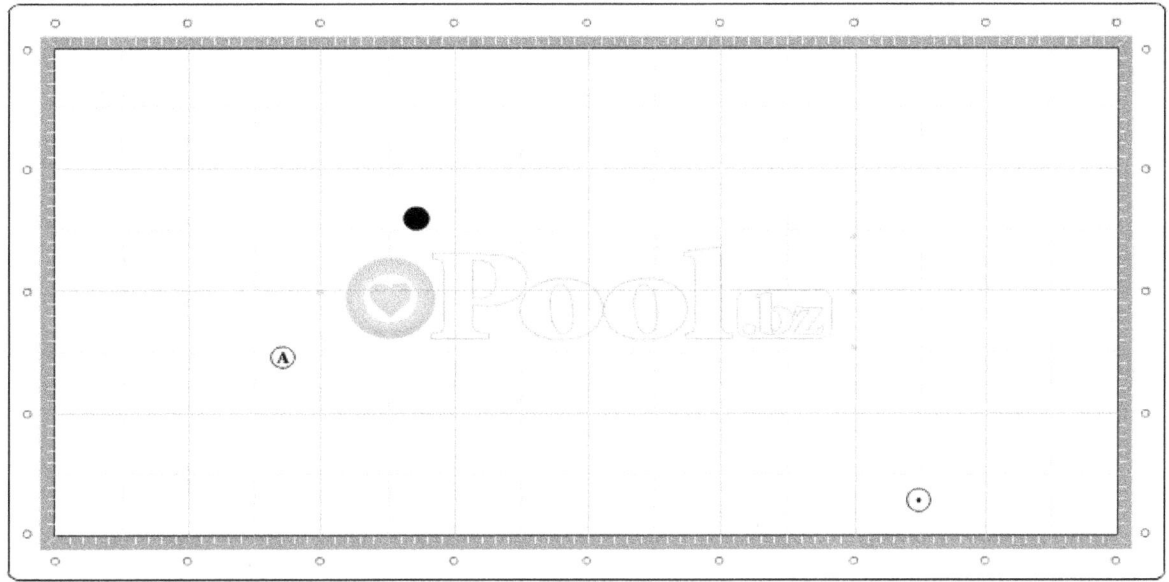

Notater og ideer:

Skudd mønster

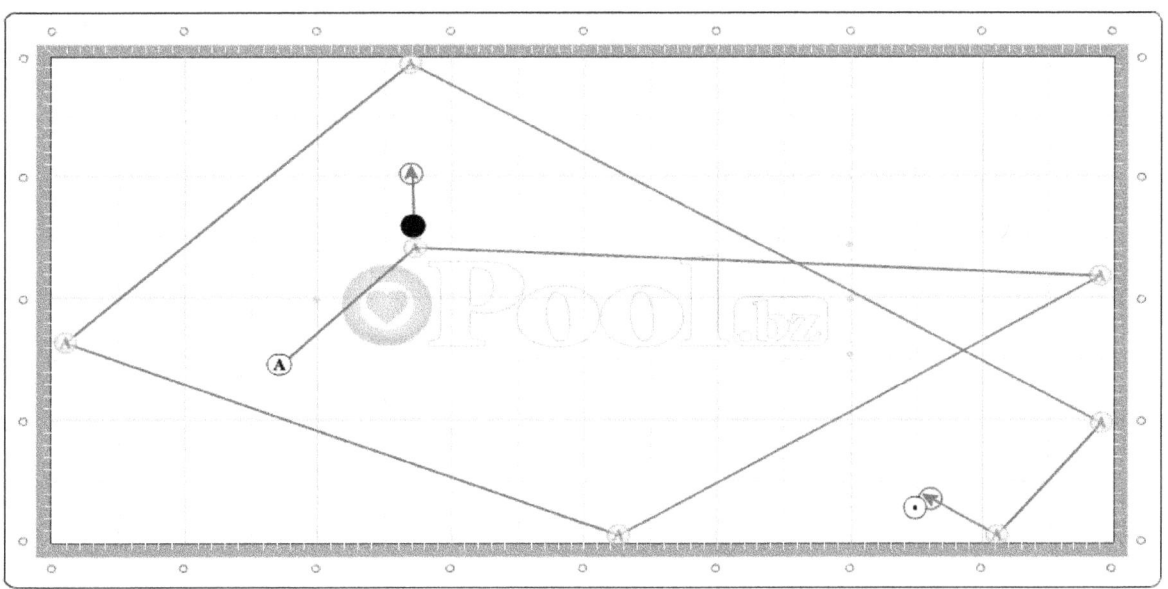

H: Gruppe 2

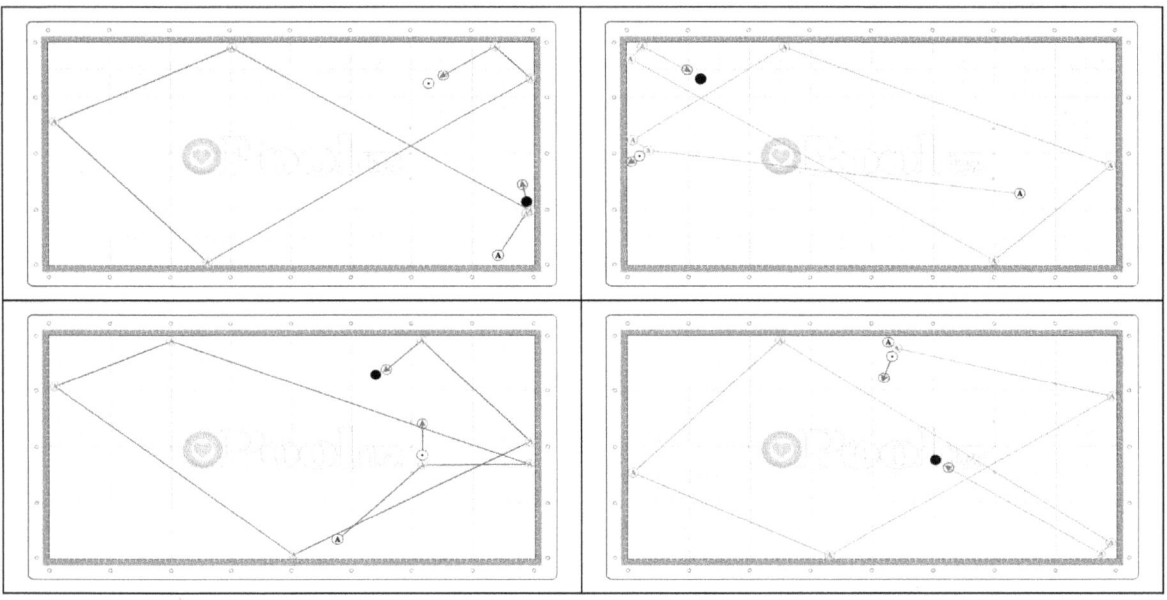

Analyse:

H:2a. _____

H:2b. _____

H:2c. _____

H:2d. _____

H:2a – Setup

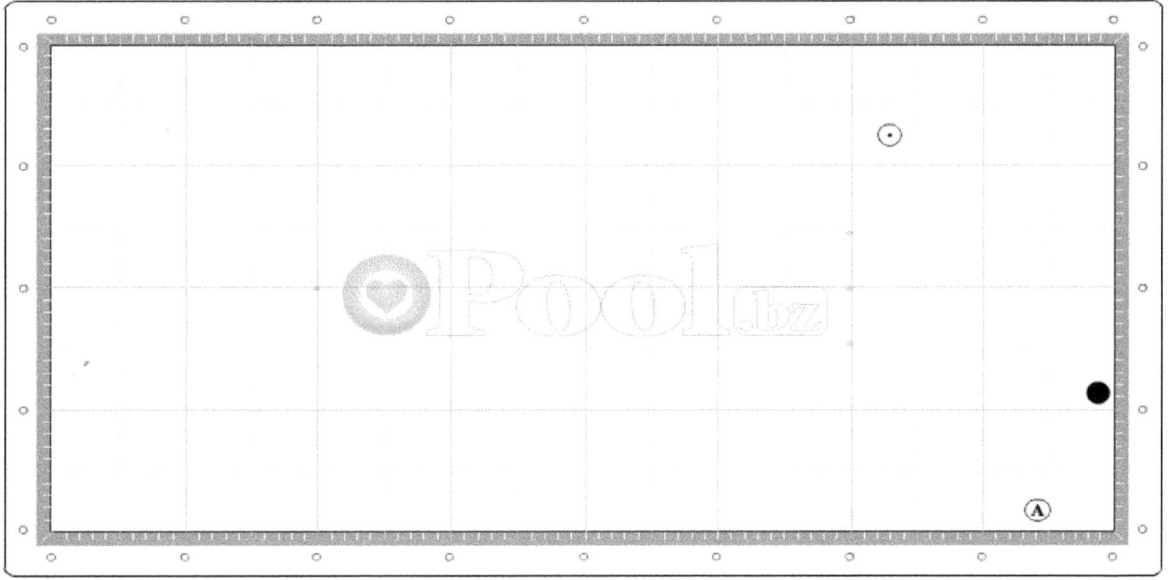

Notater og ideer:

Skudd mønster

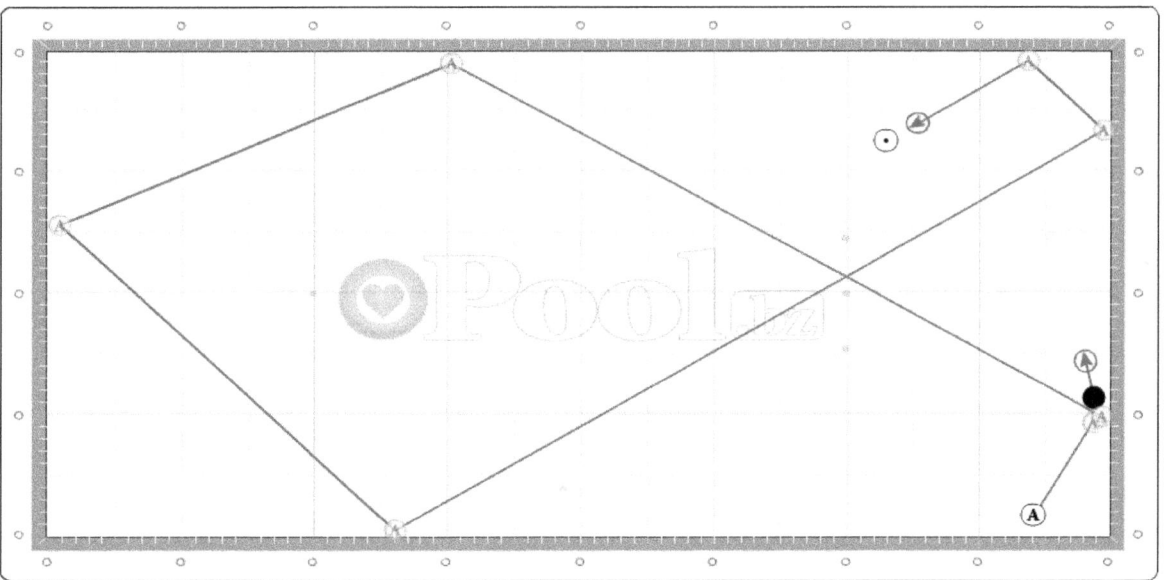

H:2b – Setup

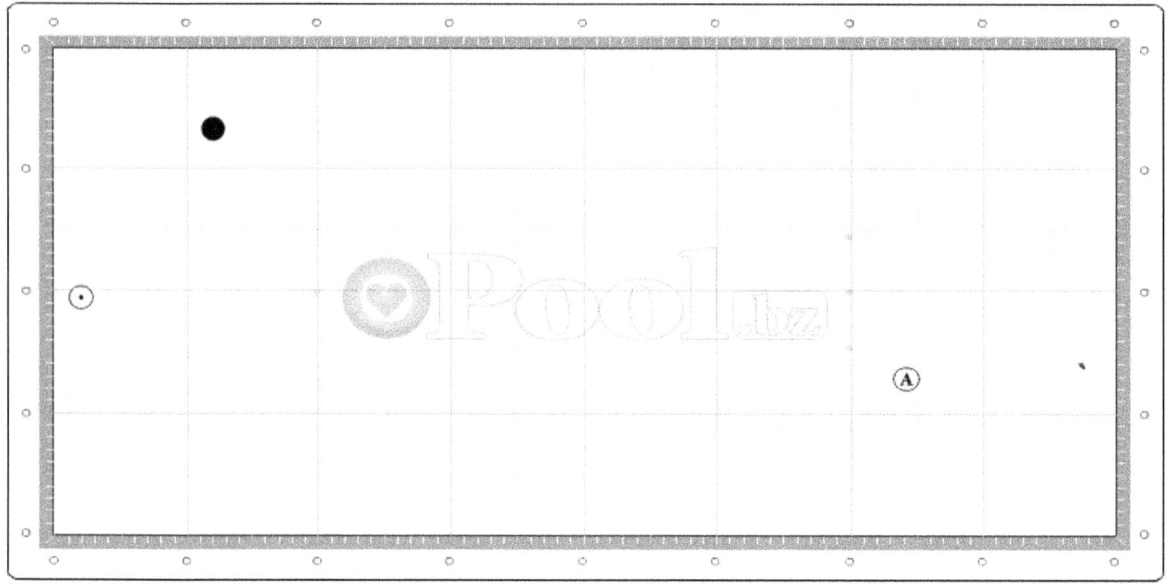

Notater og ideer:

Skudd mønster

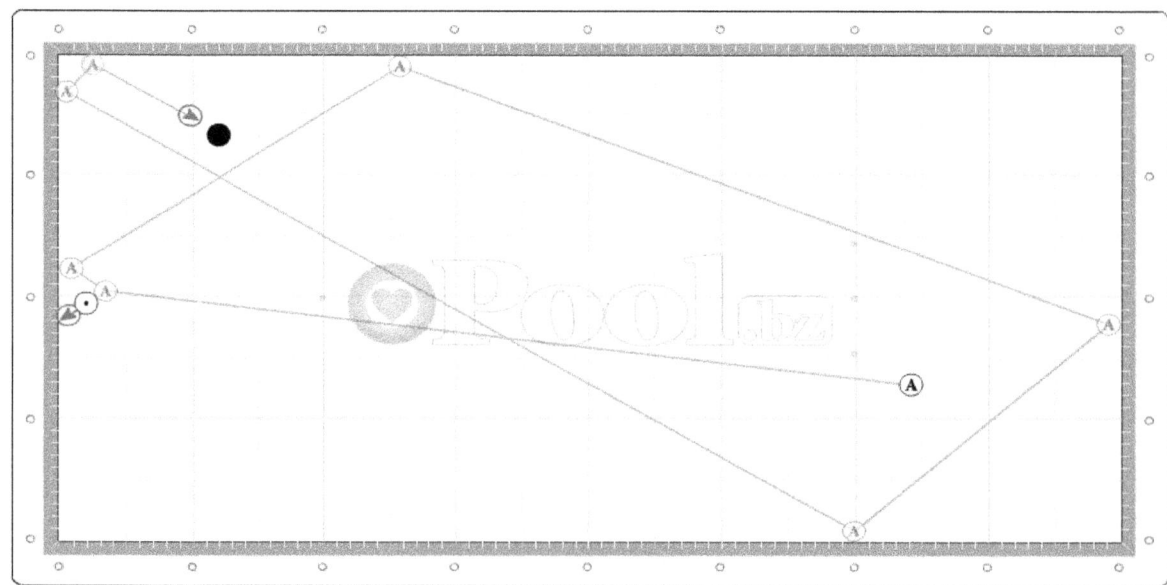

H:2c – Setup

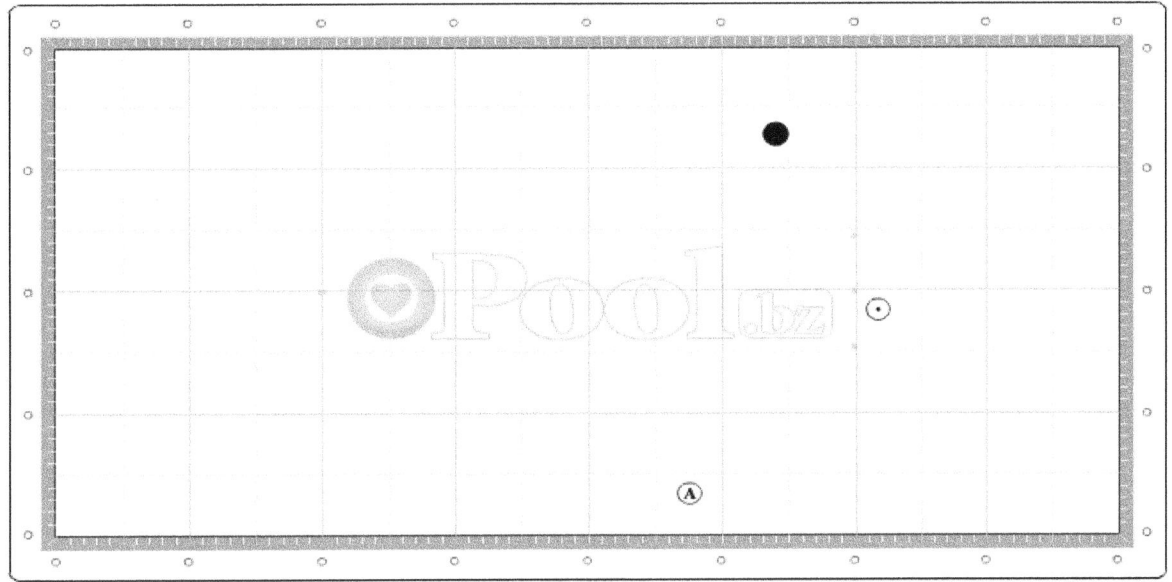

Notater og ideer:

Skudd mønster

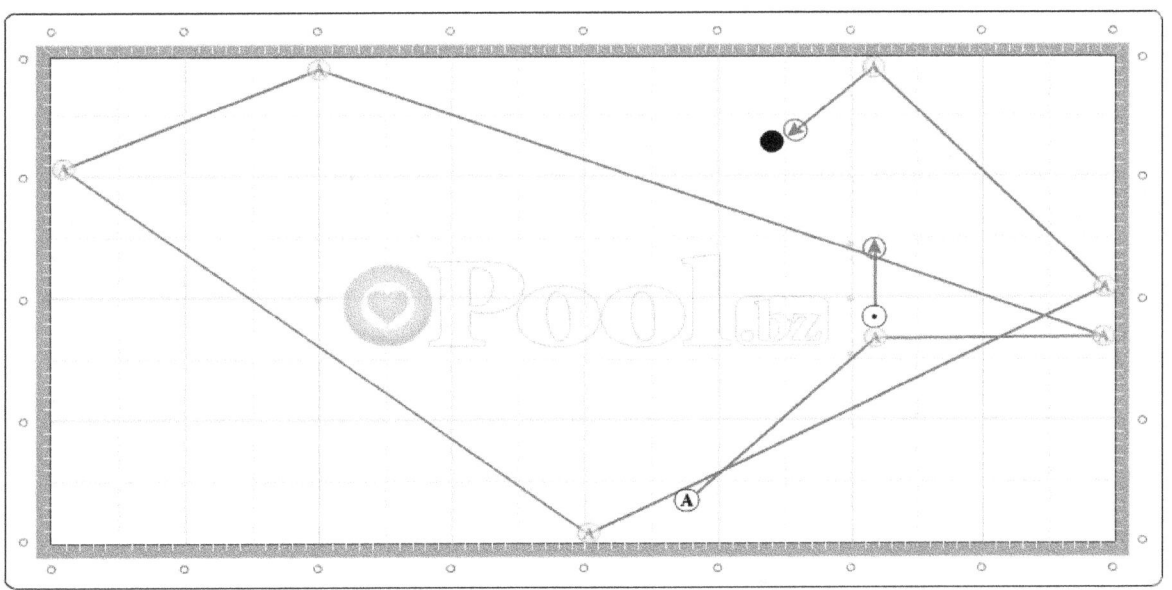

H:2d – Setup

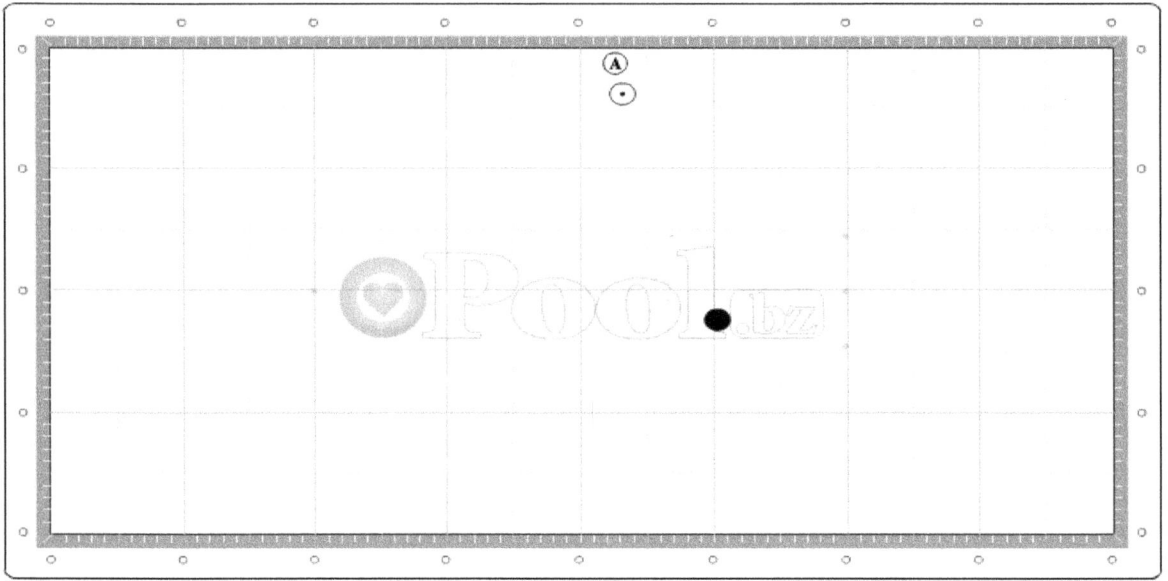

Notater og ideer:

Skudd mønster

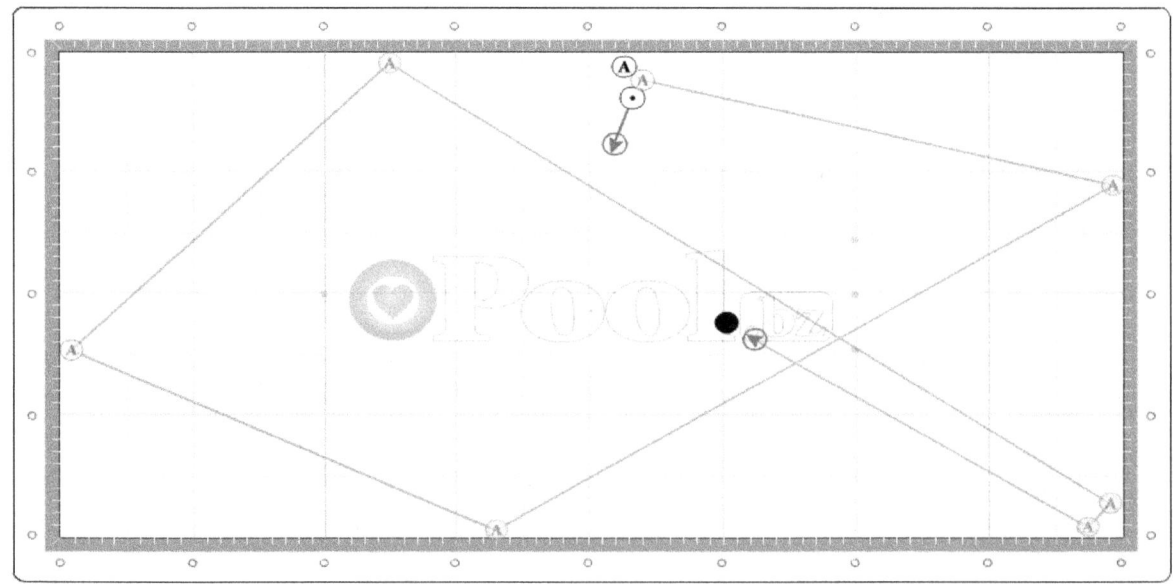

www.ingramcontent.com/pod-product-compliance
Lightning Source LLC
Chambersburg PA
CBHW080921170426
43201CB00016B/2224